Hermann-Josef Frisch

Mit der Familie Weihnachtsgottesdienste feiern

Weihnachtsgeschichten, Gebete und kreative Umsetzungen für Familiengottesdienste

Gütersloher Verlagshaus

Bibliografische Information Der Deutschen Bibliothek
Die Deutsche Bibliothek verzeichnet diese Publikation in der Deutschen Nationalbiografie; detaillierte bibliografische Daten sind im Internet über http://dnb.ddb.de abrufbar.

Quellennachweis

S. 10-14 (Ihr findet das Kind in einer Krippe), aus: Regine Schindler und Ivan Gantschev, Ihr findet das Kind in einer Krippe, © Gütersloher Verlagshaus GmbH, Gütersloh 2001. – S. 22-26 (Der große Augenblick) und S. 57-58 (Jakob malt ein Weihnachtsbild): Abdruck mit freundlicher Genehmigung der Autorin, © bei Lene Mayer-Skumanz. – S. 34-38 (Ein Esel für das Kind), aus: Regine Schindler, Ein Esel für das Kind, © Patmos Verlag GmbH & Co. KG, Düsseldorf 2000. – S. 46-48 (Das Licht des kleinen Hirten) und S. 133-135 (Das Flötenlied): Abdruck mit freundlicher Genehmigung des Autors, © bei Max Bolliger. – S. 68-70 (Das unmögliche Lied von der Krippe) und S. 79-81 (So groß wie ein Kind): Abdruck mit freundlicher Genehmigung des Autors, © bei Peter Wesely. – S. 91-96 (Der kleine König): nach dem gleichnamigen Handpuppenspiel von Lene Mayer-Skumanz, © bei Lene Mayer-Skumanz. – S. 104-106 (Der kleine Hirte und der große Räuber), aus: Lene Mayer-Skumanz, Der kleine Hirte und der große Räuber, © Patmos Verlag GmbH & Co. KG, 2. Aufl., Düsseldorf 1990. – S. 113-115 (Der Engel mit dem Gipsarm), aus: Klaus Deßecker und Renate Schupp (Hg.), Bald nun ist Weihnachtszeit, © Verlag Ernst Kaufmann, Lahr/Schwarzwald. – S. 123-125 (Hans-Peters schönstes Weihnachtsgeschenk): © bei Claudia Lobe. – S. 143-145 (Der Stern der Hoffnung). Quelle leider unbekannt.

ISBN 3-579-05516-X

Umschlaggestaltung: Init GmbH, Bielefeld, unter Verwendung eines Bildes von Ivan Gantschev, © Gütersloher Verlagshaus GmbH, Gütersloh 2001
Satz: Hermann-Josef Frisch, Lohmar
Druck und Bindung: Grafo S.A., Basauri
Printed in Spain

www.gtvh.de

Inhalt

Vorwort

Für die meisten Menschen – gleich ob sie sich zu einer christlichen Kirche zugehörig fühlen oder nicht – ist Weihnachten das Hauptfest des Jahres. Dies gilt vor allem für die Feier in der Familie, die gefüllt ist mit Brauchtum und Riten, mit Gewohnheiten und Kindheitserinnerungen, mit Sehnsüchten und Erwartungen. Ebenso gilt dies für die gottesdienstliche Feier von Weihnachten in den Christgottesdiensten der Kirchen. Hier steht das Evangelium, die Frohe Botschaft von Jesus, dem Christus Gottes, im Vordergrund und in der Mitte der Feier.

Wie aber soll diese Botschaft in einer veränderten Zeit ausgesagt werden? Wie kann sie auf Familien mit kleineren (und größeren) Kindern hin in einer Weise ausgedrückt werden, die unserer Zeit angemessen ist? Wie kann die Weihnachtsbotschaft des Neuen Testaments so dargestellt werden, dass sie Kinder und ihre Eltern jedes Jahr neu zu packen versteht? Wie können die Grundgedanken von Weihnachten im Gottesdienst anklingen – Grundgedanken, die über eine sentimentale oder nur am Brauchtum orientierte Feier weit hinausgehen und das Leben glaubender Menschen bestimmen können und sollen?

Dieses Buch versucht, Wege zu Weihnachtsgottesdiensten mit Familien dadurch zu finden, dass von Weihnachtsgeschichten bekannter Autoren ausgegangen wird, die meist als schön gestaltetes Kinderbuch (mit farbigen Illustrationen) erstveröffentlicht wurden, inzwischen aber zum Teil nicht mehr erhältlich sind. Solche gut erzählten und inhaltlich wertvollen Geschichten sollen nicht verloren gehen – zumal diese Kinderbücher mit ihren Geschichten manchmal auch in Bibliotheken nicht mehr zu finden sind. Dreizehn solcher Geschichten sind in dieses Buch aufgenommen und in einen neuen, gottesdienstlichen Zusammenhang gestellt worden – auf die schönen Illustrationen mussten wir leider verzichten.

Dafür finden sich in diesem Buch Hilfen zur Gottesdienstgestaltung. Zu jeder Geschichte findet sich eine Einleitung in den Gottesdienst, Gebete, didaktische Anregungen zur Umsetzung, Fürbitten, ein Dank- und ein Segensgebet. So sollen den Verantwortlichen für die Gestaltung von Familiengottesdiensten an Weihnachten leicht umsetzbare Hilfen gegeben werden.

Lohmar, im Herbst 2003 *Hermann-Josef Frisch*

Ihr findet das Kind in einer Krippe

Die Weihnachtsgeschichte nach Lukas

Einführung

Liebe Kinder, liebe Erwachsene,
die Bibel ist ein Buch mit vielen Geschichten.
(Eventuell eine große, schöne Bibel zeigen.)
Sie erzählt vom Leben der Menschen,
von Glück und Leid, von Freude und Trauer.
Sie erzählt von Gott und der Geschichte Gottes mit den Menschen.
Und schließlich erzählt die Bibel von Jesus
und wie Jesus uns die Liebe Gottes gezeigt und vorgelebt hat.
Die Geschichte von Jesus beginnt mit der Erzählung von seiner Geburt,
und diesen Text hören wir an jedem Weihnachtsfest.
Wir hören von Maria und Josef,
von den Hirten und den Weisen aus dem Osten,
von den Engeln, den Boten Gottes,
vom Stall und der Krippe.
Vor allem aber hören wir,
wie sich in diesem Jesuskind die Hoffnung der Menschen erfüllte.
Wir dürfen froh sein,
dass dieser Jesus Gottes Licht für die Welt ist,
Gottes Frieden für die Menschen,
Gottes Retter aus aller Not,
Gottes Liebe für uns.
Deshalb sind wir hier zusammengekommen:
Wir feiern heute diesen Jesus, Gottes gute Wort für uns Menschen.

Gebete

Lasst uns zu Jesus, dem Sohn Gottes, beten:

- Jesus, du bist Gottes Licht für die Welt,
  du machst unser Leben hell.
  Herr, erbarme dich.
- Jesus, du bist Gottes Frieden für die Menschen,
  du rettest uns aus aller Not.
  Christus, erbarme dich.
- Jesus, du bist Gottes Liebe für uns,
  sein gutes Wort für Groß und Klein.
  Herr, erbarme dich.

Der gute und uns Menschen zugewandte Gott
begegnet uns in Jesus, seinem Christus.
Er sei uns nahe nicht nur an Weihnachten,
sondern jeden Tag unseres Lebens
bis in Ewigkeit. Amen.

Du unbegreiflicher und großer Gott,
du lässt uns Menschen nicht allein.
Vielmehr hast du uns mit deiner ganzen Liebe besucht
in Jesus, dem Mann aus Nazaret.
In all dem, was Jesus geredet und getan hat,
spüren wir deine Liebe zu den Menschen.
So bist du in Jesus unser Freund.
Dafür danken wir dir,
heute an Weihnachten und alle Tage unseres Lebens.

Jesus, du gutes Wort Gottes für uns Menschen,
sei in unserer Mitte in dieser Stunde.
Mach uns aufmerksam für die Frohe Botschaft,
die von dir und von Gott erzählt.
Erfülle uns mit Freude und Zuversicht,
weil du uns nahe bist.

Geschichte

Regine Schindler
Ihr findet das Kind in der Krippe. Die Weihnachtsgeschichte nach Lukas.

Lukas hört, wie sich Menschen von Jesus erzählen.
Er hört: Jesus ist ein Mann, der den Frieden bringt.
Aber Jesus lebt nicht mehr. Lukas möchte es wissen:
Wer war dieser Jesus, wo wurde er geboren und wo hat er gelebt?
Lukas fragt und fragt.
Er fragt Menschen, die sich Christen nennen:
Habt ihr diesen Jesus gekannt?
Erzählt doch, erzählt mir Geschichten von diesem Menschen, der Frieden bringt!
Lukas hört gut zu. Und dann beginnt er zu schreiben.
Auf Papyrus-Blätter schreibt Lukas in griechischen Buchstaben.
Er schreibt Seite für Seite. Die Blätter fügt er zu einem langen Band zusammen.
Er rollt das Band, verschnürt und verpackt es.
»Lieber Theophilus«, schreibt Lukas in einem Brief, den er zur Schriftrolle legt.
Das ganze Paket schickt er dann an Theophilus, seinen Freund.
Theophilus liest alles und staunt.
Er erzählt weiter, was er gelesen hat.
Später wird die Erzählung immer wieder neu abgeschrieben.
Darum kennen wir diese Geschichte bis heute:
die Geschichte von Jesu Geburt.
Sie steht in der Bibel.

Da ist Maria, eine junge Frau. Maria lebt noch im Haus ihrer Eltern.
Sie wartet auf Josef. Bald wird sie ihn heiraten.
Josef stammt von König David ab. Maria freut sich; sie ist glücklich.
Plötzlich erschrickt sie. Da steht jemand. Doch Maria hat keine Schritte gehört.
»Sei gegrüßt, Gott hat dich lieb. Gott kommt zu dir«, sagt eine Stimme.
»Zu mir? Aber ich bin doch eine ganz gewöhnliche Frau.
Ich verstehe dich nicht. Wer bist du?«
Jetzt sieht Maria den Engel.

Er sagt: »Fürchte dich nicht, Maria.
Ich bin der Engel Gabriel. Du wirst ein Kind bekommen, einen kleinen Sohn.
Du sollst ihm den Namen Jesus geben.
Er wird Gottes Sohn heißen. Ein guter König wird er sein für alle Zeiten.«
Maria wird still und denkt nach.
Wie ist das möglich? Sie versucht, die Worte des Engels zu verstehen.
Und sie sagt leise: »Gott hat dich zu mir geschickt.«
Der Engel spricht weiter: »Ja, Gott kommt heute zu dir. Gottes Kraft ist in dir.«
Maria antwortet: »Gottes Kraft soll in mich kommen.
Ich glaube deinen Worten.«

Der Engel ist verschwunden. Maria hat keine Angst mehr.
Voller Freude singt sie ein Lied für Gott:
»Groß bist du, Gott. Du hilfst uns Menschen.
Froh machst du mein Herz. Ich bin ein ganz gewöhnliches Mädchen,
aber ich gehöre zu dir. In allen Zeiten werden die Menschen sagen:
Glücklich bist du, Maria, glücklich!
Groß bist du, Gott. Du tust wunderbare Dinge.
Mächtige Könige stößt du von ihren goldenen Thronen.
Arme Leute machst du stark und reich.
Hungrige werden satt bei dir.
Reiche schickst du mit leeren Händen weg.
Alles wird anders, alles wird neu, du großer Gott.«

»Was soll denn das? Müssen wir dem römischen Kaiser Augustus gehorchen?
Ich mag seine Soldaten nicht.« –
»Er will unser Volk zählen. Er will Ordnung im Land.« –
»Er will Geld von uns. Darum müssen wir unsere Namen
in Steuerlisten eintragen. Ja, jeder in seiner Heimatstadt.« –
»Bald soll es sein.«
So unterhalten sich die Menschen, die sich auf den Weg machen müssen.
Alle sind unterwegs in ihre Heimatstadt.
Für viele ist der Weg weit. Manche haben nicht einmal einen Esel
oder Proviant für die Reise. Den alten und kranken Menschen wird Angst.

Auch die Kinder fürchten sich. Die lange Reise macht müde.
Unterwegs ist es heiß, und die Gasthäuser sind voll.
Wo sollen sie schlafen? Wo bekommen sie zu essen und zu trinken?

Auch Josef hat sich aufgemacht, zusammen mit seiner Frau Maria.
Von Nazaret sind sie unterwegs nach Betlehem.
Josef gehört zur Familie Davids; darum ist Betlehem sein Heimatort.
Nur langsam kommen sie voran, denn Maria erwartet ein Kind.
Ihr Bauch ist schon rund und schwer.

»Bald kommt es zur Welt«, sagt Maria
und streicht liebevoll mit der flachen Hand über ihren Bauch.
In Betlehem aber ist kein einziges Zimmer frei.
Nur außerhalb der Stadt, in einem leeren Stall, finden Maria und Josef Platz.
Hier wird der kleine Sohn geboren, Marias erstes Kind.
Es heißt Jesus. Kein Bett, keine Kissen gibt es hier.
Maria wickelt das Kind in Windeln und legt es in eine Futterkrippe.

Weit draußen auf der Weide passen Hirten auf ihre Schafe auf.
Keines von ihnen darf sich verirren, keines soll gestohlen werden.
Plötzlich erschrecken die Hirten. Nein, es ist kein Schafsdieb!
Doch da steht ein Engel, mitten in der Nacht.
»Wir haben Angst; wer bist du?«, fragen die Hirten.
Der Engel aber sagt: »Fürchtet euch nicht. Ich bringe euch eine große Freude.
Eine Freude für alle Menschen.
In der Davidsstadt ist der Retter geboren worden, der Retter für euch alle.
In Betlehem. Dort werdet ihr das Kind finden,
in Windeln gewickelt, in eine Futterkrippe gebettet.«

Plötzlich leuchtet ein helles Licht rund um die Hirten.
Eine große Schar von Engeln ist bei ihnen. Die Engel loben Gott und singen:
»Ehre sei Gott in der Höhe
und Frieden auf Erden für alle Menschen.
Denn Gott hat die Menschen lieb.«

Die Engel verschwinden wieder. Es wird dunkel über den Feldern.
Die Hirten sagen zueinander:
»Kommt, wir wollen nach Betlehem gehen und Gottes Überraschung sehen.«
Über Wiesen und Felder, unter dem großen Sternenhimmel,
machen sich die Hirten auf den Weg, bis sie zu einem Stall kommen.
Dort finden sie Maria und Josef und das Kind, das in der Krippe liegt.
Alles ist so, wie es der Engel beschrieben hat.

Lange schauen die Hirten das Kind an. »Ein Gotteskind«, »der Retter«,
sagen sie zueinander. »Wir haben das Kind als Erste gesehen.
Es ist so wunderbar, wie es der Engel gesagt hat.«
Die Hirten gehen wieder hinaus über Hügel und Felder, in Dörfer und Städte.
Sie sagen es weiter: »Den Helfer haben wir gesehen.
Den Retter, der von Gott kommt. Ein Engel hat uns von ihm erzählt.«
Und alle, die es hören, staunen.
Dann gehen die Hirten zurück zu ihren Schafen.
Maria aber denkt über alles nach. Sie ist still, und ihr Herz ist warm.
Sie ist voller Freude.

Einige Tage später bringen Maria und Josef ihr Kind nach Jerusalem,
in den Tempel. Josef hält zwei Tauben in seinen Händen:
»Das ist unser Geschenk für Gott.«
Maria trägt den kleinen Jesus auf dem Arm: »Unser erstes Kind!
Wir wollen es im Tempel zeigen. Wir wollen Gott danken.«
Neben Maria steht ein alter Mann. Es ist der Priester Simeon.
Simeon nimmt das Kind in seine Arme. So laut, dass es alle hören, betet er:
»Jetzt kann ich ohne Angst sterben, mein Gott.
Meine Augen haben den Retter gesehen.
Den Retter, auf den ich mein ganzes Leben lang gewartet habe.
Den Messias habe ich gesehen, ein Licht für die ganze Welt.«

Da kommt auch eine alte Frau in schnellen Schritten auf das Kindlein zu.
Es ist Hanna, die seit vielen Jahren jeden Tag in den Tempel kommt.
Sie betet und erzählt den Menschen von Gott. Eine Prophetin wird sie genannt.

Laut ruft sie jetzt: »Er ist da; er ist da, der Helfer, den Gott uns schickt.
Ich muss nicht mehr länger warten.«
Maria und Josef staunen über Hanna und Simeon.
»Ist unser Kind wirklich ein besonderes Kind?«, fragen sie.
»Ein Helfer? Ein Retter? Der Messias? Was heißt das?«
»Gott behüte euch«, sagt Simeon nur.
Er legt das Kind zurück in die Arme seiner Mutter.
Maria und Josef verlassen den Tempel und reisen zurück an ihren Wohnort.

Mit Maria und dem kleinen Jesus lebt Josef in der Stadt Nazaret in Galiläa.
Josef ist Schreiner und arbeitet von früh bis spät.
Der kleine Jesus lacht, er lernt laufen und sprechen,
und er spielt wie jedes andere Kind.
Der Junge wird stärker und größer.
Er lernt auch lesen und schreiben und darf seinem Vater helfen.
Jesus weiß noch nicht, dass er ein besonderes Kind ist.
Gott aber erfüllt ihn mit seiner Kraft und mit großer Liebe.
Gott lässt ihn zum Retter heranwachsen.
Später wird er allen Menschen den Frieden bringen.

Umsetzung

Die Geschichte von Regine Schindler hält sich nicht allein dicht an den Originaltext des Lukas, sondern gibt im einleitenden Teil auch eine Verstehenshilfe zur Entstehung des lukanischen Evangeliums und der Weihnachtsgeschichte. Obwohl dies ohne Berücksichtigung der literarischen Gattung der Geburtserzählung Jesu geschieht (»theologische Legende«, kein auf Augenzeugen zurückzuführender historischer Bericht), kann dieser Ansatz auch als Ausgangspunkt für eine Gestaltung im Gottesdienst gewählt werden.

Wir empfehlen deshalb, das Eingangskapitel zu spielen. Ein (entsprechend gekleideter) Lukas führt ein »Selbstgespräch« über Jesus und wie er etwas über ihn herausgefunden hat. Dabei schreibt er auf einem »Papyrusblatt« den Brief an Theophilus und fügt ihn einer bereits fertig gestellten Schriftrolle bei.

Theophilus (übersetzt: »der Gottesfreund«) erhält diese Schriftrolle (eventuell durch einen Boten als drittem Mitspieler überreicht) und liest im Anschluss den weiteren Text daraus vor. (Da für beide Rollen Männer gebraucht werden, ist dies ein guter Anlass, einmal zwei Väter unmittelbar in die Gestaltung des Weihnachtsgottesdienstes einzubinden.)

Der eigentliche Text (nicht nur Geburtsgeschichte, sondern auch Verkündigung, Darstellung Jesu im Tempel und Abschluss der Kindheitsgeschichte mit dem Verweis auf das Heranwachsen Jesu in Nazaret) ist für einen weihnachtlichen Gottesdienst wahrscheinlich recht lang. Es bereitet aber keine Probleme, dass Theophilus sich beim Lesen auf die Geburtslegende konzentriert. Die anderen Abschnitte kann er zusätzlich beim Aufrollen der Schriftrolle mit einigen Sätzen erwähnen. Dadurch wird die Geburtsgeschichte in einen größeren Zusammenhang eingeordnet, und die Kinder werden vielleicht neugierig, zu Hause aus einer Kinderbibel auch den Inhalt der anderen Texte zu erfahren, von denen Theophilus gesprochen hat.

Vorlesen aus der Schriftrolle ist nur eine Möglichkeit, mit der Geschichte Regina Schindlers umzugehen. Man kann dieses Vorlesen auch an eine spielerische Darstellung der Weihnachtsgeschichte dadurch anbinden, dass Theophilus jeweils eine Einleitung liest und das Geschehen dann auf die andere Seite des Altarraumes wechselt, wo Kinder und Erwachsene die von Theophilus angeführte Szene im Spiel darstellen. Dies kann im gesprochenen szenischen Spiel geschehen, im pantomimischen Spiel (zu dem Theophilus dann entsprechende Erläuterungen gibt bzw. vorliest), im Puppenspiel mit Krippenfiguren, so dass langsam eine Krippendarstellung mit allen daran beteiligten Personen entsteht, oder auch in anderen spielerischen Formen (etwa Stabpuppen, Schattenspiel ...). Ebenso können die Spielszenen von Kindern mit Orffschem Instrumentarium verklanglicht werden. Da meist ein Kinderchor oder eine Kindermusikgruppe am Gottesdienst teilnimmt, lässt sich dies leicht arrangieren.

Eine solche Anordnung könnte für die erste Szene (der Weg nach Betlehem, vgl. den unteren Abschnitt auf Seite 11) so aussehen:

Theophilus: »Lange ist es her, sehr lange, da waren viele Menschen auf den Straßen unterwegs. Sie mühten sich auf den steinigen Wegen ab, führten manchmal Esel als Reittiere mit und eilten sich voranzukommen. Hören wir, was sie zu sagen haben ...«

Menschen auf dem Weg: »Was soll denn das? ...«

Als Josef und Maria auftreten, kann Theophilus etwa sagen: »Da kommen zwei aus der Stadt Nazaret. Sie haben einen weiten Weg vor sich, den Weg nach Betlehem ...«

Auf diese Weise ergibt sich ein ständiges Wechselspiel zwischen dem Erzähler (Theophilus), der aus der lukanischen Schriftrolle vorliest, und der spielerischen Gestaltung durch Kinder und / oder Erwachsene. Die Aufmerksamkeit aller Gottesdienstteilnehmer bleibt gewahrt, auch wenn den meisten der Text bereits seit langem bekannt ist.

Sinnvoll ist auch die Einbettung von Liedern der Gemeinde in die einzelnen Szenen, um damit die Haltung des reinen Zuhörens zu unterbrechen und alle Anwesenden zu beteiligen. Dies kann durch ein Strophenlied geschehen, dessen Strophen einzelnen Szenen zugeordnet werden. Besonders geeignet ist das bereits seit einiger Zeit bekannte Lied »Uns wird erzählt von Jesus Christ« von Kurt Rommel (vgl. entsprechende Liedsammlungen neuen Liedgutes, zuerst erschienen in 111 Kinderlieder zur Bibel, hrsg. von Gerd Watkinson, Kaufmann, Lahr 1968). Ebenso können aber auch unterschiedliche Lieder des traditionellen oder neuen geistlichen Liedes für die einzelnen Szenen ausgewählt werden.

Wo ein das Lesen des Theophilus begleitendes Spiel nicht möglich erscheint, können Kindergartengruppen oder Kinder in Gemeindegruppen auch vor Weihnachten eine Bildfolge zu den einzelnen Szenen der Geburtsgeschichte auf großen Pappbögen malen und diese Bilder dann beim Lesen Stück für Stück zu einem Leporello in der Kirche zusammenstellen, das später als Bildfries eine Kirchenwand schmücken kann (auch in den Folgejahren einsetzbar, so dass sich die Arbeit lohnt). Die Bilder können mit sehr unterschiedlichen Techniken gefertigt werden (Malen, Collagen, Applikationen ...).

Eine letzte, etwas aufwändige Idee, aber im Blick auf die Anbindung von Glauben, Gottesdienst und Leben in der Familie wertvoll: Der Text der Geschichte wird kopiert und auf »Schriftrollen« geklebt (etwa Butterbrotpapier), dann zusammengerollt und mit einem bunten Band zusammengehalten. Jeder Familie (nicht jedem einzelnen Kind) wird dann am Ende des Gottesdienstes die frohe Weihnachtsbotschaft in einer solchen Schriftrolle mit nach Hause gegeben. So kann der Text auch bei der häuslichen Weihnachtsfeier noch einmal gelesen werden.

Fürbitten

Gott, wir hören die Weihnachtsgeschichte und freuen uns.
Dein Sohn Jesus ist als ein kleines Kind auf unsere Erde gekommen.
Er ist der Retter und Heiland, der Friede für alle Welt.
Im Blick auf ihn rufen wir zu dir:

- Menschen gehen weite Wege in ihrem Leben,
  auch unser Lebensweg ist weit und manchmal nicht einfach.
  Lass uns *Vertrauen* haben,
  dass du, guter Gott, uns in Jesus auf unserem Weg begleitest.
  Antwortruf:
  Öffne unsere Ohren und Herzen für dein gutes Wort.
- Immer wieder entsteht neues Leben in unserer Mitte.
  Das macht uns froh und schenkt uns Hoffnung.
  Lass uns *Dankbarkeit* empfinden,
  weil du, guter Gott, durch Jesus unser Leben in deiner Hand hältst.
  Öffne unsere Ohren und Herzen für dein gutes Wort.
- Gute Worte können wie Engel sein und die Angst überwinden,
  gute Freunde können uns Mut machen und unser Leben bereichern.
  Lass uns voller *Freude* leben,
  weil du, guter Gott, uns in Jesus Freund geworden bist.
  Öffne unsere Ohren und Herzen für dein gutes Wort.
- Manchmal ist unser Leben dunkel, dann sehnen wir uns nach einem Licht.
  Doch wir erfahren immer, dass nach der Nacht ein neuer Morgen kommt.
  Lass uns von *Hoffnung* erfüllt sein,
  weil du, guter Gott, dich in Jesus um uns kümmerst.
  Öffne unsere Ohren und Herzen für dein gutes Wort.
- Oft brauchen wir einen Helfer, einen Retter, einen, der uns liebt,
  ein »Gotteskind«, das uns zur Seite steht.
  Lass uns aus der *Liebe* leben,
  weil du, guter Gott, dich uns in Jesus in Liebe zugewandt hast.
  Öffne unsere Ohren und Herzen für dein gutes Wort.

So richten wir unsere Bitten an dich, guter Gott,
heute an Weihnachten und alle Tage unseres Lebens. Amen.

Dankgebet

Danke für dein Wort, guter Gott,
das du in Jesus zu uns gesprochen hast.
Es ist ein gutes Wort, das unser Leben bereichert,
es ist ein Wort, das uns den Weg zeigt,
es ist ein Wort des Friedens und der Hoffnung.
Danke für dein Wort.

Danke für dein Wort, guter Gott,
das uns von Jesus erzählt.
Es ist eine Frohe Botschaft vom Gotteskind,
vom Retter, der zu uns Menschen kam,
vom Helfer in aller Not.
Danke für dein Wort.

Danke für dein Wort, guter Gott,
das von deiner Liebe kündet.
Von der Liebe zu uns Menschen,
von der Liebe zur Erde und zu allem, was darauf lebt,
von der Liebe zu buntem Leben.
Danke für dein Wort.

Danke für dein Wort, guter Gott,
das uns Licht ist auf dem Weg.
Ein Wort, das Wegweiser ist und Orientierung schenkt,
ein Wort, das die Richtung weist zu gutem Leben,
ein Wort, das die Dunkelheit überwindet.
Danke für dein Wort.

Danke für dein Wort, guter Gott,
das angefüllt ist mit deiner Kraft und deinem Geist.
Dem Geist der Gerechtigkeit und der Versöhnung,
dem Geist der Hoffnung und der Zuversicht,
dem Geist der Liebe und der Zuwendung.
Danke für dein Wort.

Danke für dein Wort, guter Gott,
das wir in dieser Gemeinschaft immer wieder hören.
Es ist unsere Mitte, das Herz unseres Glaubens,
es ist unsere Hilfe, die uns stärkt und führt,
es ist unsere Freude, deine gute Weisung für uns.
Danke für dein Wort.

Segensgebet

Gott,
du hast dich in Jesus uns Menschen zugewandt,
in ihm ist dein Segen auf die Erde gekommen.
Lass die Kraft deines guten Segens niemals aus unserem Leben weichen.
Umgib uns mit deinem Segen wie mit einem bunten Gewand.
Lass deinen Segen um uns wehen wie ein leichter Wind.
Lege deinen Segen unter unsere Füße,
dass sie den Weg zu dir finden.
Lege deinen Segen in unsere Hände,
dass sie gesegnete Werke tun.
Lege deinen Segen in unsere Herzen,
dass sie ganz von dir erfüllt sind.
So segne uns, Gott, an diesem Fest und im Alltag,
auf guten und schweren Wegen,
in Freude und Leid,
du, der Vater, der Sohn und der Heilige Geist.
Amen.

Der große Augenblick

Von den Weihnachtsgaben der Schöpfung

Einführung

Liebe Kinder, liebe Erwachsene,
wir sind hier in die Kirche gekommen,
um miteinander ein großes Fest zu beginnen,
um miteinander anzufangen, Weihnachten zu feiern.
An diesem Abend (Nachmittag) sind wir froh und glücklich,
aber vielleicht auch ein wenig aufgeregt
und gespannt darauf, was heute noch geschehen wird.
Mit uns freuen sich Menschen überall auf der Welt in fast allen Ländern.
Wir freuen uns, dass Weihnachten ist,
dass Jesus, Gottes Sohn, geboren wurde.
Christen glauben,
dass die Geburt Jesu unsere Erde verändert hat.
Nichts ist mehr so wie vorher,
weil Gott uns Menschen und unsere Erde liebt.
Er liebt sie so sehr, dass er seinen Sohn zu uns gesandt hat.
Christen glauben,
dass Weihnachten für die ganze Erde wichtig ist,
nicht allein für uns Menschen oder gar nur für die Christen.
Nein, die ganze Schöpfung feiert mit uns Gottes Liebe zu den Menschen,
die ganze Schöpfung feiert mit uns Gottes Sohn.
Damals kamen Hirten und Weise aus dem Osten zu Jesus.
Sie kamen stellvertretend für alle Menschen,
aber auch stellvertretend für die ganze Erde,

für Menschen, Tiere und Pflanzen, für Himmel und Erde und alles Leben. Darüber werden wir in diesem Gottesdienst tiefer nachdenken.

Gebete

Lasst uns zu Jesus, dem Sohn Gottes, beten:

- Jesus, du bist Mensch geworden wie wir,
  du warst ein Kind wie wir alle.
  Herr, erbarme dich.
- Jesus, du hast uns Gottes Liebe gebracht,
  du bist unser Freund und Bruder.
  Christus, erbarme dich.
- Jesus, du schenkst uns Glück und Freude,
  nicht nur an Weihnachten, sondern jeden Tag unseres Lebens.
  Herr, erbarme dich.

Der gute und uns Menschen zugewandte Gott
hat uns in Jesus seine Liebe gezeigt.
Er erbarme sich unser nicht nur an Weihnachten,
sondern jeden Tag unseres Lebens
durch Jesus, den Christus, unseren Herrn in Ewigkeit. Amen.

Guter Gott, wir kommen zusammen, um Weihnachten zu feiern.
Du liebst uns Menschen,
deshalb hast du uns deinen Sohn Jesus gesandt.
Er wurde Mensch wie wir, er wurde ein kleines Kind.
Darüber freuen wir uns, darüber freut sich die ganze Erde.
Die ganze Schöpfung freut sich und singt dir ein Loblied.
Himmel und Erde vereinen sich in Freude und Dankbarkeit.
Denn du, Gott, bist gut zu uns allen
in Jesus, deinem Christus, unserem Herrn. Amen.

Jesus, unser Freund und Bruder,
als du geboren wurdest,

war die ganze Erde von Freude und Jubel erfüllt.
Himmel und Erde, Pflanzen, Tiere und Menschen,
alles Leben auf der Erde vereinte sich zu einem großen Chor,
der das Lob Gottes sang,
deines Vaters in Ewigkeit. Amen.

Geschichte

Lene Mayer-Skumanz
Der große Augenblick. Von den Weihnachtsgaben der Schöpfung

Als das erste Weihnachtsfest vorbereitet wurde, vor langer, sehr langer Zeit,
da fuhr ein Jubelschrei durch Himmels- und Erdenräume.
»Gott will in einem Menschenkind geboren werden:
ein Kind als Gottesgeschenk für alle!
Was schenken wir ihm zur Geburt?«
Die Himmel alle lachten wie aus einem Mund vor Freude.
Sie machten einen Stern und schickten ihn auf die Reise.
»Stern, du bist unsere Gabe für das Kind!«

Die Engel waren schon seit Anbeginn der Welt
in das Geheimnis eingeweiht,
als Gottesboten und Hüter der himmlischen und irdischen Kräfte.
»Wie froh wir sind,
das können wir am besten mit Musik ausdrücken!
Unsere Gabe ist ein Liebeslied.«
Sie sangen:
»Ehre sei Gott in den Höhen
und Frieden den Menschen auf Erden,
weil Gott sie liebt.«

Mutter Erde nahm das Lied freudig auf.
Sie ließ es durch ihre Adern pulsen

und verströmte es bis in den letzten Grashalm.
»In meinem Schoß ist für viele Platz.
Ich trage und nähre sie alle gern.
Diesem besonderen Kind will ich eine Höhle schenken.
Dort soll es geboren werden, geschützt vor Kälte und Wind.«

Die Wüste, eine Tochter von Mutter Erde, nahm Wind und Sand
und scheuerte in jahrtausendlanger Mühe eine Mulde in einen Stein.
»Ist das nicht ein schöner Futtertrog, eine willkommene Krippe?
Und tief genug für eine Lage Stroh, ein Kind kann darin schlafen!
Das ist meine Gabe für den Neugeborenen.
Ich will ihm sein Leben lang eine Freundin sein.
In meiner großen Stille wird er gut nachdenken und beten können.«

»Stroh, ich höre Stroh«, rauschte das Kornfeld,
auch ein Kind von Mutter Erde.
»Dann will ich mich an die Arbeit machen.
Eine Lage Stroh halte ich zurück,
wenn ich den Menschen mein Korn für den Hunger
und genügend Halme für ihre Betten gegeben habe.
Ein Glück, dass dieses Kind so bescheiden sein wird.
Es wird die geringe Gabe nicht verschmähen.«

»Auch wir wollen dem Kind etwas schenken,
etwas Vernünftiges!«, riefen die Wolken.
Sie waren luftige Töchter der Erde und hatten stets einen guten Überblick.
»Wir sorgen für Wasser!
Das soll in einer tiefen Zisterne auf den heiligen Augenblick warten.
Dann wird es das Neugeborene säubern.«
Die Wolken regneten den Regen herab,
jeder Tropfen funkelte vor Freude.

Die Menschen fingen zu ahnen an, was Gott ihnen schenken wollte.
Sie träumten und dichteten davon.

»Ein Kind, das uns alle heil und gesund machen wird!
Ein Kind, das uns mit Gott und der Welt und miteinander versöhnt!
Was können wir ihm geben?«
»Eine Mutter, die JA sagt zu ihrem Kind«,
antwortete die göttliche Geisteskraft,
die schon zu Anbeginn der Schöpfung
über dem großen Durcheinander geschwebt war
wie eine Vogelfrau über dem Nest ihrer Jungen.
»Eine von uns«, träumten die Menschen, »eine starke, treue und liebevolle Frau,
Gott wird sie aus unserer Mitte wählen.«
Der Engel Gabriel besuchte das Mädchen Maria in Nazaret.
Er überbrachte ihr die göttliche Einladung, Mutter des Kindes zu werden.
Maria dachte nach und sagte: »Ja.«
»Nenn ihn Jesus«, bat der Engel.
Jesus bedeutet: Gott rettet.

»Lieber Engel«, rief die Erde.
»Das Kind braucht auch einen Vater.«
»Genügt Gottes Geisteskraft nicht?«, fragte der Engel.
Die Erde horchte in sich hinein, bebte ein wenig und sprach:
»Doch, doch, lieber Engel,
aber die Menschen freuen sich über sichtbare Zeichen.
Ein Kind ist froh über einen Vater.
Es mag seine tiefe Stimme, es fühlt seine schützende Liebe.«
Der Engel spürte, wie Gottes Geisteskraft ihm mächtige Flügel verlieh.
Schneller als ein Gedanke flog er zu Josef, dem Zimmermann,
und traf ihn – mitten im Traum.
Josef erwachte und sagte:
»Maria braucht mich. Ich lasse sie nicht im Stich.«

Maria und Josef mussten sich in die Steuerlisten eintragen lassen.
Sie wanderten also nach Betlehem, Josefs Heimat,
als das Kind auf die Welt kommen wollte.
Da hielt die ganze Schöpfung den Atem an,

Wind und Wasser, Feuer und Erdenkrümel,
Steine und Moos, Muscheln und Sand.
Ein großes Warten erfüllte die Geschöpfe.
Es warteten die Bäume und die Vögel,
die Wellen und die Fische, die Blumen und die Schmetterlinge.
So allumfassend war die Erwartung,
dass der Löwe das Lamm still neben sich ruhen ließ.

In der kleinen Stadt Betlehem war in der Herberge kein Platz mehr frei.
Aber Maria und Josef fanden die Höhle, sie wurde als Stall benutzt,
Esel und Ochs standen an der Krippe und schnaubten.
Ihr Atem wärmte das neugeborene Kind.
Das war ein gutes Geschenk!

Nicht alle Menschen hatten das Lied der Engel gehört.
Aber die Hirten auf dem nächtlichen Feld verstanden es gut.
»Der Retter ist auf die Welt gekommen«, sagten die Engel.
»Geht hinüber nach Betlehem und findet das Zeichen:
das neugeborene Kind in der Futterkrippe.«
Da ließen die Hirten die Herde im Schutz des Dornenzaunes
und machten sich auf den Weg.

Sie fanden die Höhle am Rand der Stadt.
Maria und Josef, Esel und Ochs und das Kind in der Krippe.
Die Hirten staunten.
Sie standen vor Staunen still.
Arm wie sie waren, hatten sie nichts zum Schenken,
und im Reden waren sie nicht geübt.
Aber ihr Staunen war eine kostbare Gabe.

Die Weisen aus dem Morgenland hatten den Stern gesehen.
Sie ließen sich führen von ihm.
Zu ihrer Überraschung fanden sie das göttliche Kind
nicht im goldenen Schloss des Königs, sondern bei den Ärmsten im Land.

Sie schenkten dem Kind Gold, Weihrauch und Myrrhe.
Sie schenkten dem Kind ihren langen Weg
und die Sehnsucht aus ihrem Herzen.

Nun waren die Weihnachtsgaben alle beisammen:
der himmlische Stern,
das Loblied der Engel,
die Höhle der Erde,
die Krippe der Wüste,
die Schätze der Weisen,
das Staunen der Hirten,
Wasser und Stroh,
das Schnauben der Tiere –
und die Gaben der Menschen: Mutter und Vater.

Umsetzung

Die erste Entscheidung zur Umsetzung betrifft das Lesen der Geschichte. Es bietet sich wie bei allen Geschichten ein Vorlesen (oder auch Erzählen?) durch einen einzigen Erzähler an. Dazu kann dann, wie unten angegeben, eine Aktion der Kinder treten, die nacheinander Gegenstände oder Symbole bringen und im Altarraum an geeigneter Stelle aufstellen, ohne dass sie selber etwas sagen müssen. Dies können bereits kleinere Kinder (etwa Kindergartenalter) tun und so am Gottesdienst beteiligt werden. Auch kann durch viele Gegenstände die Zahl der so Beteiligten ausgeweitet werden, so dass möglichst viele beteiligt sind.

Durch die dialogische Struktur der Geschichte ist es aber auch möglich, den Text als Sprechspiel mit einem Erzähler und weiteren Sprechern (und zugleich Handelnden) zu gestalten. Im Text sind bereits an einigen Stellen direkte Reden vorhanden. An anderen Stellen lässt sich dies vergleichsweise leicht durch eigene Ergänzungen erweitern. Beispiel: die Weisen aus dem Morgenland (drei Weise, dazu aber auch noch Diener, Kameltreiber, auch Kamele und Pferde möglich):

1. Weiser: Wir müssen dem Kind etwas mitbringen, etwas, das uns sehr viel wert ist.

2. Weiser: Das Kind ist der König der Welt. Ich nehme ihm deshalb Gold mit – das Zeichen für das Königtum.

3. Weiser: Das Kind ist ein König von Gott. Ich verehre es mit Weihrauch.

1. Weiser: Und ich wähle Myrrhe als Geschenk – das Salböl, das Menschen heilen kann.

2. Weiser: Jetzt hat jeder von uns eine schöne Gabe.

3. Weiser: Und wir können aufbrechen und nach dem Kind suchen. Der Stern wird uns führen.

Bei dieser Umsetzung sind ältere Kinder nötig, die die Texte vorlesen können (oder auch bei entsprechendem Üben so oder in freier Form auswendig sprechen). Wenn die Kinder, an die sich der Gottesdienst vorrangig richtet, dieses Alter noch nicht haben, lassen sich vielleicht Kinder- oder Jugendgruppen der Gemeinde, vielleicht auch Kommunion- oder Firm- bzw. Konfirmationsgruppen dafür ansprechen.

Das Sprechspiel kann als reines Sprechspiel ohne Requisiten gestaltet werden oder auch mit entsprechenden Gewändern (etwa farbigen Umhängetüchern, die am Ende die Farben des Regenbogens wiedergeben) und mit anderen Requisiten (real wie Stroh oder Wasser in einer Kanne oder auch gemalt). Auch kann entsprechend den räumlichen Bedingungen Stück für Stück ein Bühnenbild entstehen, bei dem die verschiedenen Mitspieler und ihre Tücher, Bilder und Requisiten am Ende ein gut ausgeleuchtetes Gesamtbild ergeben, das während des weiteren Gottesdienstablaufes erhalten und der Gemeinde in Erinnerung bleibt.

Wenn Text und Handlung getrennt werden, bieten sich folgende Gegenstände oder Bilder zu den einzelnen Stücken der Geschichte an, die in Art einer Collage auf einer Plakatwand, einem großen Tuch o. Ä. gesammelt werden können:

Himmel: ein schöner Stern oder auch viele kleine (dann Text ändern: »Sie machten viele leuchtende Sterne und schickten sie auf die Reise«)

Engel: Liedblätter mit Notensatz, oder auch Instrumente wie Flöten, Schlaginstrumente o. Ä. Ebenso kann an dieser Stelle eine Unterbrechung der Geschichte durch ein Lied oder Instrumentalstück erfolgen, das die Freude der Weihnacht wiedergibt.

Erde: Hintergrundbild auf Stangen befestigt, so dass davor die folgenden Dinge Platz finden

Wüste: Eine aus einem Holzgerüst und Pappmaschee gefertigte Krippe, in den Farben eines Steins

Kornfeld: Strohbündel (bei Bauern erbitten)

Wolken: Kanne oder Schüssel mit Wasser

Menschen: zwei Kinder (Mädchen und Junge) mit langen Gewändern

Esel/Ochs: gemaltes Bild oder eine wärmende Decke (dann Textveränderung: »Ihr Atem wärmte das neugeborene Kind wie eine warme Decke«)

Hirten: Licht (Kerzen oder eine Laterne, vielleicht auch mehrere [Martins-]Laternen, von den Kindern gebastelt).

Weisen: Goldklumpen (aus Goldpapier), Gefäß mit Weihrauchkörnern (in katholischen Kirchen kein Problem, in evangelischen Kirchen reicht auch ein entsprechendes schönes Gefäß), Gefäß mit Salböl (in katholischen Gemeinden Gefäß mit Chrisam oder Katechumenenöl, in evangelischen Gemeinden ebenfalls ein kostbares Gefäß)

Möglich ist auch eine Umsetzung der »mitspielenden Schöpfung« bzw. der genannten Gegenstände durch entsprechende Fotografien, die per Dia oder Tageslichtfolie projiziert werden (Wolkenhimmel, Satellitenaufnahme der Erde, Wüstendüne ...). Die Bildstellen (sowohl kirchlich wie auch für Schulen staatlich) haben in der Regel eine Fülle von Bildmaterial – die Suche und Auswahl ist allerdings zeitaufwändig. Als Alternative bietet sich deshalb eine Bilderfolge an, die von den Kindern gemalt wurde – entweder mit Plaka-, Abtön- oder Fingerfarbe gemalte Bilder, die dann abfotografiert werden oder auch (nur mit größeren Kindern zu fertigen) mit Overheadschreibern direkt auf Glasdias oder Folie gemalte Bilder (dabei keine Korrekturmöglichkeit).

Als Erinnerung an den Gottesdienst können die beteiligten Kinder am Ende des Gottesdienstes alles Besuchern, vor allem den Kindern, einen selbst gebastelten (Strohstern oder nach einer Schablone aus Goldpapier ausgeschnitten) oder gemalten Stern mitgeben. Um die Freude der ganzen Schöpfung auszudrücken, kann ein solcher Stern mit schwarzem Stift auch ein lachendes Gesicht (in Art eines Smileys) tragen.

Fürbitten

Gott, wir feiern Weihnachten und freuen uns über Jesus, deinen Sohn,
der in unserer Mitte geboren wurde
und als Mensch gelebt hat wie wir.
Auch an diesem Tag tragen wir dir unsere Bitten vor und rufen:

- Die Sterne am Himmel stehen für das Licht,
  das durch deinen Sohn in die Welt gekommen ist.
  Mach das Leben aller Menschen durch Jesus hell
  und vertreibe alle Dunkelheit aus unseren Herzen.
- Die Engel im Himmel singen und preisen dich,
  sie sagen: Schön hast du alles gemacht.
  Lass uns dir ebenso jeden Tag dankbar sein
  für unser Leben und unsere schöne Erde.
- Die Erde ist unsere Heimat;
  sie ist wie ein Haus, in dem wir geborgen sind.
  Hilf uns, unsere Erde zu bewahren
  und alles Leben darauf zu schützen.
- Die Wüste ist ein Ort der Stille und der Ruhe,
  an dem man zu dir und zum Sinn des Lebens finden kann.
  Verbinde uns immer tiefer mit dir
  und stärke unseren Glauben an dich.
- Aus dem Korn wird unser tägliches Brot gemacht,
  auf den Feldern wächst das meiste unserer Nahrung.
  Lass uns dankbar sein für das tägliche Brot
  und lass uns unser Brot miteinander teilen.
- Wasser ist zum Leben notwendig,
  ohne Wasser können Pflanzen, Tiere und Menschen nicht leben.
  Hilf uns, dir immer wieder Dank zu sagen
  für das schöne Geschenk unseres Lebens.
- Viele Tiere helfen dem Menschen,
  manche Tiere können uns auch gute Freunde sein.
  Zeige uns Wege, die Tiere zu schützen
  und sie vor Qualen und Leid zu bewahren.

- Jeder ist auf andere Menschen angewiesen,
  die Hirten und die Weisen an der Krippe zeigen uns,
  dass wir andere Menschen brauchen.
  Mach aus allen Menschen eine große Familie.
- Das Kind in der Krippe ist dein Geschenk an uns,
  zeigt uns dein Licht und deine Liebe.
  Binde uns immer mehr an Jesus, unseren Bruder und Freund,
  damit wir durch ihn Leben haben von dir.

So bitten wir, guter Gott, an diesem Weihnachtstag
und alle Tage unseres Lebens durch Christus, unseren Herrn. Amen.

Die Bitten können von unterschiedlichen Kindern vorgetragen werden, die dabei noch einmal die entsprechenden Gegenstände der Gemeinde zeigen oder darauf verweisen. Die Gemeinde kann mit einem gesprochenen Antwortruf oder auch mit einem kleinen Liedruf auf die Bitten antworten. Wählt man alle Bitten aus, so wird der Liedruf vielleicht nur nach jeweils zwei Bitten gesungen.

Dankgebet

Wenn Gott zu uns Menschen kommt,
wenn sein Sohn ein Kind wird mitten unter uns,
dann freuen sich Himmel und Erde,
dann singt die ganze Schöpfung ein Lied:
  Danke, guter Gott, danke für deine Liebe.

Wenn Gott zu uns Menschen kommt,
wenn eine Mutter Ja sagt zu ihrem Kind,
wenn ein Vater Frau und Kind schützt,
dann singt die ganze Schöpfung ein Lied:
  Danke, guter Gott, danke für deine Liebe.

Wenn Gott zu den Menschen kommt,
wenn sich Himmel und Erde berühren
und alles heil und gut wird,
dann singt die ganze Schöpfung ein Lied:
Danke, guter Gott, danke für deine Liebe.

Wenn Gott zu den Menschen kommt,
wenn Hirten und Weise zum Kind finden
und alle Menschen sich auf die Suche machen,
dann singt die ganze Schöpfung ein Lied:
Danke, guter Gott, danke für deine Liebe.

Wenn Gott zu den Menschen kommt,
wenn Erde und Wasser, Luft und Feuer bereit sind für ihn,
wenn das Herz aller Menschen offen ist für dieses Kind,
dann singt die ganze Schöpfung ein Lied:
Danke, guter Gott, danke für deine Liebe.

Wenn Gott zu den Menschen kommt,
dann singen auch wir alle ein Lied:
Danke, guter Gott, danke für deine Liebe.

Segensgebet

Guter und menschenfreundlicher Gott,
dein Sohn Jesus ist Mensch geworden,
ist als Kind in unserer Mitte geboren worden,
hat als Mensch unter uns gelebt.
Durch ihn kam deine Liebe zu uns, dein Leben und dein Erbarmen.
Begleite uns mit deinem Segen
heute an diesem Fest und an allen Tagen unseres Lebens.
Segne unser Denken und Tun, segne all unsere Wege,
du, der gute Gott, der Vater, der Sohn und der Heilige Geist. Amen.

Ein Esel für das Kind

Einführung

Liebe Kinder, liebe Erwachsene,
Weihnachten ist ein schönes Fest,
ein Fest des Friedens und der Liebe,
ein Fest der Liebe und der Gemeinschaft.
Weihnachten tut uns richtig gut.
Leider ist das nur die eine Seite von Weihnachten.
Es bleibt ja auch Dunkles und Schweres –
bei uns und überall auf der Erde bei den Menschen anderer Völker.
Es bleiben Krieg und Streit,
es bleiben Hunger und Krankheit,
es bleiben Einsamkeit und Enttäuschung.
So können sich viele Menschen selbst an Weihnachten nicht richtig freuen,
sie sind traurig, sie klagen und weinen über unsere Welt,
sie leiden unter der Dunkelheit.
In unserem Weihnachtsgottesdienst bedenken wir
Licht und Dunkelheit im Leben von Menschen heute.
Wir werden in der Weihnachtsgeschichte von Gewalt und Ungerechtigkeit hören,
aber vor allem davon,
wie das Licht eines Menschen solche Dunkelheit überwindet,
das Licht des Kindes, dessen Geburt wir heute feiern:
Jesus von Nazaret,
Gottes Licht für uns Menschen,
Gottes Frieden für alle Völker.

Gebete

Lasst uns zu Jesus beten, an dessen Geburt wir uns heute dankbar erinnern:

- Jesus, du bringst uns Gottes Frieden,
  du überwindest Streit und Hass.
  Herr, erbarme dich.
- Jesus, du bringst uns Gottes Liebe,
  du überwindest Not und Elend.
  Christus, erbarme dich.
- Jesus, du bringst uns Gottes Gemeinschaft,
  du überwindest Einsamkeit und Angst.
  Herr, erbarme dich.

Der gute und uns liebende Gott ist in Jesus auf uns zugekommen.
Er stärke das Gute in uns und überwinde alles Böse.
Er zeige uns sein Erbarmen in Jesus, seinem Sohn, unserem Herrn. Amen.

Gott, manchmal ist es in unserer Welt dunkel und böse.
Dann wünschen wir uns ein Licht, das alle Dunkelheit überwindet.
Dann wünschen wir uns einen Retter, der uns hilft und zur Seite steht.
Du hast mit Jesus ein Licht in unsere Welt gesandt, das alles hell macht.
Du hast mit Jesus einen Helfer zu uns gesandt, der ein guter Freund ist.
Du hast mit Jesus einen Retter zu allen gesandt, der in der Not zur Seite steht.
Dafür danken wir dir, Gott,
dafür preisen wir dich in unseren Liedern und Gebeten.
Lass uns dir dankbar bleiben alle Tage unseres Lebens
und binde uns an Jesus, deinen Sohn,
bis wir für immer in deiner Gemeinschaft leben dürfen.

Jesus, gegen allen Streit setzt du die Versöhnung.
Gegen allen Hass setzt du die Liebe.
Gegen alle Not setzt du das Teilen.
Gegen alle Einsamkeit setzt du neue Gemeinschaft.
Mach uns bereit zur Versöhnung, zur Liebe, zum Teilen, zur Gemeinschaft,
hier in dieser Stunde und auf immer.

Geschichte

Regine Schindler
Ein Esel für das Kind

Judith sitzt neben dem Großvater am Straßenrand. Die Körbe mit ihrem Gemüse stehen neben ihnen. Judith legt ihre kleine Hand in das Fell des Esels. Sein Fell ist weich; der Esel ist noch jung. Dieser Esel ist Judiths Freund; sie kennt ihn seit seiner Geburt.

»Sind die Körbe nicht zu schwer für mein Eselchen?«

Großvater lacht. »Eselchen? Jetzt ist er schon ein großer Esel. Er soll uns das Gemüse zum Markt tragen.« Großvaters Kopf kippt nach vorne. Er ist müde von der langen Reise.

»Großvater, schlaf nicht ein!«, ruft Judith. »Schau doch die vielen Menschen auf der Straße! Gehen sie alle zum Markt?« Großvater bleibt stumm.

Judith wartet auf eine Antwort. Sie wartet lange. Dann rüttelt sie den Großvater wach. »Schau doch, immer mehr Menschen, Großvater! So viele Menschen! Ihre Mäntel sind staubig. Sie kommen bestimmt von weit her. Was wollen sie in der Stadt?«

Erst jetzt reibt sich der Großvater die Augen. Auch er staunt über die vielen Wanderer. Langsam steht er auf und hängt die Gemüsekörbe wieder über den Rücken des Esels. Beim Weitergehen murmelt er. »Vielleicht gehen ja alle zur Volkszählung, ja zur Volkszählung. Alle sollen sich in ihrer Heimatstadt zählen lassen. Der römische Kaiser hat es befohlen. – Vorwärts, Judith, vorwärts!«, sagt er dann laut, »da vorne ist schon das Stadttor.«

»Nein, nein!«, ruft Judith. Vor dem Stadttor wird Großvater gepackt; er wird mit Stöcken geschlagen. Sein linkes Ohr blutet schon. Der alte Mann wird auf den Boden geworfen. »Gib den Esel her, du hast ihn gestohlen!«, ruft eine raue Stimme. Zwei Männer halten Großvater fest. Die Zornesfalte auf seiner Stirn wird immer tiefer. Er ruft: »Lügner, Lügner!« Doch die Männer halten ihm den Mund zu.

»Nein, nein!«, will Judith nochmals rufen. Aber die Stimme bleibt in ihrem Hals stecken. »Geh, Mädchen, geh schnell!«, sagt plötzlich eine Frau neben ihr. »Versteck dich, wir sorgen für deinen Großvater, wir kennen ihn.«

Die Frau drückt Judith den Lederriemen des Esels in die Hand und wirft Großvaters Mantel über ihre Schultern. »Geh fort mit dem Esel und versteck dich«, sagt die Frau nochmals. Mit dem Esel verschwindet Judith in der Menschenmenge.

Judith weint. Sie weiß: Großvater ist sicher kein Dieb. Sie möchte ihm helfen. Doch sie tut, was die fremde Frau sagt, und verlässt die Straße. Sie stolpert, sie fällt immer wieder hin, sie zerrt den Esel über Felder. Sie geht, so schnell sie kann. Das Gemüse ist längst auf den Boden gekollert.

Der Stall, zu dem Judith endlich kommt, steht einsam. Er ist nicht geschlossen. Ist er leer? Vorsichtig blickt sie hinein.

Dann versteckt sich Judith mit Großvaters Esel ganz hinten im Stall. Nein, dem Esel gefällt es hier nicht. Immer wieder steht er auf. Er schnuppert. Er schreit laut: »I-aah. I-aah.« Judith gibt ihm das einzige Stück Brot, das in ihrem Rock steckt.

Judith und der Esel legen sich hin. Judith breitet den Mantel über sie beide. Sie denkt an Großvater. Ob es ihm gut geht? Was machen die fremden Männer mit ihm?

Ganz hinten im Stall schlafen sie ein, Judith und der Esel, versteckt hinter einem Berg von Stroh.

Es ist Nacht. Hinter den Brettern der Stallwand blinkt ein Stern. Die Stalltür öffnet sich knarrend. Eine Laterne wirft ein schmales Lichtband auf krumme Balken, auf eine Futterkrippe.

Judith schaut auf. Sie hört einen Mann sagen: »Hier könnt ihr bleiben. Es ist der einzige Raum in ganz Betlehem, der frei ist. So viele Leute sind gleichzeitig in die Stadt gekommen – wegen der Volkszählung. Doch auf dem Stroh könnt ihr liegen. Hier sind Decken. Wasser ist vor dem Haus. Gute Nacht.« Schwere Schritte entfernen sich.

In der offenen Tür aber steht ein riesengroßer Schatten. Aus dem Schatten werden zwei Menschen. Ein Mann legt die Frau, die er auf dem Rücken getragen hat, auf das raschelnde Stroh.

»Hier sind wir sicher«, flüstert er. Dann zieht er die Tür zu. Der Esel ist nicht aufgewacht. Judith legt ihren Kopf wieder auf sein Fell. Niemand hat sie hier im Dunkeln gesehen.

Wieder wacht Judith auf. Die Strohhalme kitzeln. Nein, es ist noch nicht Morgen. Der Esel schläft fest. Die Stalltür aber steht jetzt offen. Der fremde Mann holt unter dem Sternenhimmel Wasser vom Brunnen. Er legt Stroh in die leere Futterkrippe und breitet eine Decke darüber. Und da sieht Judith es genau: Im matten Licht der Sternennacht liegt ein winzig kleines Kind. Judith erkennt die Fingerchen trotz der Dunkelheit; sie hört ein schwaches Weinen. Die Frau, die im Stroh liegt, streckt dem Mann ein neugeborenes Kind entgegen. Es ist in Tücher gewickelt.

Sorgfältig bettet der Mann das Kind in die Futterkrippe und deckt es zu. »Es heißt Jesus«, sagt die Frau. Dann ist es wieder still, so wunderbar still, als würde die Stille singen. Sie sind eingeschlafen, der Mann, die Frau und ihr Kind mit dem Namen Jesus.

Judith schaut hinaus durch die Stalltür, die offen geblieben ist. Der Sternenteppich wird blasser. Über den Feldern beginnt es zu flimmern. Langsam beginnt ein neuer Tag.

Auch Judith legt sich nochmals ins Stroh. Hat sie geträumt – oder ist es wahr? Sie ist glücklich. Sie schläft wieder ein. Ihre Hand liegt im weichen Fell des Esels.

Jetzt geht die Sonne auf, leuchtend und rund. Die Strahlen fallen schräg in den Stall. Sie dringen bis in die hinterste Ecke, als ob die Sonne genau wissen möchte, wer denn hier geschlafen hat, versteckt während der ganzen Nacht. Der Tag ist da.

Das Mädchen wischt sich die Strohhalme aus dem Gesicht. Der Esel schüttelt sich. Er steht auf seinen mageren Beinen. Auch Judith ist aufgestanden. Sie fühlt sich stark. Alle Angst ist verschwunden.

Erst jetzt schaut der Mann nach hinten. Er lächelt. »Wart ihr die ganze Nacht bei uns?«, flüstert er. »Komm, Mädchen, komm zu uns. Schau! Heute Nacht ist ein Kind geboren worden. Es schläft.«

Doch nur der Esel geht zur Krippe. Ganz vorsichtig. Er beugt seinen Hals. Mit seinem Atem wärmt er das Kind.

Judith bleibt noch stehen; ganz hinten, an die Stallwand gelehnt. Hat sie nicht Stimmen gehört? Vielleicht kommen die Männer, die Großvater geschlagen haben? Suchen sie etwa den Esel? Judith zieht den Mantel des Großvaters enger um ihre Schultern. Sie möchte sich unsichtbar machen. Sie klammert sich an einen Holzbalken. Die Stimmen werden immer lauter.

»Bleib hier, du dummer Esel«, möchte sie rufen. Doch sie bleibt stumm. Stumm vor Angst.

»I-aah. I-aah«, schreit der Esel laut. Er bleibt nicht bei der Krippe stehen. Seine Beine trippeln und trappeln bei der Stalltür hin und her, als wolle er tanzen.

Die rauen Stimmen – jetzt sind sie ganz nah. Sie kommen ...

Dunkle Gestalten stehen vor der offenen Tür. Keine Stöcke, keine Schreie! Das sind ja die Hirten, die Judith kennt: Gersom, David, Joachim, Simson. Hinter ihnen geht ein fünfter Mann, langsam, hinkend, auf einen Stock gestützt.

Sein Kopf ist verbunden. Er atmet schwer. Er schaut sich vorsichtig um. Und plötzlich beginnt er mit der Zunge zu schnalzen. Er wirft den Stock von sich, breitet beide Arme aus und umfasst den Esel, der ihm entgegengerannt ist.

Wieder schaut er sich um. »Ist auch Judith da?«, ruft er deutlich. Sein Kopf bewegt sich schnell hin und her, als wäre er gesund.

Erst jetzt stolpert Judith zum Ausgang des Stalls. »Großvater, Großvater!« Ihre Stimme ist kräftig, ihre Augen strahlen. Sie ist ganz zerzaust.

Strohhalme hängen an Großvaters Mantel, der langsam von ihren Schultern rutscht. Sie umarmt den alten Mann. Sie küsst ihn. »Da, Großvater, dein Mantel!« Vor Freude weint Judith laut.

»Still doch, mein Kind, still!« Die Hand des Großvaters zeigt zur Krippe. Da knien sie: Gersom, Joachim, David und Simson. Sie haben Geschenke auf den Boden gelegt: Wolle, Käse, geschnitzte Holzlöffel, ein warmes Fell. Sie neigen ihre Köpfe vor dem Kind wie vor einem König. Deutlich sagt der Großvater: »Die ganze Welt ist neu. Dieses kleine Kind, es macht die Welt neu! Hörst du die Engel singen?«

Judith horcht und horcht. Warm und ruhig wird es in ihr. In kleinen Schritten geht auch sie zur Krippe. Sie streichelt die winzigen Finger des neugeborenen Kindes.

Später, auf dem Rückweg über die Weiden, liegt ihre Hand in der großen Hand des Großvaters. Sie versucht zu verstehen, was Großvater sagt. Er erzählt vom Engel, der zu den Hirten gekommen ist. Er erzählt vom Kind, das geboren ist im Stall.

Judith unterbricht ihn schnell: »Ja, die Hirten haben dem Kind Geschenke gebracht, ich habe es genau gesehen.«

»Die Geschenke der Hirten sind schön, Judith. Aber das schönste Geschenk ist das Kind selbst – ein Geschenk für uns alle.«

Judith wird still. »Auch ein Geschenk für mich?«, fragt sie später.

»Natürlich, für dich ganz besonders. Das kleine Kind Jesus wird erwachsen werden. Es ist der Retter, auf den wir schon lange warten. Er ist stärker als der römische Kaiser Augustus – stärker als alle Herrscher dieser Welt. Er wird den Frieden bringen für alle Menschen; auch für die Männer, die mich verprügelt haben.« Großvater zeigt auf seinen verbundenen Kopf.

Beim Weitergehen über die Weiden stützt sich Großvater auf Judith. Er lacht plötzlich. Laut lacht er sein zahnloses Lachen. »Und mein Geschenk«, sagt er, »ist das allerbeste!« Seine Augen leuchten.

Sein Geschenk? Erst jetzt merkt Judith, dass der Esel im Stall geblieben ist.

»Sie werden ihn brauchen können«, sagt Großvater leise. Er wischt sich den Schweiß vom Nasenrücken.

Die Sonne steht hoch am Himmel. Judith freut sich.

Umsetzung

Auch an Weihnachten ist die Welt keine Idylle – der Beginn dieser Weihnachtsgeschichte zeigt das mit dem Überfall auf den Großvater und der dabei ausgeübten Gewalt und der Angst des Kindes deutlich auf. Der Text kann deshalb Anlass sein, in der Umsetzung wie in den Gebetstexten die bedrohte Welt zu benennen und von da aus die Hoffnung auf eine Veränderung, auf einen von Gott gesandten Retter auszudrücken.

Dies kann durch eine doppelte Zeichenhandlung geschehen, die in die Geschichte eingebettet ist. Dabei verwenden wir die Zeichen Stacheldraht und Blumen – eine Idee, die Heriburg Laarmann in »Mit Zeichen und Symbolen« (Freiburg 1985) vorgeschlagen, dort aber in anderer Form ausgearbeitet hat.

Stacheldraht steht für Not und Gewalt, für Streit und Leid der Menschen. Ein gut sichtbarer Tisch steht bereit. Einzelne Kinder tragen Texte über Leidsituationen unterschiedlicher Menschen vor und/oder zeigen entsprechende Bilder (Fotos, Collagen, besser selbst gemalte, großformatige Bilder). Dann legen sie jeweils ein Stück Stacheldraht (über Baumarkt erhältlich) auf den Tisch, so dass sich ein zunehmender Stacheldrahtberg ergibt. Mögliche Texte (als Anregung zu eigenen Formulierungen):

- Es gibt so viel Angst auf der Welt. Ein kleiner Junge hat Angst vor den großen. Ein Mann hat Angst vor einem Autounfall. Ein Mädchen hat Angst, dass sich seine Eltern trennen. Eine Frau hat Angst vor einer Krankheit. Ein alter Mensch hat Angst vor dem Tod. Angst ist wie Stacheldraht. Sie tut weh.
- Es gibt so viel Einsamkeit auf der Welt. Da wird ein Kind in seiner Klasse ausgelacht. Da lebt eine alte Frau im Dachgeschoss des Miethauses, und niemand besucht sie. Da fühlt sich ein Jugendlicher von seinen Eltern völlig unverstanden. Einsamkeit ist wie Stacheldraht. Sie tut weh.
- Es gibt so viel Streit auf der Welt. Die Völker führen Krieg, es gibt Terror und Zerstörung. Unter uns gibt es viel Streit. Kinder streiten, Erwachsene streiten, Nachbarn streiten, selbst Freunde streiten. Und oft gibt es keine Versöhnung. Streit ist wie Stacheldraht. Er tut weh ...

Im Anschluss wird die Geschichte kurz eingeführt. Bei der Erzählung von Gewalt und Angst kann der Text unterbrochen werden. Ohne weitere Deutung werden weitere Stücke des Stacheldrahtes auf den Tisch gelegt – die Gottesdienstbesucher werden den Sinn auch ohne Deutung verstehen.

Nach der Geschichte werden Blumen in einem Korb gebracht (echte Blumen oder aus Krepppapier gesteckte, z.B. weiße Rosen). Gegen die von der Geschichte benannten Beispiele von menschlichem Leid werden nun Kontrapunkte gesetzt durch Beispiele, wie solches Leid überwunden werden kann. Dabei werden jeweils Blumen über den Stacheldraht geschüttet oder an ihm befestigt, so dass sich zunehmend ein anderes Bild ergibt. Es entsteht ein Rosenstrauch, der zwar noch seine Stacheln hat, dessen Blüten aber diese Stacheln überwiegen. Auch dazu können entsprechende Texte gesprochen werden. Beispiele:

• Gegen die Angst helfen Menschen, die zur Seite stehen und Mut machen. Menschen, die einen anderen an der Hand nehmen und ihm aufhelfen. Vertrauen überwindet die Angst. Menschen, denen wir vertrauen können, sind wie Blüten, die den Stacheldraht der Angst zudecken.
• Gegen die Einsamkeit helfen Menschen, die Zuwendung und Gemeinschaft schenken. Menschen, die den anderen nicht allein lassen, sondern Zeit für ihn haben. Gemeinschaft überwindet die Einsamkeit. Menschen, die uns annehmen, sind wie Blüten, die den Stacheldraht der Einsamkeit zudecken.
• Gegen den Streit helfen Menschen, die Versöhnung und Vergebung schenken. Menschen, die Brücken bauen und neue Wege eröffnen, die den ersten Schritt tun, auch wenn es schwer ist. Versöhnung überwindet den Streit. Menschen, die uns vergeben, sind wie Blüten, die den Stacheldraht des Streites zudecken ...

Es folgt eine Ansprache mit etwa folgenden Gedanken:

Doch wo finden wir solche Menschen? »Ein kleines Kind macht die Welt neu«, so hieß es in der Geschichte. Die Krippe mit der Figur des Jesuskindes wird zu dem mit Blüten überdeckten Stacheldraht gestellt. Jesus bringt neu aufblühendes Leben. Wie er mit Menschen umging, das war so, als ob der Stacheldraht menschlichen Leides mit den Blüten Gottes zugedeckt wurde: Blinde sahen neues Licht, Lahme konnten neue Wege gehen, Stumme konnten Gott für seine Wunder preisen, Tote wurden mit erfülltem Leben beschenkt, Dunkelheit an vielen Orten wandelte sich in Licht. In Jesus hat Gott den Menschen die vielen Blüten seiner Liebe geschenkt.

Und mehr noch: Menschen, die das erlebt haben, veränderten sich. Wer von Jesus beschenkt wurde, wurde bereit, selber zu schenken. Wer die Freundschaft Jesu erfuhr, wurde selber zur Freundschaft bereit. Wer das Licht Jesu erkannte, wurde selber zum Licht für andere. Wer in Jesus die Blüten der Liebe Gottes erhielt, wollte selber solche Blüten der Liebe weiterschenken.

Nichts anderes tun wir an Weihnachten: Wir kommen zusammen, um diesen Jesus zu feiern, der uns die Blüten der Liebe Gottes gebracht hat. Wir kommen zusammen, um uns von Gott beschenken zu lassen. Wir kommen zusammen, um dadurch die Kraft zu bekommen, selber Blüten der Liebe zu schenken ...

Am Ende des Gottesdienstes erhalten alle eine Blume oder eine Papierblume – als Erinnerung an diesen Gottesdienst oder zum Weiterschenken.

Fürbitten

Gott, wenn du zu uns Menschen kommst, dann wird alles neu,
dann berührt der Himmel die Erde,
dann wird unser Herz ganz weit durch die Blüten deiner Liebe.
Deshalb bitten wir dich an diesem Weihnachtstag:

- Berühre unser Herz, schenke uns eine Blüte deiner Liebe,
  damit die Angst unter uns geringer wird.
  Lass uns im Vertrauen auf dich anderen zur Seite stehen.
  Und schenke auch uns Menschen, die uns Mut zum Leben machen.
- Berühre unser Herz, schenke uns eine Blüte deiner Liebe,
  damit die Einsamkeit unter uns geringer wird.
  Gib uns die Kraft, dass wir uns anderen zuwenden.
  Und schenke auch uns Menschen, die uns nicht allein lassen.
- Berühre unser Herz, schenke uns eine Blüte deiner Liebe,
  damit der Streit unter uns geringer wird.
  Mach uns zur Versöhnung bereit.
  Und schenke auch uns Menschen, die uns unsere Schuld vergeben.
- Berühre unser Herz, schenke uns eine Blüte deiner Liebe,
  damit der Hass unter uns geringer wird.
  Schenke uns Fantasie zur Liebe.
  Und schenke auch uns Menschen, die uns in Liebe annehmen.
- Berühre unser Herz, schenke uns eine Blüte deiner Liebe,
  damit das Leid unter uns geringer wird.
  Mach uns bereit, unser Leben mit anderen zu teilen.
  Und schenke auch uns Menschen, die unser Leid wenden.
- Berühre unser Herz, schenke uns eine Blüte deiner Liebe,
  damit der Unglaube unter uns geringer wird.
  Erfülle uns mit dem Glauben an dich.
  Und schenke auch uns Menschen, die von der Hoffnung auf dich künden.

Guter Gott, an Weihnachten richten wir uns neu auf dich aus.
Hilf uns, dass wir unser Leben an dich binden,
nicht allein an diesem Festtag, sondern auf all den vielen Wegen unseres Lebens.
Darum bitten wir durch Christus, den neugeborenen Herrn der Welt.

Dankgebet

Wenn mitten im Stacheldraht eine Rose aufblüht,
wenn aus trockenem Holz ein Spross hochwächst,
wenn ein Licht aufstrahlt in tiefer Dunkelheit,
wenn ein Vogel ein Lied der Hoffnung singt,
wenn unter Menschen ein frohes Lachen erklingt,
dann bist du, guter Gott, mitten unter uns,
dann ist Weihnachten da an jedem Tag unseres Lebens.

Wenn mitten im Stacheldraht eine Rose aufblüht,
wenn Menschen nicht mehr Feinde sind,
wenn Gegner sich die Hände reichen,
wenn die Mächtigen auf die Schwachen hören,
wenn die Lahmen im Kreis herumtanzen,
dann bist du, guter Gott, mitten unter uns,
dann ist Weihnachten da an jedem Tag unseres Lebens.

Wenn mitten im Stacheldraht eine Rose aufblüht,
wenn der Einsame neue Freunde findet,
wenn den Kranken helfende Hände halten,
wenn Musik für den Tauben ertönt,
wenn der Blinde den Sonnenaufgang sieht,
dann bist du, guter Gott, mitten unter uns,
dann ist Weihnachten da an jedem Tag unseres Lebens.

Wenn mitten im Stacheldraht eine Rose aufblüht,
wenn jeder Streit zu Ende geht,
wenn die Hungernden zum Festmahl geladen sind,
wenn jede Not überwunden ist,
wenn selbst Tote auferstehn,
dann bist du, guter Gott, mitten unter uns,
dann ist Weihnachten da an jedem Tag unseres Lebens.

Segensgebet

Segne uns, guter Gott,
und erfülle uns mit den Blüten deiner Liebe,
dass wir zu Menschen des Vertrauens werden,
und uns zu jeder Zeit an dich binden.

Segne uns, guter Gott,
und erfülle uns mit den Blüten deiner Liebe,
dass wir zu Menschen der Hoffnung werden,
die Freude und Mut in die Welt bringen.

Segne uns, guter Gott,
und erfülle uns mit den Blüten deiner Liebe,
dass wir zu Menschen der Liebe werden,
die die Blüten deiner Liebe weiterschenken.

Segne uns, guter Gott,
und erfülle uns mit den Blüten deiner Liebe,
du Vater, Sohn und Heiliger Geist,
heute und jeden Tag unseres Lebens.

Das Licht des kleinen Hirten

Einführung

Liebe Kinder, liebe Erwachsene,
wenn es dunkel ist um uns herum, haben wir schnell Angst.
Es ist uns unheimlich, wir suchen nach einem Licht.
Wenn es hell ist um uns herum, fühlen wir uns geborgen.
Wir sind dann sicher und brauchen uns nicht zu fürchten.
Licht ist schön – besonders in einer dunklen Zeit.
Deshalb gibt es in der dunklen Winterzeit auch so viele Kerzen:
am Adventskranz, am Christbaum, auch heute hier in der Kirche.
Ja, Weihnachten selbst erscheint uns als ein Licht,
das in der tiefen Dunkelheit unserer Welt aufstrahlt
und uns mit Freude und Hoffnung erfüllt.
Weihnachten bringt das Ende der Finsternis,
Weihnachten ist *das* Lichterfest.
Wir Menschen sehnen uns nämlich nach Licht,
nach Geborgenheit, nach Liebe und Freundschaft.
Um ein kleines Licht wird es gleich auch in einer Geschichte gehen,
um ein kleines Licht, das aber ganz wichtig wird.
Es geht um ein Licht, das ein Kind verschenkt,
und es gibt nichts Wichtigeres als Menschen, die Licht verschenken.
Christen bekennen, dass Jesus ein solcher Mensch war,
der das Licht Gottes in unsere Welt gebracht hat,
der Licht verschenkt hat an alle, die im Dunkeln sind.
Deshalb beten wir zu diesem Jesus, dem Licht unseres Lebens:

Gebete

Weihnachten ist das Fest des Lichtes, das die Dunkelheit überwindet,
die frohe Botschaft von Weihnachten vermag unser Leben hell zu machen.
Deshalb rufen wir zu Jesus, dessen Geburt wir heute feiern:

- Jesus, du bringst uns Licht,
  du machst die Dunkelheit unseres Lebens hell,
  du bist das Licht Gottes für uns.
  Herr, erbarme dich.
- Jesus, du bringst uns Freude,
  du überwindest alle Trauer und Not,
  du bist das Licht der Welt.
  Christus, erbarme dich.
- Jesus, du bringst uns Hoffnung,
  du zeigst uns einen Weg durch unser Leben,
  du bist das Licht aller Menschen.
  Herr, erbarme dich.

Der gute und barmherzige Gott schenke uns in Jesus sein Licht.
Es gehe strahlend auf über unserem Leben
und schenke uns Freude und Zuversicht.
Es schaffe Frieden für alle Menschen
und überwinde Hass und Gewalt.
Darum bitten wir durch Christus, unseren Herrn.

Gott, in dieser Nacht (an diesem Tag) strahlt uns ein helles Licht auf:
Jesus, von dir gesandt und unser guter Freund.
Er macht unser Leben hell durch deine Liebe.
Lass uns diesem Licht vertrauen
und ihm auf unserem Lebensweg folgen.
Zeige uns, guter Gott, dein Angesicht,
lass über uns deine Gegenwart leuchten,
erfülle uns mit deiner Liebe
und vertreibe alle Dunkelheit.
Darum bitten wir durch ihn, Christus, das Licht der Welt.

Jesus, du zeigst uns das Licht und die Liebe Gottes,
in dir kommt uns Gott entgegen.
Vertreibe alle Angst und Gewalt,
alle Not und alles Leid aus unserer Welt.
Schenke uns deinen Frieden
und durch uns den Menschen in allen Völkern.
Lass uns, erfüllt mit deinem Licht,
zum Licht für die anderen werden.
Mach unser Leben hell
und zeige uns, wie wir, dir folgend,
zum Licht der Welt werden können.
So bitten wir dich, Christus, unseren Herrn.

Geschichte

Max Bolliger
Das Licht des kleinen Hirten

Nachdem der Engel den Hirten auf dem Felde die frohe Botschaft verkündet hatte, machten sie sich auf nach Bethlehem. Die Worte des Engels gaben ihnen Flügel.

»Und das habt zum Zeichen«, hatte der Engel gesagt, »ihr werdet finden das Kind, in Windeln gewickelt, in einer Krippe liegen.«

Ein Kind, ärmer noch als der Ärmste unter ihnen? Sie nahmen also Geschenke mit, von dem, was sie so hatten: ein Lämmlein, einen geschnitzten Stab, ein Fell, Milch und Brot.

Der Jüngste aber unter den Hirten fand nichts, was er dem Kind hätte bringen können. Er besaß nichts, von dem er dachte, es könnte dem Kind Freude bereiten.

Da kam ihm plötzlich seine Lampe in den Sinn. Wie sehr hatte er sich eine Lampe gewünscht, als er noch ein kleiner Junge war.

Sicher brauchte das Jesuskind auch eine Lampe. Es würde ihm schwer fallen, sich davon zu trennen. Wie würde er sich fortan wieder fürchten, allein in der Nacht auf dem Feld, allein und ohne Lampe. Doch er musste dem Kind seine Lampe bringen.

Entschlossen lief er den anderen Hirten nach.

Als sie zum Stall kamen, fanden sie alles so, wie der Engel es ihnen gesagt hatte: ein Kind, arm und bloß. Aber auch eine unerwartete Helle blendete sie. Erschrocken starrten sie in die Lichtflut und getrauten sich kaum in die Nähe des göttlichen Kindes.

Der Glanz kam von den Engeln, die über dem Stall schwebten und jubelten, und er kam von der Freude, die allem Volk widerfahren war.
Nur der junge Hirte war traurig und schämte sich mit seiner armseligen Lampe. Er hielt sie fest in seiner Hand und versteckte sie hinter seinem Rücken. Was hatte er sich bloß gedacht, dem König aller Könige eine Hirtenlampe schenken zu wollen! Die Enttäuschung trieb ihm die Tränen in die Augen.

Maria und Josef begrüßten die Hirten voller Dankbarkeit. Einer nach dem andern trat zur Krippe, fiel ehrfürchtig auf die Knie und brachte seine Geschenke dar.

Zuletzt kam die Reihe auch an den Jüngsten. Als er sich über das Kind beugte, ergriff ihn ein großes Staunen. Er stellte seine Lampe vor die Krippe und breitete die leeren Arme aus. Da lächelte das Kind zum ersten Mal und wollte mit seinen winzigen Fingerchen nach dem dünnen Licht des Hirten greifen. Es verlangte so sehr danach, dass Gott ein Wunder tat.

Er löschte den Glanz der Engel aus, nur für einen Augenblick zwar, aber er löschte ihn aus. Da brannte nur noch die kleine Lampe des Hirten und flackerte im Wind, der durch die Mauern blies. Sie gab ein trauliches Licht.

Alle, die versammelt waren, rückten näher zusammen. Es wurde ihnen warm ums Herz, und sie hielten sich bei den Händen.

Gerne wären alle lange um das kleine Licht gekniet, aber Gott musste die Engel wieder leuchten lassen, damit auch die drei Könige, die schon ganz nahe waren, den Weg zur Krippe fanden.

Umsetzung

Die Erfahrung von Licht und Dunkelheit gehört zu den elementaren Erfahrungen im menschlichen Leben, beginnend bei der Geburt mit dem Übergang aus der Dunkelheit (der dunklen Höhle ...) in ein helles Licht. Bedingt durch den Wechsel von Tag und Nacht, von Wärme und Kälte, von Sommer und Winter ist der Mensch sensibel für den Kontrast von Licht und Dunkelheit. Die Dunkelheit hat dabei ein ambivalentes Gesicht: Sie kann zum einen Geborgenheit symboliseren (Mutterschoß), zum anderen aber Gefährdung, Angst, Untergang und Tod. Dunkelheit steht auch für Irrtum, Dummheit und geistige Blindheit. Das Licht dagegen ist Symbol für Geborgenheit, Angenommensein, geordnetes Leben (vgl. die Schöpfungserzählung am Anfang der Bibel), ebenfalls auch Symbol für Gott selber und seinen Christus, dem »Licht der Welt« (Johannes 8,12). Wer sich an ihn bindet, soll selber zum Licht werden: »Der Christ soll dahin gehen, wo es dunkel ist. Er soll dort Licht sein« (Reinhold Schneider).

Auf diesem Hintergrund ergeben sich vielfältige Möglichkeiten, die Symbolik von Licht und Dunkelheit mit der Weihnachtsbotschaft zu verbinden. In der prägnant erzählten Geschichte von Max Bolliger geht es darum, dass ein kleiner Junge mit seiner Bereitschaft, das Liebste, was er hat, wegzuschenken, zum Licht für alle wird. Damit hat er nichts anderes getan, als im Wort Jesu an seine Jünger anklingt: »Ihr seid das Licht der Welt ... so soll euer Licht vor den Menschen leuchten« (Matthäus 5,14-16). Das Licht ist also keine unwichtige Gabe, sondern von hoher Bedeutung.

Die Geschichte regt zu methodisch unterschiedlichem Spiel an. Sie kann – begleitend zu einem Vorlesen des Textes – im szenischen, pantomimischen Spiel einer Kindergruppe dargestellt werden. Dabei wird besonderer Wert auf die Beleuchtung in der Kirche gelegt. Nach Möglichkeit sollte alle Beleuchtung in der Kirche ausgeschaltet sein, so dass auf der einen Seite nur die Krippe beleuchtet ist (vielleicht durch Lampen, die die »Engel« tragen), auf der anderen Seite nur das »Feuer« der Hirten und die kleine Laterne des jüngsten Hirten. Wenn dann im Spiel das Feuer allmählich verglimmt und schließlich auch die Lichter der Engel gelöscht werden, so dass allein die Lampe des jungen Hirten ihr Licht in die Kirche ausstrahlt, ist dies für alle Gottesdienstteilnehmer beeindruckend. Von der Lampe des Hirten können danach auch andere Lichter in der Kirche wieder angezündet werden: die Lichter der Engel, weitere Lampen der Hirten, die Kerzen auf dem Altar und am Christbaum, vielleicht sogar Kerzen in den Bänken der Gläubigen oder Kerzen, die von Kindern zur Krippe getragen und dort abgestellt werden.

Eine andere Spielmöglichkeit ist das Schattenspiel, das selber vom Wechsel zwischen Dunkelheit und Licht lebt. Dies bedarf allerdings eines größeren technischen Aufwands und einer genauen Probe der Mitspielenden. Einfacher kann in diesem Zusammenhang ein Legespiel auf dem Tageslichtprojektor sein, das die Geschichte von Bolliger begleiten kann. Dabei sollte man die freie Fläche auf dem Projektor durch schwarzes Tonpapier so begrenzen, dass nur wenig Licht projiziert wird. Durch die Bewegung des Lichtes und der dunklen Figuren lässt sich eine vor allem Kinder faszinierende Wirkung erzielen.

Schattenspiele können auch in einer einfacheren Weise entstehen (ohne Leinwand, für die oft in einem Altarraum mit Christbäumen kein Platz ist): Eine starke Lichtquelle (etwa Diaprojektor) wird auf den Boden gestellt, der Lichtstrahl nach oben gerichtet. Die Mitspielenden halten dann kleine, aus Pappe geschnittene Spielfiguren in das Licht, die auf einer weißen Wand oder anderen weißen Fläche groß erscheinen. Ebenso sind auf diese Weise auch Fingerspiele oder Spiele mit kleinen Fingerpuppen möglich.

Zu einer schönen Melodie (etwa Joseph Haydn, Serenade op. 3, Nr. 5) können Kinder nach der Geschichte einen Lichtertanz aufführen, einen Reigen mit Teelichtern oder Kerzen. Hier ist man auf die Möglichkeiten der Gemeinde und ihrer Gruppen und auf die Fähigkeiten der Mitarbeitenden angewiesen. Eine ausreichende Vorbereitungszeit ist notwendig.

Möglich ist aber in jedem Fall eine Lichterprozession, bei der die Kinder Kerzen erhalten und dann durch die Kirche ziehen, bis sie sich vor der Krippe versammeln und dort ihre Lichter abstellen, so dass sich ein ganzes Meer von Licht ergibt. Damit gehen die Kinder den Weg des kleinen Hirtenjungen aus der Geschichte nach und können sich so leicht mit ihm identifizieren. Vielleicht kann auch ein als Hirtenjunge verkleidetes Kind diese Prozession anführen.

Denkbar ist auch der umgekehrte Weg. Nach der Geschichte werden, etwa während eines Liedes, rund um die Krippe viele Lichter angezündet. Am Ende des Gottesdienstes gehen die Kinder zur Krippe, empfangen dort jeweils ein Licht und tragen es in Prozession durch den Mittelgang der Kirche hinaus: Wir holen uns Licht von Jesus und bringen es in unser Leben.

Solche Lichter, die von der Krippe her nach Hause mitgenommen werden, können dort in eine familiäre Feier eingebaut werden. Sie können aber auch im Umfeld der Familie weiterverschenkt werden. Entsprechend dem Spruch von Reinhold Schneider bringen Christen somit das Licht Jesu zu Menschen, in deren Leben es dunkel ist.

Wer sich mit den vielen brennenden Teelichtern angesichts eines überfüllten Weihnachtsgottesdienstes schwer tut, kann die Lichter auch durch Strohsterne o. Ä. (etwa Sterne aus Tonpapier, kleine von Kindern getöpferte Sterne ...) ersetzen. Dazu passt der Spruch von Christa Peikert-Flaspöhler: »Über kleiner Hütte, Freunde, über großem Haus träumt der gleiche Himmel – Gott schickt seinen Stern zu jedem aus.«

Bei entsprechender Möglichkeit zur Vorbereitung können Kindergruppen der Gemeinde oder des Kindergartens vorab eigene Kerzen ziehen oder unverzierte Kerzen mit bunten Wachsplättchen gestalten und dann während des Gottesdienstes zur Krippe bringen. Ebenfalls können Einmachgläser bunt bemalt werden, in die man dann Teelichter stellt. Solche Lampen können – sicher – den ganzen Kirchenraum erhellen.

Der Kontrast zwischen Licht und Dunkelheit ist für eine Verklanglichung mit Orffschen und anderen Instrumenten besonders geeignet. Eine Musikgruppe kann die Geschichte von Bolliger begleiten oder anschließend in einer eigenen Einheit das Ganze noch einmal nachspielen. Dieser zweite Durchgang kann dann etwa durch das oben beschriebene Schattenspiel oder die Tageslichtprojektion begleitet werden.

Je nach Möglichkeit des Kirchenraums können während der Geschichte oder im weiteren Verlauf bunte Scheinwerfer eingesetzt werden, die ein Lichterspiel

(Lichtertanz) ergeben und sich als Farbenreigen schließlich auf die Krippe konzentrieren. Dies wäre eine gute Aufgabe für eine Jugendgruppe, die so mit ihren Ideen und ihrer Fantasie (und ihrer Erfahrung in Discos) in den Gottesdienst integriert werden kann.

Entsprechend der Bedeutung des Symbols Licht gibt es auch in den biblischen Texten der jüdisch-christlichen Tradition eine Reihe bedeutender Texte, die meist auch in der Leseordnung von Weihnachten enthalten sind. Bedeutend ist etwa Jesaja 9,1: »Das Volk, das im Dunkeln lebt, sieht ein helles Licht.« Solche Texte können deutend und ergänzend hinzugezogen werden. Ebenfalls gibt es eine Reihe bekannter Erzählungen, die das Licht thematisieren, etwa die philippinische Erzählung »Die Halle der Welt mit Licht erfüllen« oder die Erzählung aus unbekannter Quelle »Wie die Sonne in das Land Malon kam«. Allerdings scheint es uns nur in seltenen Fällen ratsam zu sein, zwei Erzählungen in einen Gottesdienst einzubauen.

Besser ist schon die Umsetzung, die viele Lieder des neueren Liedguts mit dem Symbol Licht vornehmen. Zu nennen ist hier etwa der Kanon von Reinhard Bäcker und Detlef Jöcker: »Mir ist ein Licht aufgegangen: Auf meinem Weg ein heller Schein. Mir ist ein Licht aufgegangen. Gott spricht: Ich werde mit dir sein.« Oder der Kanon der Kommunität Gnadenthal, Hünfelden: »Mache dich auf und werde licht, denn dein Licht kommt!« An Strophenliedern ist etwa das Lied »Du bist das Licht der Welt« zu nennen.

Das Thema »Sehen – blind sehen« kann mit dem Kontrast Licht – Dunkelheit ebenfalls eingebracht werden. In diesem Sinne ist auch die Erzählung der Blindenheilung (etwa Heilung des Bartimäus, vgl. Markus 10,46-52) eine weihnachtliche Erzählung, die die Geburtserzählung fortführen kann. So blickt man bei der weihnachtlichen Erinnerung nicht allein auf das Baby Jesus, sondern mehr noch auf den Mann, der in seinem Reden und Handeln zum Licht der Menschen wurde und der die Verheißung des Lichtes für alle darstellt.

Um den Zusammenhang des gesamten Lebensweges Jesu von der Geburt bis zum Tod, von der Krippe bis zum Kreuz aufzuzeigen, kann auch die Osterkerze in einer Prozession zur Krippe getragen werden. Während der Weihnachtszeit kann die Osterkerze dort stehen bleiben und so eine Perspektive eröffnen, die über Weihnachten hinausführt.

Fürbitten

Gott, die Geburt deines Sohnes strahlt wie ein helles Licht
in der Dunkelheit unserer Welt und macht unser Leben hell.
Im Vertrauen auf dich bitten wir
an diesem Weihnachtstag und an allen Tagen unseres Lebens:

- So vieles ist in unserer Welt dunkel, so viel Leid bedrückt uns.
  Erfülle uns mit dem Licht deines Sohnes,
  damit wir zu Menschen werden voll Liebe und Hilfsbereitschaft.
- Du hast der Welt durch die Geburt Jesu einen neuen Anfang geschenkt.
  Erfülle uns mit dem Licht deines Sohnes
  und zeige uns, was wirkliches Menschsein ausmacht.
- Du hast den Menschen in Jesus deinen Frieden angeboten.
  Erfülle uns mit dem Licht deines Sohnes,
  damit auch wir zu Frieden und Versöhnung bereit werden.
- Du hast den Menschen in Jesus neue Hoffnung gegeben.
  Erfülle uns mit dem Licht deines Sohnes,
  damit auch wir zu Menschen der Hoffnung und Zuversicht werden.
- Du hast die Welt durch Jesus mit Freude erfüllt.
  Erfülle uns mit dem Licht deines Sohnes,
  damit wir diese Freude weitertragen zu den Menschen.
- Du hast uns zu dieser weihnachtlichen Feier zusammengeführt.
  Erfülle uns mit dem Licht deines Sohnes,
  damit wir uns in dir geborgen wissen.
- Du hast unseren Lebensweg durch Jesus hell gemacht.
  Erfülle uns mit dem Licht deines Sohnes,
  damit wir unser Ziel bei dir erreichen.

Gott, du bist uns nahe in Jesus, dem Licht der Welt.
Er ist die Hoffnung aller Menschen.
Begleite uns mit deinem Erbarmen und deiner Nähe,
damit auch wir einander zum Licht werden
und die Welt durch uns heller wird.
Darum bitten wir durch ihn, deinen Christus, unseren Herrn.
Amen.

Dankgebet

Weißt du, was Weihnachten ist?
Der Himmel kommt auf die Erde,
dass Licht werde
für alle Menschen,
für alle Völker,
für Groß und Klein.
Gott, wir danken dir für dein Licht.

Weißt du, was Weihnachten ist?
Der Himmel kommt auf die Erde,
dass Frieden werde
zwischen allen Menschen,
zwischen allen Völkern,
zwischen Groß und Klein.
Gott, wir danken dir für dein Licht.

Weißt du, was Weihnachten ist?
Der Himmel kommt auf die Erde,
dass Liebe werde
in allen Menschen,
in allen Völkern,
in Groß und Klein.
Gott, wir danken dir für dein Licht.

Weißt du, was Weihnachten ist?
Der Himmel kommt auf die Erde,
dass Hoffnung werde
für alle Menschen,
für alle Völker,
für Groß und Klein.
Gott, wir danken dir für dein Licht.

Weißt du, was Weihnachten ist?
Der Himmel kommt auf die Erde,
dass Freude werde
bei allen Menschen,
bei allen Völkern,
bei Groß und Klein.
Gott, wir danken dir für dein Licht.

Segensgebet

Der barmherzige Gott hat
durch die Geburt seines Sohnes die Finsternis vertrieben
und unser Leben erleuchtet mit dem Glanz seines Lichtes.
Er mache unsere Herzen hell durch sein Licht,
er erfülle uns ganz mit seiner Freude,
er stärke uns durch seine Kraft,
er leite unsere Schritte an jedem Tag,
er schenke uns Hoffnung und Zuversicht.
So begleite uns mit seinem Segen
in dieser weihnachtlichen Zeit und unser ganzes Leben lang
der gute und fürsorgende Gott,
der Vater, der Sohn und der Heilige Geist.
Amen.

Jakob malt ein Weihnachtsbild

Einführung

Liebe Kinder, liebe Erwachsene,
zu einem schönen Fest gehören auch Geschenke.
Das ist immer so, am Geburtstag, bei einer Hochzeit,
und das ist erst recht an Weihnachten so.
Da gibt es ganz viele Geschenke,
so viele, dass manche Leute Weihnachten als Geschenkfest ansehen,
bei dem nichts anderes mehr wichtig ist.
Wenn die dann über Weihnachten nachdenken, fragen sie:
Von wem bekomme ich das beste Geschenk?
Was muss ich dem anderen zurückschenken?
Was tue ich eigentlich mit so vielen Geschenken?
Ein schlauer Mann, der muslimische Denker Khalil Gibran,
hat zum Thema Geschenke einmal gesagt:
»Ihr gebt nur wenig, wenn ihr nur von eurem Besitz gebt.
Erst wenn ihr euch selber gebt, gebt ihr wahrhaftig.«
Ein solcher Spruch macht nachdenklich:
Nicht um ein paar schöne Geschenke geht es hier,
sondern darum, sich selber dem anderen zu schenken,
nicht um Sachen geht es, sondern um Personen.
Wie kann das gehen, sich selber schenken?
In unserem weihnachtlichen Gottesdienst soll das heute unser Thema sein:
Gott beschenkt uns mit seinem Sohn Jesus,
damit wir einander beschenken mit unserer Liebe.

Gebete

Weihnachten ist ein frohes Fest.
Wir kommen zusammen, wir essen und trinken,
wir geben uns Geschenke, wir freuen uns.
Doch Christen sagen: Das größte Geschenk an Weihnachten ist Jesus selbst,
weil Gott ihn uns Menschen schenkt.
Deshalb rufen wir an diesem Abend (Morgen) zu Jesus:

- Jesus, du bist unser Bruder,
  du willst unser Leben teilen in guten und schweren Stunden,
  du willst uns von aller Not heilen.
  Herr, erbarme dich.
- Jesus, du bist unser Freund,
  du stehst uns an der Seite,
  du bietest uns deine Liebe und Gemeinschaft an.
  Christus, erbarme dich.
- Jesus, du bist unser Weggefährte,
  du willst uns auf unseren Wegen begleiten,
  du schenkst uns deinen Schutz und Segen.
  Herr, erbarme dich.

Der gütige Gott erbarme sich unser.
Er mache uns frei von allem, was uns belastet.
Er zeige uns Wege in eine gute Zukunft
und begleite uns dabei mit seiner Liebe
in Christus, unserem Herrn.

Großer und geheimnisvoller Gott,
du hast alles Leben geschaffen und hältst es in deiner guten Hand.
Auch uns hast du das Leben geschenkt, die Freude und das Glück.
Auch uns hältst du in deiner guten Hand und willst, dass es uns gut geht.
Um deine Liebe zu uns Menschen auszudrücken,
hast du uns Jesus, deinen Sohn, gesandt.
Er ist dein gutes Geschenk an uns,
das Zeichen deiner Liebe.

Lass uns offen werden für dieses Geschenk,
stärke unsere Bindung an dich durch Jesus
und mach uns frei von allem, was uns den Blick auf dich verstellt.
Schenke uns deine Gnade und Güte
durch Christus, unseren Herrn.

Jesus, so viele Geschenke bekommen wir in diesen Tagen,
große und kleine, geringe und wertvolle.
Es sind Zeichen dafür, dass Menschen uns lieben
und für uns da sein wollen.
In den vielen Geschenken schenken sie sich selbst ein kleines Stück,
sie schenken Gemeinschaft und Liebe, Freude und Vertrauen.
Jesus, du bist das gute Geschenk Gottes an uns,
nicht allein an Weihnachten, sondern an allen Tagen unseres Lebens.
In dir zeigt Gott, dass er uns liebt.
In dir schenkt Gott sich selbst,
er schenkt uns Gemeinschaft und Liebe, Freude und Vertrauen.
Danke, Jesus.

Geschichte

Lene Mayer-Skumanz
Jakob malt ein Weihnachtsbild

Jakob zeichnet und malt für Weihnachten.

Tante Helli wünscht sich ein Kripperl mit Jesuskind, Esel und Ochs. Onkel Fritz wünscht sich Hirten auf dem Weg nach Betlehem. Die Omama hätte gern einen Engel, der freundlich dreinschaut und »Fürchtet euch nicht« sagt.

Jakob zeichnet eine Sprechblase vor den Mund des Engels und schreibt: »Fürchtet euch nicht« hinein. Dann sagt er zu Katharina: »Jetzt hab ich für jeden ein schönes Weihnachtsgeschenk!«

»Nur für das Geburtstagskind noch nicht!«, sagt Katharina. »Für Jesus. Er hat zu Weihnachten Geburtstag. Eigentlich müsste man ihm etwas schenken!«

»Meinst du, er hätte Freude mit einem Bild?«, fragt Jakob.

»Wenn es sehr schön und bunt ist – warum nicht?«, fragt Katharina.

Jakob nimmt ein neues Zeichenblatt. Er zeichnet einen Christbaum mit vielen Kerzen und Kugeln und Zuckerln in Fransenpapier.

»Ich helfe dir«, sagt Katharina. Sie malt Tupfen und Sterne auf die Kugeln und um jede Kerze einen gelben Schein. »So«, sagt sie. »Jetzt bring ihm das Geschenk! Bring's ihm in die Kirche!«

Jakob geht zur Kirche, aber das Tor ist verschlossen. Jakob steht auf der Straße und überlegt, was er tun soll. Das Christbaumbild flattert im Wind, Jakob muss es mit beiden Händen halten. Eine alte Frau bleibt neben ihm stehen.

»So eine lustige, bunte Zeichnung«, sagt sie. »Das ist wohl ein Weihnachtsgeschenk?«

»Ja«, sagt Jakob. Und dann hält er der alten Frau die Zeichnung hin. »Ich schenk sie Ihnen!«

»Nein, so etwas!«, ruft die alte Frau. »So eine Überraschung ... danke ...«

Jakob rennt nach Hause. Katharina wartet schon auf ihn.

»Na?«, fragt Katharina.

»Der Christbaum hat Jesus sehr gut gefallen«, sagt Jakob.

»Weißt du das bestimmt?«, fragt Katharina.

»Ja«, sagt Jakob. »Er hat's mir ausrichten lassen!«

Umsetzung

Zu Weihnachten gehören Geschenke – dies scheint selbstverständlich. Was sich heute aber oft als »Materialschlacht« erweist und bei vielen zu einer geradezu zwanghaften Pflicht geworden ist, war ursprünglich eine Art sozialer Ausgleich: Man beschenkte vor Weihnachten die Armen, damit sie das (zusammen mit Ostern) größte Fest der Christen mitfeiern konnten. Dies geschah vor allem mit hochwertigen Nahrungsmitteln.

Die Bescherung der Kinder dagegen war mit dem Nikolaustag verbunden. Erst durch die Reformation und die damit verbundene Zurückdrängung der Heiligenverehrung schenkte dann nicht mehr der »Nikolaus«, sondern das »Christkind«. Die Bescherung wurde auf das Weihnachtsfest verschoben. Allerdings galt sie nur Kindern, nicht Erwachsenen. Erst als Weihnachten ab dem 18. Jahrhundert zum Familienfest wurde, gab es auch Geschenke für Erwachsene – Geschenke wurden zur »Mitte« der häuslichen Weihnachtsfeier, Weihnachten ein Geschenkfest.

Das Thema Geschenke, das sich aus der Geschichte von Jakob ergibt, muss in diesem Weihnachtsgottesdienst mit der eigentlichen Weihnachtsbotschaft verbunden werden, benötigt also eine Vertiefung. Das kann in verschiedenen Schritten geschehen, die das Thema einbringen und dann zu einer tieferen Sicht führen.

Als Einstieg, eventuell am Anfang des Gottesdienstes, können die anwesenden Kinder nach Art des früheren Fernsehspiels »Dalli-dalli« gefragt werden, was ihnen spontan zu Weihnachten einfällt. Zu den ersten und für Kinder wichtigsten Äußerungen wird das Stichwort Geschenke gehören, Jesus folgt meist später oder gar nicht. Wenn diese Frage nicht im Gottesdienst gestellt werden soll, kann man bereits vorab Kinder in verschiedenen Gruppen oder Schulklassen entsprechend befragen und dann darüber berichten.

An diesen Einstieg kann sich ein kurzer geschichtlicher Rückblick über den Zusammenhang von Weihnachten und Geschenke geben anschließen (s.o.).

Möglich sind danach in einem zweiten Schritt Interviews der Kinder in der Kirche (oder der Kindergruppen vorab) zur Frage: Warum eigentlich beschenken wir uns an Weihnachten? Antworten etwa: Zu jedem Fest gehören Geschenke. Geschenke sollen Freude bereiten. Menschen beschenken sich aus Liebe. Ich schenke, weil ich einem lieben Menschen eine Freude bereiten will. Mit meinen Geschenken will ich mich bedanken für vieles Gute, das ich vom anderen erfahren habe. Das Schenken gehört einfach dazu, dafür gibt es keinen besonderen Grund. Ich schenke, weil ich auch ein Gegengeschenk bekomme, und deshalb ist auch mein Geschenk nötig ...

Möglich ist eine Zeichenhandlung: Eine Krippe ist vor dem Altar aufgebaut. Allerdings ist sie nicht sichtbar, weil sich vor ihr ein großer Berg von Geschenken (schön verpackte Kartons) auftürmt. Verschiedene Kinder werden nun nach vorn gerufen. Sie erzählen von ihrem Wunschzettel und von dem, was sie sich zu Weihnachten gewünscht haben. Danach bekommt jedes Kind eines von den Paketen. Dadurch wird der Geschenkberg kleiner und allmählich wird die dahinter stehende Krippe sichtbar. Im Gespräch äußern sich die Kinder zu dem Vorgang, dass die Krippe mit dem Jesuskind durch die Geschenke verdeckt war.

Das Gespräch mit den Kindern führt weiter zu der Beziehung, die zwischen den Geschenken und der Krippe besteht: Auch die Krippe (d.h. Jesus) ist ein Geschenk – das Geschenk Gottes an uns Menschen. In Jesus sagt Gott uns: Ihr seid alle angenommen. Ich will euch gut sein. Deshalb schenke ich euch Jesus.

Als Lesungstext könnte Jesaja 9,1.5-6 folgen, wo es heißt: »Denn uns ist ein Kind geboren, ein Sohn ist uns geschenkt.«

Im Gespräch wird dann weiter erarbeitet, dass die vielen Weihnachtsgeschenke letztlich alle aus dem einen Geschenk erwachsen, das Gott uns in Jesus gibt. Unsere Geschenke, die wir uns an Weihnachten geben, sind Zeichen dieser Freude über Gott, der uns Jesus schenkt.

Zum Abschluss des Gottesdienstes kann den Familien ein kleines Blatt als Erinnerung (siehe unten: Kopiervorlage / Quelle unbekannt) mitgegeben werden, auf dem die unten stehende Karikatur zum Nachdenken anregt. Vielleicht kopiert man auf der anderen Seite des Blattes einen Weihnachtswunsch der Gemeinde oder auch den Vers des Jesaja, dass Gott uns dieses Kind schenkt.

Die Geschichte von Lene Mayer-Skumanz geht über die bisherigen Gedanken hinaus. Es geht am Anfang der Geschichte auch um Geschenke, dann aber um ein Schenken in Beziehung zu Jesus: Jakob findet Jesus in der alten Frau, und – der Schlusssatz zeigt es – er versteht sein Handeln auch in diesem Sinn.

So kann die Geschichte eine Aufforderung sein, sich auf die Suche nach Jesus in unserer Zeit zu machen. Ein guter Impuls ist dabei das Lied »Jesus wohnt in unsrer Straße« (Text: Rudolf Otto Wiemer, Musik: Ludger Edelkötter), das in vielen Sammlungen neueren religiösen Liedguts enthalten ist. Hier werden in den einzelnen Strophen unterschiedliche Beispiele gegeben, die verschiedene Perspektiven menschlicher Not aufzeigen: ein einsamer Mensch, ein Mensch im Rollstuhl, eine kranke Frau, ein Schlüsselkind, ein Vorbestrafter.

Solche Beispiele können und sollten durch weitere ergänzt werden. Dabei kann Bezug genommen werden zur Weltgerichtsrede Jesu (Matthäus 25,31-46). Die darin sechs aufgeführten Beispiele führten in der Geschichte christlichen Glaubens zu den sieben (= Vollkommenheitszahl) Werken der leiblichen Barmherzigkeit: Hungernde speisen, Durstige tränken, Nackte bekleiden, Fremde beherbergen, Gefangene befreien, Kranke besuchen, Tote begraben. Die sieben geistigen Werke der Barmherzigkeit schließen sich an: beraten, schützen, belehren, erleuchten, (vor Bösem) zurückhalten, stärken, für jemanden beten. Der Bezug zu Jesus wird durch den Vers hergestellt: »Was ihr für einen meiner geringsten Brüder getan habt, das habt ihr mir getan« (Matthäus 25,40).

Kann man den Weihnachtsgottesdienst mit Kindergruppen vorbereiten, so lassen sich Spielszenen erarbeiten, die Beispiele aufzeigen, wo wir Jesus heute finden können. Dies kann entlang der Liedstrophen von »Jesus wohnt in unsrer Straße« geschehen – dann könnten die einzelnen Strophen jeweils zu den Szenen gesungen und die Szenen pantomimisch gespielt werden. Es können aber auch weitere Szenen spielerisch eingebracht werden, die von den Kindern überlegt werden.

Vor einigen Jahren hat der damalige Bischof von Aachen, Klaus Hemmerle, die Kinder seines Bistums aufgefordert, Jesus zu suchen und ihm zu ihren Entdeckungen Briefe zu schreiben (gesammelt in: Wo finde ich Jesus, Verlag Neue Stadt, München 1981). Einige Beispiele:

- Lieber Bischof! In Ihrem vorigen Pfarrbrief haben Sie uns gebeten, Ihnen einen Brief zu schreiben, wo wir Jesus gefunden haben. Ich habe ihn gefunden.

Unsere Nachbarin ist eine alte Frau von ungefähr 68 Jahren. Sie hatte 11 Kinder, doch kein Sohn oder Tochter kümmert sich um sie. Ich gehe manchmal für sie einkaufen. Meine Mutter hilft ihr beim Kochen, weil sie nicht mehr so richtig sehen kann ...

- Ich habe in der Schule Turkan geholfen. Turkan hat es immer schwer.
- Bei uns wohnt ein alter Mann, der sehr einsam ist. Wir beschlossen, dass dieser Mann für uns Jesus sei. Wir haben Plätzchen gebacken und kleine Geschenke gebastelt. Dann sind wir zu ihm hin und haben die Geschenke übergeben. Seine Freude war riesengroß.
- Ich habe das Jesuskind gesucht und gefunden. Kurz vor den Ferien wurde eine Freundin von mir krank. Ich ging, sooft ich konnte, zu ihr und nahm die Hausaufgaben mit. Wenn ich nicht hingehen konnte, rief ich sie an. So fand ich mein Jesuskind ...

Es ist denkbar, bereits während der Adventszeit eine vergleichbare Briefaktion in der Gemeinde durchzuführen und einzelne Briefe dann in den Weihnachtsgottesdienst einzubringen. So wird die Geschichte von Jakob auf die örtlichen Situationen hin konkret. Wiederum können einzelne Beispiele in Spiele gefasst werden. Ebenso sind auch Bilder der Kinder möglich, auf denen die Suche nach Jesus dargestellt wird. Eine Aufgabe für eine Jugendgruppe könnte die Erstellung einer Fotostrecke sein: Wo finden wir heute Jesus in unserer Stadt? (Im Gottesdienst als Dias oder über Tageslichtfolien projizieren.)

Der kleine Jakob der Weihnachtsgeschichte gibt einen Impuls, Geschenke nicht nur als hergebrachten Brauch zu verstehen, sondern bewusst und aus der Beziehung zu Jesus heraus zu geben. Die Kinder und ihre Familien können dazu ermuntert werden, selber in einer vergleichbaren Weise für Menschen im Umfeld der Gemeinde oder auch für Menschen in aller Welt tätig zu werden. Je nach örtlicher Möglichkeit (etwa Partnerschaft mit einer Gemeinde in der »Dritten Welt« oder soziale Einrichtungen am Ort) ergeben sich hier unterschiedliche Ansatzpunkte. Auch lassen sich über die großen kirchlichen Hilfswerke (Brot für die Welt, Adveniat, Misereor, aber auch Caritas und Diakonie) konkrete Projekte an die Aktivitäten der Gemeinde anbinden. So werden Brücken geschlagen zu Menschen in Not, in denen wir Jesus finden können.

Fürbitten

Gott, du hast dich uns Menschen geschenkt in deinem Sohn Jesus,
dessen Geburt wir an Weihnachten feiern.
Du hast uns deine Liebe geschenkt durch deinen Sohn Jesus,
der unser Leben hell macht.
Deshalb rufen wir zu dir:

- Lass uns dankbar sein für Jesus,
  dein großes Geschenk an uns Menschen,
  und binde uns immer mehr an ihn,
  die Hoffnung unseres Lebens.
- Lass uns erkennen,
  dass Jesus die Mitte der Feier von Weihnachten ist,
  und hilf uns, alles gute Brauchtum von ihm her zu deuten
  und auf ihn hin auszurichten.
- Lass uns unsere Liebe zu anderen
  nicht nur in Geschenken ausdrücken,
  sondern auch in guten Taten und in gegenseitiger Zuneigung
  an Weihnachten und das ganze Jahr hindurch.
- Lass uns deinen Sohn Jesus auch in den Menschen finden,
  die in Not sind und die an Weihnachten große Sorgen haben,
  und hilf uns, dass wir auf solche Menschen zugehen
  und ihnen Freude und Hilfe bringen.
- Stärke unsere Verbundenheit mit den Menschen überall auf der Welt,
  die sich nach Frieden und Gerechtigkeit sehnen,
  und hilf uns, ihnen deine Liebe weiterzuschenken
  durch unseren tätigen Einsatz für eine bessere Welt.

Herr, zu dir dürfen wir mit unseren Bitten kommen.
Du hörst auf unser Beten, du achtest auf uns Menschen.
So sei dir Lob und Dank
jetzt und alle Tage bis in Ewigkeit. Amen.

Dankgebet

Du beschenkst uns mit deiner Liebe, Gott,
du beschenkst uns mit deinem Sohn Jesus.
Er ist unser Bruder und Freund,
unser Weggefährte und Vorbild.
Dank sei dir für ihn.

Du beschenkst uns mit deiner Liebe, Gott,
du beschenkst uns mit deinem Sohn Jesus.
Er ist dein lebendiges Wort,
deine Frohe Botschaft an uns Menschen.
Dank sei dir für ihn.

Du beschenkst uns mit deiner Liebe, Gott,
du beschenkst uns mit deinem Sohn Jesus.
Er ist der Gott-mit-uns,
er ist dein Bild mitten unter den Menschen.
Dank sei dir für ihn.

Du beschenkst uns mit deiner Liebe, Gott,
du beschenkst uns mit deinem Sohn Jesus.
Er ist der Friedensfürst,
er ist Brot des Lebens und Licht der Welt.
Dank sei dir für ihn.

Du beschenkst uns mit deiner Liebe, Gott,
du beschenkst uns mit deinem Sohn Jesus.
Er ist lebendiges Wasser,
er ist der Weg, der zu dir führt.
Dank sei dir für ihn.

Du beschenkst uns mit deiner Liebe, Gott,
du beschenkst uns mit deinem Sohn Jesus.
Er ist die Auferstehung und das Leben,
er ist unsere Hoffnung und Zukunft.
Dank sei dir für ihn.

Du beschenkst uns mit deiner Liebe, Gott,
du beschenkst uns mit deinem Sohn Jesus.
Er ist die Mitte unserer Gemeinschaft,
er ist der Eckstein, auf den wir bauen.
Dank sei dir für ihn.

Du beschenkst uns mit deiner Liebe, Gott,
du beschenkst uns mit deinem Sohn Jesus.
Er ist die Brücke, die uns mit dir verbindet,
er ist Mensch und Gott zugleich.
Dank sei dir für ihn.

Segensgebet

Der barmherzige Gott
hat uns in Jesus seine Liebe geschenkt.
Er erfülle uns mit der ganzen Kraft seines Segens,
damit wir zu Boten seiner Liebe werden.
Der barmherzige Gott
hat uns in Jesus seine Hoffnung geschenkt.
Er erfülle uns mit der ganzen Kraft seines Segens,
damit wir zu Boten seiner Hoffnung werden.
Der barmherzige Gott
hat uns in Jesus seine Freude geschenkt.
Er erfülle uns mit der ganzen Kraft seines Segens,
damit wir zu Boten seiner Freude werden.
So segne uns der Vater, der Sohn und der Heilige Geist. Amen.

Das unmögliche Lied von der Krippe

Einführung

Liebe Kinder, liebe Erwachsene,
zu unserer Feier von Weihnachten gehören viele Dinge:
die Krippe, die Weihnachtsgeschichte, Geschenke,
Essen und Trinken und auch Musik, Instrumente und Lieder.
In unserem Weihnachtsgottesdienst heute sollen
Lieder in besonderer Weise herausgehoben werden.
Dies tun wir nicht allein dadurch,
dass wir die schönen alten und neuen Weihnachtslieder singen
und Gott damit loben und ihm Dank sagen.
Gleich werden wir auch eine Geschichte hören,
die den Titel hat: »Das unmögliche Lied von der Krippe«.
Mehr noch: Wenn wir hier zur Gottesdienstgemeinschaft zusammenkommen,
dann sind wir miteinander das Lied Gottes.
Jeder Einzelne von uns ist wie eine Note,
wir alle zusammen erklingen zu einer Melodie.
Wir Christen sind Gottes Melodie in unserer Welt.
Wir dürfen von ihm singen, miteinander als sein Lied von ihm erzählen,
wir stimmen uns ein in das große Halleluja, das »Lobet Gott«.
Lobet Gott, ihr Christen hier und überall in der Welt,
lobet Gott und seid sein Lied unter den Menschen aller Völker.
Singt von seiner Liebe zu uns, singt von seinem Frieden,
singt von seinem guten Wort an uns,
singt von Jesus, unserem Herrn.

Gebete

Jesus führt uns heute zu dieser Gemeinschaft zusammen,
er ist in unserer Mitte,
ihn, unseren Bruder und Herrn, feiern wir in dieser Stunde.
Deshalb lasst uns zu ihm rufen:

- Jesus, du hast damals aus den Jüngern eine Gemeinschaft gebildet,
  du führst auch uns zu einer Gemeinschaft zusammen,
  die sich an dich bindet und dir vertraut.
  Herr, erbarme dich.
- Jesus, du zeigst in deinem ganzen Leben die Liebe Gottes,
  von der Krippe bis zum Kreuz wird sichtbar,
  wie sich Gott in dir uns Menschen zuwendet.
  Christus, erbarme dich.
- Jesus, du bringst Freude in unser Leben,
  du schenkst uns Hoffnung und Zuversicht,
  an dich können wir uns binden.
  Herr, erbarme dich.

Der allmächtige und barmherzige Gott erbarme sich unser.
Er sei uns nahe unser ganzes Leben lang
und führe uns einmal zu seiner Herrlichkeit
und zum Leben bei ihm
durch Christus, unseren Herrn in Ewigkeit. Amen.

Gott, unser Vater,
wir sind deine Kinder,
und du hast uns zu dieser Gemeinschaft zusammengeführt.
Wie ein Lied aus vielen verschiedenen Noten besteht,
so gehören wir viele zusammen,
wir sind miteinander deine Melodie in unserer Welt.
Wie ein Lied gut klingen soll,
so sollen wir Christen in unserer Welt gut klingen
und den Menschen Freude schenken.
Stärke du uns dazu durch Christus, unseren Herrn. Amen.

Jesus, wie ein Lied bist du,
ein schönes Lied, das Gott uns schenkt,
ein Lied, das unsere Welt durchzieht,
ein Lied, das kündet von seiner Liebe,
ein Lied, das seinen Frieden verspricht,
ein Lied, das uns froh macht.
Klinge in unseren Herzen, Jesus,
mach unser ganzes Leben stimmig,
lass unsere Freude sprudeln wie schnelle Töne,
schenke uns die große Harmonie
von Himmel und Erde,
von Gott und Menschen,
und lass uns dein Lied singen ohne Ende.

Geschichte

Peter Wesely
Das unmögliche Lied von der Krippe

»Was soll denn das sein?« – Tante Frieda, Judiths Lieblingstante, stürmte aus der Küche ins Kinderzimmer, in dem Daniel Trompete übte. »Ich habe geglaubt, du willst Advents- und Weihnachtslieder üben, aber das, was du da spielst, klingt ja schauerlich!«

Judith kam mit teigverschmierten Händen ihrer Tante nach. »Er kann's halt nicht besser, mein Herr Bruder!«

»Du alte Flötentante, glaubst du, dein Gepfeife klingt gut? Aber du würdest die Musikaufgabe sicherlich total cool schaffen, so unmöglich, wie du spielst!«

»Was ist denn das für eine Musikaufgabe?« Tante Frieda stellte sich neben Daniel und schaute auf den Notenständer.

»Aber, das sind doch keine Noten.« Erstaunt blickte sie auf das Blatt Papier, das da auf dem roten Metall lag.

»Da ist ja eine Krippe gezeichnet! Sag, spielst du eine Zeichnung?« Judith schaute ihren Bruder groß an.

»Ja, du alte Quatschtante! Und jetzt lass mich in Ruhe weiter üben!«

»Aber nur, wenn es nun schöner klingt, lieber Trompetenonkel!«

»Wird es aber nicht, du Flötenliese!«

»Trompetenquasimodo!«

»Plapperbarbie!«

»Ich beiß dich in die Nase!«

»Ich reiß dir gleich deine blonden Zöpfe aus!«

»Moment, Moment, ihr zwei, keine Rauferei, das passt ja überhaupt nicht zu einem Adventsnachmittag! – Daniel, ich muss dir aber sagen, dass ich dich auch nicht verstehe, kannst du nicht etwas Schönes spielen?«

»Nein, ich muss meine Aufgabe machen.« Daniel setzte die Trompete wieder an die Lippen, und ein schauerlich langer Ton ertönte.

»Hör doch auf, das ist doch nicht auszuhalten!« Tante Frieda hielt sich mit beiden Händen ihre Ohren zu. »Jetzt erklär mir bitte, was für eine unmögliche Aufgabe das sein soll.«

»Ganz einfach, ich spiele ›Die Krippe‹!«

»Moment, die Krippe da auf dem Zeichenblatt?«

»Ja, unsere Aufgabe heißt: ›Spiele die Geschichte der Krippe‹.«

»Und das klingt so grauslich? – Die Krippe ist doch was Schönes, das kleine liebe Jesuskind, der Josef und die Maria, und die Engel fliegen herum!«

Daniel schaute seine Tante verständnislos an: »Das meinst du doch nicht wirklich, Tante! Das, was du da erzählst, ist doch total öd und falsch. Schau, da ist eine junge Frau, die ist allein mit ihrem Freund unterwegs, die wird bald ein Kind bekommen, aber nirgends finden sie Platz. Keine Hebamme und kein Arzt sind da, um ihr zu helfen, und es ist ihr erstes Kind. Sie weiß noch nicht, was sie tun soll. Und dann ist es gerade in diesem Stall so weit, dort, wo sonst die Tiere schlafen. Durch die Ritzen bläst der Wind, überall nur Dreck und Stroh, und genau an diesem Platz kommt Jesus auf die Welt, das kann nicht anders klingen als so!«

Und wieder setzte Daniel seine Trompete an die Lippen und spielte eine laute Abfolge von Tönen.

»Aufhören, aufhören, das ist ja nicht auszuhalten!« Tante Frieda schrie es lauter, als Daniels Trompete klingen konnte. Plötzlich hörten sie von der Tür eine bekannte Stimme: »Wieso, ich finde, Daniel hat die Aufgabe ganz gut gelöst!«

»Peter, was machst du denn da, ich meine, weißt du überhaupt, worum es hier geht?« Tante Frieda schnappte nach Luft.

»Papa, schön, dass du da bist. Ich ...« – Daniel stürzte auf seinen Vater, der nun auch ins Kinderzimmer hereinkam.

»Ich bin schön länger in der Wohnung, aber ihr wart ja so in eure Diskussion vertieft, dass ihr mich nicht gehört habt. Ich weiß daher genau, um was es geht. Und ich muss dir sagen, Tante Frieda, ich bin stolz auf den Daniel.«

»Stolz, auf diese unmögliche Musik?« Tante Frieda blieb der Mund offen stehen.

»Unmöglich, das ist das richtige Wort. Ich denke, der Daniel hat genau begriffen, worum es bei der Krippe geht: Es ist unmöglich, was da passiert. Und trotzdem passiert es. Gott wird Mensch, Jesus kommt zu den Menschen. Nicht in einem Königspalast wird er geboren, sondern in der windigsten Ecke von ganz Israel, an einem Ort, wo sonst nur Schafe ihre Jungen kriegen.«

»Genau, Papa.« Daniel stieß seinen Vater in die Seite. »Du hast es verstanden, genauso hat es uns die Roswitha auch gesagt.«

»Die Roswitha?«, fragte Tante Frieda.

»Na, meine Religionslehrerin!«, klärte Daniel seine Tante auf.

»Roswitha, so was, bei uns hätte es das nicht gegeben, die Lehrerin mit dem Vornamen anreden!«

»Tante Frieda, es hat sich auch in der Schule viel verändert!«

»Ja, das ist es ja ...« Tante Frieda setzte ein richtig trauriges Gesicht auf. »Jetzt ändert ihr sogar Weihnachten, die schöne Krippe, für euch ist sie nichts mehr wert!«

»Das stimmt doch nicht, Tante Frieda. Ich denke, die Krippe ist echt toll, richtig cool! – Ich glaube nur, dass so schöne Melodien da nicht richtig sind, da schläft man ja ein. Weihnachten, das ist etwas, wo man unruhig werden muss. Es ist einfach wirklich unmöglich!«

»Ich glaube, du hast Recht, Daniel.« Langsam verstand Tante Frieda ihren Neffen. Und Daniel setzte wieder die Trompete an die Lippen und blies sein »Krippenlied«, das »unmögliche Lied« ...

Umsetzung

Wer singt, betet doppelt – so das Sprichwort. In besonderer Weise gilt ein solcher Satz für die großen Feste der Christen. Sie sind ohne Lieder und besondere Instrumentenmusik nicht denkbar. Weihnachten steht unter solchen mit Musik verbundenen Festen an herausragender Stelle, mehr noch als Ostern und Pfingsten. Von da aus wird man bei jedem weihnachtlichen Gottesdienst, besonders aber bei Familiengottesdiensten, besonderen Wert auf die Auswahl der Lieder legen. An Weihnachten stehen dabei eine Fülle traditioneller Lieder im Vordergrund, die der Gottesdienstgemeinde bekannt sind und die manchmal auch in der familiären Feier eine Rolle spielen. Doch die Auswahl traditioneller Lieder sollte man punktuell durch neueres Liedgut ergänzen, das oft von den Texten und auch vom Rhythmus mehr unserer Zeit und vor allem Kindern entspricht. An Weihnachten also gilt: Singen, singen, singen ...

Hilfreich kann bei neuerem Liedgut und auch bei besonderen Liedern ein kleiner Chor sein, entweder ein reiner Kinderchor oder – bisher viel zu selten praktiziert – ein Eltern-Kinder-Chor, der Schrittmacher für die musikalische Ausgestaltung von Familiengottesdiensten nicht nur an Weihnachten sein kann. Mit einem Chor ist oft auch eine Instrumentengruppe verbunden, sei es ein Blockflötenkreis, ein Orchester mit Orffschen Instrumenten oder eine andere Zusammenstellung. Es macht viel Sinn, für eine instrumentale Begleitung (etwa mit Gitarre, Querflöte, aber auch Klarinette u. a.) Jugendliche der Gemeinde anzusprechen, die meist froh sind, sich mit ihren Fähigkeiten einzubringen.

Ausgehend von der Geschichte können neben den Liedern und Instrumentenstücken im Verlauf des Gottesdienstes einige besondere musikalische Akzente gesetzt werden. Die Lesung der biblischen Weihnachtsgeschichte (nach Lukas oder in einer Kombination der lukanischen und matthäischen Texte) wird mancherorts durch passende Weihnachtslieder der Tradition oder des neuen Liedguts unterbrochen. Wenn die Geschichte von Peter Wesely vor dem biblischen Text vorgetragen und vielleicht auch mit den Kindern besprochen wird, kann eine Verklanglichung (mit Orffschen, aber auch anderen Instrumenten) erfolgen. Dies wird nur selten spontan möglich sein. Deshalb bietet es sich an, dass eine Kinder- oder Jugendgruppe der Gemeinde diese Aufgabe übernimmt und sich im Advent intensiv darauf vorbereitet.

Zu einer solchen Verklanglichung (passend zu einem gelesenen Text oder zu einem Krippenspiel) einige Ideen:

- Der Weg nach Betlehem – Maria und Josef und durchaus auch ein Esel (zwei Kinder unter einer grauen Decke) ziehen langsam durch den Mittelgang der Kirche: *Schlaginstrumente, dumpfe Töne, rhythmisch wie Schritte geordnet, die zunehmend (Müdigkeit) langsamer werden. Denkbar auch eine eine Instrumentalfassung von »Maria durch den Dornwald ging«.*
- Gespräch zwischen Maria und Josef, als sie Betlehem vor sich liegen sehen: Hoffnung, weil der Weg nun zu Ende geht und ein Ort mit Menschen darin vor ihnen liegt *(Flötenmelodie oder hohe, freundliche Töne, etwa Xylophon)*, zugleich bange Sorge: Wo werden wir unterkommen, wer wird uns helfen? *(dumpfe Paukenschläge)*
- Herbergssuche in traditioneller Form: Anklopfen an verschiedene »Türen« *(Handtrommel)*, Bitte um Unterkunft *(hohe Melodie)*, Abweisen durch den Wirt *(Paukenschlag, schräge Melodie [vgl. die Geschichte »Das unmögliche Lied von der Krippe«])*.
- Der Stall mit Ochs und Esel darin, die sich zur Begrüßung von Maria und Josef melden dürfen *(I-aah als Melodiefolge, Brummen des Ochsen vokal)*.
- Die Geburt und das Kind *(schwere Melodie, die sich dann leicht und fröhlich auflöst)*
- Die Hirten auf dem Felde mit ihren Schafen im Dunkel der Nacht *(tiefe, ruhige Melodie, vielleicht einmal unterbrochen durch ein vokal ausgedrücktes »Määh« der Schafe – eine Verklanglichung darf den Kindern und der Gemeinde ruhig Spaß machen)*, dann die Engel, die die Botschaft der Geburt verkünden *(glitzernde Melodie durch Xylophon und ähnliche Instrumente, vielleicht auch an die Melodie »Vom Himmel hoch, da komm ich her« angelehnt)*.
- Die Hirten laufen schnell zum Stall *(entsprechender rhythmischer Ausdruck)*, sie pochen an die Tür *(Paukenschlag)*, sie treten ein, verneigen sich vor dem Kind, überreichen Geschenke *(Flötenlied als Geschenk an das Jesuskind, evtl. ein Solospiel eines kleinen Hirten – vgl. auch die Geschichte von Max Bolliger, Das Flötenlied, auf Seite 133)*.

Vortrag der Weihnachtsgeschichte bzw. Krippenspiel und Verklanglichung münden dann in ein festliches Weihnachtslied der ganzen Gemeinde.

Eine andere Gestaltungsmöglichkeit stellt das Thema »Jesus – Gottes Lied in unserer Welt« dar. Dabei werden verschiedene Beispiele durch Text, Spiel und vor allem Lied und Verklanglichung aufgezeigt, wie Jesus nicht allein bei seiner Geburt, sondern in seinem ganzen Leben, Lehren und Handeln die Liebe Gottes aufgezeigt hat. Mögliche Stationen (= Strophen des Liedes Gottes) können etwa sein:

- Geburt Jesu: Licht für alle.
- Verkündigung des Evangeliums: Freude für alle.
- Heilung des Lahmen: Kraft für alle.
- Große Speisung: Brot für alle.
- Abendmahl: Gemeinschaft für alle.
- Kreuzigung: Heil für alle.
- Auferstehung: Hoffnung für alle.

Durch ein solches Ausweiten der Weihnachtsbotschaft auf den gesamten Weg Jesu von der Krippe bis zum Kreuz vermeidet man eine Verniedlichung (»das kleine, süße Baby«) und konzentriert sich auf eine umfassende Verkündigung der Gestalt Jesu als des Christus Gottes. Sinnvoll ist bei solchen Stationen ein gemeinsam gesungener Liedruf oder Kanon der Gemeinde, etwa: »Nun sei uns willkommen, Herre Christ«. Passend ist auch das Lied »Uns wird erzählt von Jesus Christ« von Kurt Rommel, das über den Verweis auf die Geburt Jesu dessen Bedeutung für Menschen in mehreren Strophen beschreibt. Es kann gut im Wechsel von Chor und Gemeinde gesungen werden.

Eine weitere Möglichkeit der Gottesdienstgestaltung ist das Thema »Wir sind Gottes Melodie«. Dabei wird aufgezeigt, dass wir das »Lied Gottes in Jesus« in unserer Welt weitersingen sollen. Dies kann nur in Gemeinschaft geschehen. An die Rückwand der Kirche oder an eine Plakatwand (möglich auch über Folien für den Tageslichtprojektor) sind Notenzeilen angebracht. Mit den Kindern wird im Gespräch erarbeitet, dass es hohe und tiefe, kurze und lange Noten gibt. Erst viele unterschiedliche Töne ergeben ein Lied. Auch Menschen sind ganz unterschiedlich (Beispiele), sie haben unterschiedliche Fähigkeiten (Beispiele). Jeder Mensch ist anders. Die Kinder erhalten jeweils eine bunte Note und kleben sie auf die vorbereiteten Notenlinien. Hat man dort passende Stellen markiert, so ergibt sich durch die Noten der Kinder eine Melodie (etwa die Melodie eines bekannten Weihnachtsliedes, das im Anschluss gesungen wird).

Das Gespräch mit den Kindern wird wie folgt weitergeführt: Damit die einzelnen Töne richtig und schön zusammenklingen, brauchen sie ein Vorzeichen und einen Notenschlüssel, der das ganze Lied aufschließt. Das gilt auch für die Gemeinschaft unterschiedlicher Menschen. Für Christen, für eine christliche Gemeinschaft, gibt es einen solchen Notenschlüssel, der alle zusammenführt, der eine Gemeinschaft schafft, die »gut klingt«: Jesus macht uns zur Gottes Melodie, er macht uns stimmig, stimmt uns aufeinander ab. Ein Notenschlüssel, vielleicht mit einem integrierten Kreuz oder einem anderen Jesuszeichen (Fisch, Chi-Rho ...) wird an den Beginn der Notenzeilen angebracht. Danach können im Gespräch Beispiele überlegt werden, wie Menschen (Christen) in ihrem Alltag zur Melodie Gottes in unserer Welt werden können.

Fürbitten

Guter Gott, du lässt unser Leben klingen,
du hast die Melodie unseres Lebens geschaffen.
In Jesus hast du uns das Lied deiner Liebe geschenkt,
deshalb bitten wir:

- Du bist das Geheimnis unseres Lebens.
  Gib uns die Kraft, auf dich zu hören,
  und mach unser Leben stimmig durch den Glauben an dich.
- Jesus erzählt von dir und deiner Liebe wie ein frohes Lied.
  Lass uns einstimmen in deine Melodie
  und Freude in unsere Welt bringen.
- Jeder Mensch ist anders, wie die Noten eines Liedes anders sind.
  Lass uns in der Gemeinschaft der Christen
  zu einer harmonischen Melodie werden.
- Jesus richtet uns zu einer Gemeinschaft aus
  wie der Notenschlüssel die Noten.
  Binde uns immer mehr an Jesus und lass uns seine Freunde sein.
- Die Menschen auf der Welt sind unterschiedlich.
  Vertreibe allen Hass und alle Gewalt
  und lass die Menschen miteinander ein Lied des Friedens singen.

- Unsere Verstorbenen sind in deiner Hand.
  Lass uns einmal mit ihnen zusammen
  das ewige Loblied auf dich singen.

Gott, an diesem Weihnachtsfest sagen wir dir unsere Bitten.
Wir sind sicher, dass du uns erhörst,
denn du hast dich uns in Jesus zugewandt,
deinem Christus und unserem Freund und Bruder in Ewigkeit. Amen.

Dankgebet

Unser Lied sei allezeit auf unseren Lippen,
dein Lob wollen wir künden von Tag zu Tag.

Heilig, heilig ist unser Herr,
von seiner Herrlichkeit ist die ganze Erde erfüllt.
Ich will auf den Herrn warten,
auf ihn will ich hoffen alle Tage meines Lebens.

Unser Lied sei allezeit auf unseren Lippen,
dein Lob wollen wir künden von Tag zu Tag.

Das Volk, das im Dunkel lebt, sieht ein helles Licht,
über denen, die im Land der Finsternis wohnen, strahlt ein Licht auf.
Denn uns ist ein Kind geboren, ein Sohn ist uns geschenkt.
Die Herrschaft liegt auf seiner Schulter.

Unser Lied sei allezeit auf unseren Lippen,
dein Lob wollen wir künden von Tag zu Tag.

Man nennt ihn Wunderbarer Ratgeber, Starker Gott,
Vater in Ewigkeit, Fürst des Friedens.
Er trägt den Namen Immanuel – Gott-mit-uns,
seine Herrschaft ist groß und der Friede hat kein Ende.

Unser Lied sei allezeit auf unseren Lippen,
dein Lob wollen wir künden von Tag zu Tag.

Aus dem Baumstumpf Isais wächst ein Reis hervor.
Der Geist des Herrn lässt sich auf ihm nieder,
der Geist der Weisheit und der Einsicht, des Rates und der Stärke,
der Geist der Erkenntnis und der Gottesfurcht.

Unser Lied sei allezeit auf unseren Lippen,
dein Lob wollen wir künden von Tag zu Tag.
Die Wüste und das trockene Land sollen sich freuen,
denn man wird die Herrlichkeit des Herrn sehen.
Sagt den Verzagten: Habt Mut, fürchtet euch nicht!
Seht, hier ist euer Gott!

Verse nach Jesaja

Segensgebet

Sei unser Gott,
der uns begleitet mit seinem Segen,
bleib nicht der Ferne, sondern sei uns nah.
Sei unser Gott,
der uns begleitet mit seinem Licht,
mach hell alle unsere Pfade.
Sei unser Gott,
der uns begleitet mit seiner Liebe,
überwinde alle Not unseres Lebens.
Sei unser Gott,
der uns begleitet mit seiner Freude,
vertreibe alle Müdigkeit und Resignation.
Sei unser Gott,
der uns begleitet mit seiner Hoffnung,
richte unser Leben aus auf dich und dein Reich.
Sei unser Gott
und segne uns,
du Vater, Sohn und Heiliger Geist. Amen.

So groß wie ein Kind

Einführung

Liebe Kinder, liebe Erwachsene,
ein indischer Weiser, Tagore, hat gesagt:
»Jedes neugeborene Kind bringt die Botschaft,
dass Gott sein Vertrauen in den Menschen noch nicht verloren hat.«
Und ein Sprichwort unseres Landes sagt:
»In jedem Kind klopft Gott an die Tür.«
Wir freuen uns, wenn in unserer Mitte ein Kind geboren wird;
wenn neues Leben erwacht, fühlen wir Glück und Freude.
Ein neugeborenes Kind bringt Hoffnung in unser Leben.
Dies alles gilt für jedes Kind, für jedes Neugeborene
bei uns und in allen Ländern der Welt.
Es gilt aber in ganz besonderer Weise für Jesus,
dessen Geburt wir heute feiern.
Er ist das Kind, in dem Gott zu uns kommt.
Er ist das Kind, in dem Gottes Antlitz aufscheint.
Er ist das Kind, in dem Gott uns die Hand reicht und unser Freund wird.
Ein Sprichwort aus Persien sagt:
»Kinder sind Brücken zum Himmel.«
Das können wir in dieser Stunde im Blick auf Jesus nur bestätigen:
Er ist die Brücke zwischen Himmel und Erde,
zwischen Gott und uns Menschen.
Deshalb kommen wir in dieser Gemeinschaft zusammen:
Wir feiern Jesus, das Kind Gottes.

Gebete

Ein Kind wird geboren, ein Kind ist uns geschenkt.
Es ist die Hoffnung der ganzen Welt,
es ist der Retter, der Heiland, der Gesalbte Gottes.
Lasst uns zu ihm beten:

- Jesus, du bist Mensch geworden,
  um uns die Liebe Gottes zu bringen.
  Herr, erbarme dich.
- Jesus, du ermunterst uns, wie die Kinder zu werden
  und das Reich Gottes als Geschenk zu erwarten.
  Christus, erbarme dich.
- Jesus, du hast die Kinder gesegnet
  und hast ihr Vertrauen den Erwachsenen als Vorbild hingestellt.
  Herr, erbarme dich.

Der gute Gott erbarme sich über uns.
Er wende uns sein Angesicht zu jeden Tag.
Er erfülle uns mit seiner Liebe und seiner Güte.
Er schenke uns den Reichtum seiner guten Gaben
heute und alle Tage bis in Ewigkeit.

Gott, du unser Vater im Himmel,
wir alle, Groß und Klein, sind deine Kinder,
wir alle, Kinder wie Erwachsene, leben aus deiner Liebe.
Du hast dich uns zugewandt in Jesus, deinem Sohn.
Er ist in unsere Welt gekommen als ein kleines Kind,
er ist unser Bruder geworden und hat wie wir als Mensch gelebt.
Er ist die Brücke zwischen Himmel und Erde,
zwischen uns Menschen und dir, guter Gott.
So öffne unsere Augen,
damit wir in Jesus dich erkennen.
Öffne unser Herz,
damit wir in Jesus dir begegnen.
Gott, komm auf uns zu in Jesus, deinem Sohn.

Jesus,
keiner ist verlassen und verloren auf unserer weiten Erde,
denn du bist für uns geboren,
du bist der Heiland aller Welt.
Keiner ist gefangen im Dunkel einer tiefen Nacht,
denn du bist für uns geboren,
du bist das Licht aller Welt.
Keiner bleibt im Elend, in Angst und Traurigkeit,
denn du bist für uns geboren,
du bist die Freude aller Welt.
Du Heiland, Licht und Freude,
reiche du uns deine Hand.

Geschichte

Peter Wesely
So groß wie ein Kind

»Hallo, Rasselbande!«

»Hallo, Roswitha!« – Die Kinder der 3c begrüßten ihre Religionslehrerin mit der üblichen Begeisterung.

»Kommt, helft mir, ich hab da eine große Weltkarte mitgebracht!« Mit der Unterstützung der Kinder hängte die Religionslehrerin eine große Landkarte auf die Tafel.

»Das alles ist Europa, und hier, hier ist Israel. Und dieser kleine Punkt hier, das ist Betlehem.« Roswitha hatte einen kleinen Zeigestab aus ihrer Tasche herausgeholt.

»Wahnsinn! Dort hat Weihnachten angefangen, und nun feiern die Menschen auf der ganzen Welt!« Nikolaus, Daniels bester Freund, staunte.

»Aber überall feiern sie nicht gleich, schaut, hier habe ich ein kleines Heft.« Roswitha legte eine graue Broschüre mit dem Bild der »Drei Weisen« auf den Tisch.

»Werkmappe Weltkirche, MISSIO!«, las Anna.

»Weihnachten in aller Welt«, ergänzte Michi.

»Was gehört denn zu Weihnachten?«, fragte Roswitha. Sie stand nun mit einem Stück Kreide in der Hand an der Tafel. »Geschenke, Schnee, Christbaum ...!« Wenig später standen links und rechts von der Landkarte viele Wörter an der Tafel.

»Gut, das ist Weihnachten bei uns. Aber, hier in Afrika, da in Brasilien, da wird Weihnachten mitten im Sommer gefeiert!« Roswitha lachte über die ungläubig blickenden Gesichter in der Klasse.

Und dann erzählte sie den Kindern von Weihnachten auf den Philippinen. »Das ist fast wie Fasching, die Leute feiern ein Fest, Feuerwerkskörper werden in die Luft geschossen. Oder in Indien: Da beginnt nach der Mitternachtsmesse ein Volkstanz. Die Leute der Gemeinde tanzen bis in die Morgenstunden, bis zum Umfallen.

In den Dörfern von Bangladesh erkennt man die Hütten der Christen daran, dass sie mit frischem Lehm verputzt sind. Und Frauen malen mit Farben aus Ziegelstaub, Kalk und den Säften verschiedener Pflanzen Ornamente, also Muster auf die Wände.«

»Meiner Schwester Judith hat ihr Freund Simon erzählt, dass in Afrika das Jesuskind nicht in eine Krippe, sondern auf eine Matte auf den Boden gelegt wird!«, meldete sich Daniel zu Wort.

»So viele Arten, Weihnachten zu feiern: Das hätte ich nicht geglaubt!« Anna schüttelte den Kopf.

»Wieso, ist doch ganz klar.« Michi tippte sich an den Kopf. »So wie es verschiedene Sprachen gibt, muss es doch auch verschiedene Arten von Weihnachten geben. Und das Tollste ist: Jesus weiß schon, welche Art für jeden die beste ist.«

»Aber mir gefällt es bei uns am besten! Ich will zu Weihnachten nicht tanzen, ich will meine Geschenke anschauen und dann schlafen gehen!« Nina blickte fast trotzig in die Runde.

»Es soll dir ja auch gefallen dürfen. Ich sag nicht, dass wir jetzt Weihnachten anders feiern sollen!« Roswitha beruhigte das kleine blonde Mädchen. »Aber überlegt einmal: Was ist denn überall gleich?« Pause. Die Kinder überlegten.

»Na, die Geschenke gibt es einmal am Abend, dann in der Nacht, dann wieder am 25. in der Früh, das ist nirgends gleich.«

Julian hatte es gesagt. Dann meldete sich Alexander, kurz Ali genannt: »Die einen tanzen, und die anderen werden still, das ist es auch nicht gleich. Und die Krippen schauen auch ganz verschieden aus.«

»Aber das Kind, das Kind haben doch alle, das ist es, was alle gleich haben.« Die kleine stupsnasige Elisabeth rief es plötzlich heraus: »Ganz klar!«

»Genau.«

Roswitha, die Lehrerin, war zufrieden. »Richtig, gut, wie ihr darauf gekommen seid: Das Kind ist überall gleich. Und das ist auch das Wichtigste bei Weihnachten. Erinnert ihr euch noch an das, was wir über den Anfang der Welt gelernt haben?«

»Na klar, Gott hat uns alle lieb, und er hat uns alle gemacht!«, sagte Julian.

»Genau, der, der jeden von uns lieb hat, der alles gemacht hat, der zeigt auf einmal, wie lieb er uns wirklich hat: Er macht sich so groß wie ein Kind.«

»Na, eigentlich heißt das doch: Er macht sich so klein wie ein Kind!«, verbesserte Daniel seine Lehrerin.

»Bist du dir da sicher?«, Roswitha schaute fragend in die Runde.

»Na, eigentlich schon, denn er hätte doch als König kommen können, als Erwachsener«, antwortete Daniel.

»Wärst du schon gerne ein Erwachsener?«, fragte Roswitha zurück.

»Na ja, dann müsste ich ja schon arbeiten – und könnte mit meinen Freunden nicht spielen. Ich weiß nicht, hmmm ...« Daniel überlegte.

»Wisst ihr, ich glaube, dass Gott uns einfach zeigen will, dass man von Anfang an ein ganzer Mensch ist, dass man nicht erst als Erwachsener für voll genommen werden darf. Auch als Kind ist man schon wer. Kind sein, das gehört zum Leben dazu, und Gott hat das Leben gerne.«

»Auch, wenn es in einer windigen Krippe beginnt?« Julian rümpfte die Nase.

»Auch dann!« Roswitha blickte Julian ganz ernst in die Augen. »Das ist vielleicht überhaupt das Tolle an Gott: Er will uns sagen, selbst dann, wenn alles ganz fürchterlich aussieht, selbst dann ist er bei uns. Und damit wir das wirklich glauben können, hat er uns selbst das vorgezeigt und hat selbst als Mensch gelebt.«

»Und als Kind!«, rief Elisabeth.

»Ob Jesus auch einmal Bauchweh gehabt hat?«, fragte Nina. Und gleich darauf war eine heftige Diskussion im Gang, wie das mit dem Bauchweh gewesen sein könnte ...

Umsetzung

»Es ist ein winzig Menschenkind in unsre Welt geboren,
so freut euch, denn Gott hat die Lust an uns noch nicht verloren.«

So schreibt der Pfarrer und Dichter Lothar Zenetti. Was wir an Weihnachten vorab auf Jesus hin deuten, das gilt ebenso für die Geburt jedes Kindes, gleich zu welcher Zeit und gleich an welchem Ort. Durch die Geschichte angestoßen kann deshalb über das Jesuskind hinaus auf Kinder in aller Welt geblickt werden.

Vorbereitend können Kinder- oder Jugendgruppen Collagen mit Kinderbildern aus aller Welt erstellen. Solche Plakate können durchaus den Hintergrund der Krippe bilden (etwa Rückwand des Stalles oder auch eine Wand dahinter). Denkbar ist auch, dass Fotos mit Kinderköpfen ausgeschnitten (oder auch Scherenschnitte), dann in etwa rund geschnitten und wie Christbaumkugeln an die die Krippe umgebenden Christbäume gehängt werden – zusammen mit den üblichen Kerzen (jeweils zwei gleich große Köpfe als Vorder- und Rückseite kleben, damit beim Drehen immer das Bild eines Kindes sichtbar bleibt. Denkbar sind auch Girlanden mit Kinderbildern, die über den Stall der Krippe, an die Christbäume oder an andere Stellen der Kirche gehängt werden.

Auch an anderen Stellen in der Kirche (etwa im Vorraum) oder im Gemeindehaus oder Pfarrzentrum kann das Thema Kinder durch Collagen und vielfältige Informationen über das Leben von Kindern in anderen Völkern eingebracht werden. Dabei sind Bezüge zu Partnerschaften der Gemeinde mit Gemeinden in anderen Ländern möglich (von dort Fotos und anderes Material beziehen) oder auch zu Aktionen und Sammlungen der kirchlichen Hilfswerke.

Spannend ist auch eine bunt gestaltete Wand zum Thema »Kinder in unserer Gemeinde«. Hier können Fotos von Kindern, Hand- und/oder Fußabdrücke, kleine Texte und vieles andere in ein buntes Bild eingebracht werden. In die Mitte kann man vielleicht eine schöne Darstellung der Krippe malen (in leuchtenden Abtönfarben) oder auch ein Jesusbild aus der Kunst – Kinder um Jesus, Kinder, von Jesus angenommen (vgl. als möglichen Text Mk 10,13-16 Kindersegnung), Kinder in Gemeinschaft mit Jesus.

Im Gottesdienst bietet sich ein Krippengang der Kinder an. Dies kann zu Beginn oder nach der Geschichte und einem deutenden Gespräch über die Geschichte erfolgen oder auch am Ende. Dabei können die Kinder entsprechend den örtlichen Möglichkeiten sowohl etwas zur Krippe bringen (etwa ein Licht, einen Strohstern oder auch ein Foto von sich, das dann um die Krippe herum oder in den Christbäumen an der Krippe angebracht wird) wie auch etwas von der Krippe mitnehmen (etwa bei einem Krippengang am Ende des Gottesdienstes ... (ebenfalls eine Kerze oder ein Teelicht oder auch einen kopierten Spruch oder einen Schriftvers, etwa Mk 10,16: »Jesus nahm die Kinder in seine Arme, er legte ihnen die Hände auf und segnete sie.«). Ein schönes Zeichen kann es sein, wenn die Kinder vorab aus Tonpapier o. Ä. Blumen basteln, in die Blüten ihr eigenes Bild kleben, vielleicht ihren Namen dazu schreiben und dann solche Kinderblumen bei einem Krippengang zu einem Kinderblumenstrauß rund um das Jesuskind zusammenstellen. Dazu passt der Spruch des Volksgutes: »Wie sich die Sonne birgt in jeder Blume, birgt Gottes Antlitz sich in jedem Kind.«

Eine ungewöhnliche, aber dennoch sinnvolle Form, das Thema Kind mit einem Christgottesdienst zu verbinden, ist die Taufe eines Kindes. Was mancherorts in katholischen Gemeinden in der Osternachtsfeier inzwischen guter Brauch ist, ist für Weihnachten bisher noch nicht in den Blick gekommen. Dennoch bietet es sich vom Thema her an: Gott nimmt ein Kind in seine Gemeinschaft auf, er bettet es in seine Liebe ein. Sicher wird es schwer sein, eine Familie mit einem Täufling für diesen Gedanken zu begeistern, dennoch kann man es versuchen.

Auch könnte die traditionell erst am Sonntag nach Weihnachten in katholischen Kirchen vorgenommene Kindersegnung bereits in die Familienchristmette eingebettet werden (vielleicht mit Wasser zur Erinnerung an die Taufe vorgenommen). Wiederum würde der Blick der Gottesdienstteilnehmer nicht beim »Baby Jesus« hängen bleiben, sondern von Jesus her auf Kinder heute weitergeführt.

Ein Sprechspiel kann Kinder aus verschiedenen Ländern vorstellen (am besten von Kindern in entsprechenden Kostümen vorgetragen). Dabei können die Kinder Typisches aus ihren Ländern tragen und anschließend an der Krippe oder am Altar ablegen:

- Wong aus China bringt Reis in einer Schale: »Jesus, ich komme aus China. Ich bringe dir Reis. Du sollst keinen Hunger haben. Danke, dass du da bist.«
- Selama aus Äthiopien bringt ein Kreuz: »Jesus, ich komme aus Äthiopien. Dieses Land in Afrika nennt man das Land des Kreuzes. So habe ich dir ein Kreuz mitgebracht.«

- Pedro aus Guatemala bringt Bananen: »Jesus, ich komme aus Guatemala in Mittelamerika. Ich bringe dir Bananen. Sie sind süß und schmecken sehr gut.«
- Rahula aus Indien bringt einen kleinen Teppich: »Jesus, in Indien müssen viele Kinder schon früh und hart arbeiten. Ich habe dir einen Teppich mitgebracht, den ich selbst geknüpft habe.«
- Lobsang aus Tibet bringt eine Schale mit einem brennenden Licht: »Jesus, du bist das Licht der Welt. Ich bringe dir aus Tibet ein Licht. Es ist ein Zeichen, dass ich zu dir gehören will.«
- Hannah aus Deutschland bringt Brot: »Jesus, in Deutschland brauchen wir jeden Tag Brot zum Leben. Brot ist das gute Geschenk Gottes an uns.«

Auch die Lieder dieses Gottesdienstes können das Thema Kind und Gottes Zuwendung zum Kind aufgreifen. Das einfache Lied von Krenzer/Jöcker »Wir fangen an, fröhlich zu sein« ist zwar nicht explizit auf Weihnachten ausgerichtet, passt aber thematisch sehr gut in einen Christgottesdienst und kann von der Gemeinde auch ohne langes Proben gut mitgesungen werden. Ähnliches gilt für das Kindermutmachlied von Andreas Ebert »Wenn einer sagt: Ich mag dich ...«. Mehr auf das Jesuskind in der Krippe bezogen ist das Lied von Krenzer/Janssens »Komm mit mir, komm mit mir, wir gehen zum Stall«. Passend auch das schon ältere Lied von Kurt Rommel »Jesus hat die Kinder lieb«.

Das auf der folgenden Seite abgedruckte Lied »Als Jesus auf die Erde kam« von Martin Gotthard Schneider (aus: Sieben Leben möcht ich haben, Christophorus Verlag, Freiburg und Verlag Ernst Kaufmann, Lahr) thematisiert die durch Jesus begründete Solidarität zwischen Christen, somit auch zwischen den Kindern bei uns und überall in der Welt. (In diesem Zusammenhang ist je nach Ort ein Verweis auf die Sternsingeraktion angebracht, in der diese Solidarität in besonderer Weise gelebt wird.)

Ein weiterer Akzent in diesem Zusammenhang kann der Gedanke sein: »Durch Kinder bleibt die Schöpfung neu.« Gott schafft immer wieder neues Leben und bringt seine Liebe in die Schöpfung ein. An Jesus wird dieser andauernde Schöpfungsprozess als Zuwendung der Liebe Gottes zu den Menschen fokussiert deutlich.

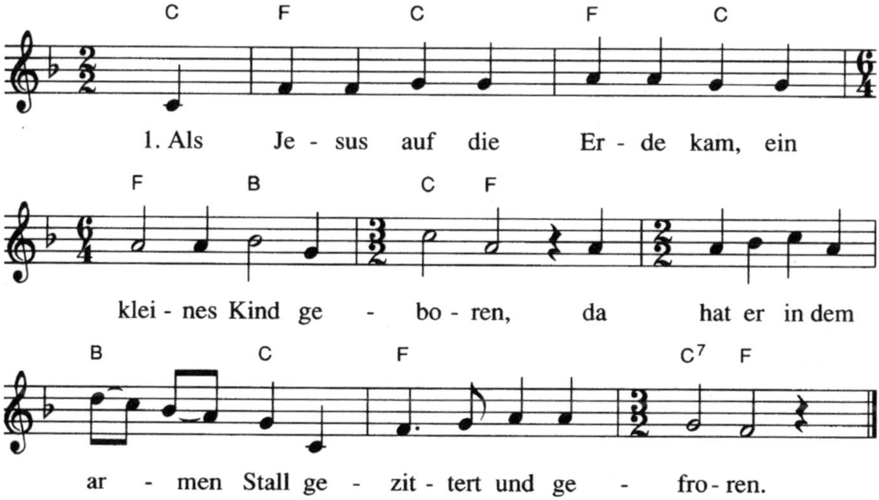

2. Auch heut gibt's Kinder in der Welt, die nichts zu essen kriegen,
die Armut leiden, nicht wie wir in weichen Betten liegen.
3. Dass es viel Not und Elend gibt, daran lasst uns jetzt denken,
wenn wir zur schönen Weihnachtszeit uns freuen und beschenken.
4. Denn Jesus sagt: Was ihr getan den Armen und Geringen,
das ist, als ob ihr's mir zulieb als Gabe wolltet bringen.
5. Drum gebt und helft, wo ihr es könnt, und lindert Not auf Erden.
So macht ihr Gottes Willen wahr. So kann es Weihnacht werden.

Fürbitten

Guter Gott, in jedem Kind zeigst du uns deine Liebe,
in jedem Kind entfaltet sich deine Schöpfung neu.
Wir denken in diesem Gottesdienst an Jesus, der als Kind zu uns kam.
Wir bitten für die Kinder überall auf der Erde:

- Jedes Kind hat das Recht auf gleiche Würde,
unabhängig von Rasse, Religion, Herkommen und Geschlecht.
Lass die Menschen in allen Ländern die Würde eines jeden Kindes achten.

- Jedes Kind hat das Recht
  auf eine gesunde geistige und körperliche Entwicklung.
  Hilf uns, dass wir Kinder auf ihrem Lebensweg fördern und schützen.
- Jedes Kind hat das Recht
  auf einen Namen und eine Staatsangehörigkeit.
  Lass jedes Kind Heimat und Geborgenheit finden.
- Jedes Kind hat das Recht auf genügende Ernährung,
  Wohnung und ärztliche und medizinische Betreuung.
  Hilf, dass durch Gerechtigkeit und Teilen der Hunger überwunden wird.
- Jedes Kind hat das Recht auf besondere Vorsorge,
  wenn es geistig und körperlich behindert ist.
  Lass uns Menschen mit Behinderung voll in unsere Gemeinschaft aufnehmen.
- Jedes Kind hat das Recht
  auf Liebe, Verständnis und Fürsorge.
  Hilf uns, dass wir allen Menschen in Liebe und Achtung begegnen.
- Jedes Kind hat das Recht auf Unterricht,
  auf Spiel und Erholung.
  Hilf allen Kindern, ihre Fähigkeiten zu entwickeln.
- Jedes Kind hat das Recht
  auf sofortige Hilfe bei Katastrophen und Notlagen.
  Wende alle Not und lass Menschen solidarisch zur Hilfe bereit sein.
- Jedes Kind hat das Recht auf Schutz
  vor Grausamkeit, Vernachlässigung und Ausnutzung.
  Vertreibe alles Böse in der Welt und stärke die Menschheit im Guten.
- Jedes Kind hat das Recht auf eine Erziehung im Geiste weltumspannender
  Geschwisterlichkeit und des Friedens und der Toleranz.
  Lass die Kinder in aller Welt sich als eine große Familie verstehen,
  die miteinander für die Zukunft der Erde und der Menschen zu sorgen hat.

Kinder verkörpern die Zukunft der Menschheit.
So stellen sie eine Hoffnung dar für alle.
Begleite, guter Gott, die Kinder unserer Erde
mit deinem Schutz und Segen.
So beten wir durch Christus, unseren Herrn. Amen.

nach der Erklärung der Rechte des Kindes durch die Vereinten Nationen

Dankgebet

Ein Kind ist uns geschenkt
von dir, o großer Gott,
ein Kind ist in unserer Mitte,
gesandt von dir, du Menschenfreund.
  Welches Glück, welche Freude,
  ein heiliger Anfang,
  eine Quelle neuen Lebens,
  ein sprudelnder Beginn,
  hervorbrechend aus dem Urgrund,
  aus deiner Lebenskraft.

Ein Kind ist uns geschenkt
von dir, o großer Gott,
ein Kind ist in unserer Mitte,
gesandt von dir, du Menschenfreund.
  Welche Hoffnung, welche Sehnsucht,
  ein Ausblick auf verheißenes Land,
  ein Ausstrecken nach deinem Reich,
  eine Sehnsucht nach deinem Segen,
  nach deiner Lebenskraft.

Ein Kind ist uns geschenkt
von dir, o großer Gott,
ein Kind ist in unserer Mitte,
gesandt von dir, du Menschenfreund.
  Welche Zuversicht, welcher Mut,
  aufbrechend aus neuem Anfang,
  geboren aus dem Mutterschoß,
  sich öffnender Gottessegen,
  gesegnetes Menschenleben
  in deiner Lebenskraft.

Ein Kind ist uns geschenkt
von dir, o großer Gott,
ein Kind ist in unserer Mitte,
gesandt von dir, du Menschenfreund.
Welches Spiel, welche Lust am Leben,
nichts Hartes, nichts Böses,
kein Leid, kein Tod,
nur buntes Leben,
Friedenswelt
mit deiner Lebenskraft.

Segensgebet

Segne unsere Kinder, du Gott des Lebens,
öffne ihre Augen für die Wunder deiner Schöpfung,
für die bunte Fülle des Lebens auf unserer Erde,
für die Schönheit deiner Geschenke.
Segne unsere Kinder, du Gott der Liebe,
öffne ihre Herzen für die Menschen überall,
für dein Ebenbild in allen Völkern,
für den bunten Strauß der Rassen und Stämme.
Segne unsere Kinder, du Gott der Hoffnung,
öffne ihre Hände für jeden Menschen in Not,
für die Bewahrung deiner Schöpfung,
für den Bau deines Reiches überall.
Segne unsere Kinder, du Gott des Friedens,
öffne ihr Leben hin auf dein Wort,
für das Band zwischen Erde und Himmel,
für die Gemeinschaft in deinem Reich.
So segne unsere Kinder und uns alle,
du menschenfreundlicher Gott,
der du uns nahe gekommen bist in Jesus, deinem Christus.
Es segne uns der Vater, der Sohn und der Heilige Geist. Amen.

Der kleine König

Einführung

Liebe Kinder, liebe Erwachsene,
Menschen müssen viele Wege gehen in ihrem Leben,
Wege, die über Höhen und Tiefen führen,
beschwerliche und leichte Wege.
Und niemand weiß, welche Wege noch vor ihm liegen,
niemand weiß, was die Zukunft ihm bringen wird.
Von einem langen Weg wird auch in der Geschichte erzählt,
die in der Mitte unseres heutigen Weihnachtsgottesdienstes steht.
Wir erinnern uns an das Evangelium von den drei Weisen aus dem Osten,
die nach einem langen Weg zu Jesus kamen
und ihm Geschenke brachten, um ihn zu ehren:
Gold, Weihrauch und Myrrhe.
Unsere Geschichte erzählt von diesen drei Weisen, von den drei Königen.
Aber da gibt es noch einen vierten König, den Kleinen König.
Und der erlebt ganz Seltsames auf seiner weiten Reise.
Mehr noch, er verändert sich auf seinem Weg.
Und das alles, weil ein Stern anfängt zu sprechen und zu tanzen.
Geschichten wollen uns bewegen,
etwas in unserem Herzen in Bewegung setzen,
unser Leben verändern,
uns Mut machen, aufzubrechen und neue Wege zu suchen.
Lassen wir uns durch die Geschichte vom Kleinen König ansprechen,
damit auch für uns ein Stern zu tanzen beginnt.

Gebete

Herr Jesus Christus,
der Stern war ein Wegweiser für die Weisen auf ihrem Weg zu dir.
Auch wir wollen uns auf den Weg zu dir machen.
Lass dein Licht über uns leuchten, und zeige auch uns den Weg.
Deshalb rufen wir zu dir:

- Jesus, du bist wie ein guter Stern,
  der uns auf dem Weg durch unser Leben begleitet.
  Herr, erbarme dich.
- Jesus, du bist wie ein guter Stern,
  der uns leuchtet auch in dunklen Stunden.
  Christus, erbarme dich.
- Jesus, du bist wie ein guter Stern,
  der uns das Ziel unseres Lebens zeigt.
  Herr, erbarme dich.

Der gute Gott erbarme sich über uns und behüte uns auf allen unseren Wegen.
Er lasse sein Angesicht über uns leuchten und sei uns gnädig.
Er wende sein Angesicht uns zu und schenke uns Heil
durch Christus, das Licht der Welt und unseren Herrn. Amen.

Guter Vater,
wir danken dir, denn du hast dein Licht aufgehen lassen in unserer Welt,
du hast uns deinen Sohn Jesus gesandt.
Er ist Mensch geworden und hat wie wir als Mensch gelebt.
Doch brachte er dein Licht und deine Herrlichkeit zu den Menschen.
Er schenkte dem Blinden das Augenlicht
und ließ es hell werden im Leben vieler.
Er ist wie ein Stern, dem wir folgen können,
der auch unser Leben hell machen kann.
Lass uns unsere Wege mit Jesus gehen,
damit auch wir anderen zum Licht werden,
zu Sternen auf ihrem Weg.
So beten wir durch Christus, unseren Herrn. Amen.

Herr Jesus Christus,
Finsternis bedeckt oft unsere Erde und Dunkel die Völker.
Sieh, Gewalt und Hass verdunkeln unser Leben,
Streit und Neid schließen uns ein wie in ein Gefängnis.
Lass dein Licht über uns aufgehen,
bringe die Herrlichkeit Gottes in unser Leben.
Vertreibe alle Dunkelheit und alles Leid,
schenke uns von deinem Licht,
vom Licht des großen und barmherzigen Gottes,
der sich uns in dir zugewandt hat,
der uns nahe ist in dir,
seinem Christus, unserem Herrn in Ewigkeit. Amen.

Geschichte

Der kleine König
Nach dem gleichnamigen Handpuppenspiel von Lene Mayer-Skumanz
Textgestaltung: Hermann-Josef Frisch

Ursprünglich waren nicht drei, sondern vier Könige aus dem fernen Morgenland aufgebrochen, um dem geheimnisvollen Stern zu folgen und dem neugeborenen König der Welt ihre Gaben zu bringen. Und der vierte von ihnen war der Kleine König. Weil er so klein war, kam er mit den drei anderen nicht so richtig mit. Außerdem gab es auf dem weiten Weg immer wieder etwas zu entdecken, was ihn aufhielt und beschäftigte.

So hatte keiner der anderen drei Könige den armen Mann gesehen, der in der kleinen Hütte am Wegrand lebte – nur der Kleine König. Keiner von den dreien hatte einen Blick in die armselige Hütte mit dem eingefallenen Dach geworfen – nur der Kleine König. Und auch keiner von den drei Großen Königen hatte das kranke Kind in dieser Hütte gesehen, das weinend in der Ecke auf einer schmutzigen Matte lag – nur der Kleine König. Als der Kleine König das alles sah, als er mit dem verzweifelten Vater sprach und feststellen musste, dass dieser kein Geld hatte, um die lebenswichtige Medizin für den kranken Jungen zu kaufen, da war ihm, als spräche jemand zu ihm, ganz leise, so dass nur er es hören konnte. Die Stimme kam von oben, und als der Kleine König aufblickte, da sah er wieder den Stern mit dem langen Schweif oben am Himmel stehen, den Stern, der sie aus ihrer Heimat bis hierher geführt hatte.

Der Kleine König zögerte nicht länger. Er zog sein großes Kamel am Lederriemen, drückte dem Vater den Riemen in die Hand und sagte: »Sei nicht so traurig, alles wird schon gut. Ich schenke dir mein Kamel. Das kannst du verkaufen. Es ist ein gutes und schnelles Kamel und wird viel Geld einbringen. Dafür kannst du Arznei für deinen Sohn kaufen und dir auch noch eine neue, schöne Hütte bauen.« Als der Vater Einwände hatte, fuhr der Kleine König fort: »Sorge dich nicht um mich. Ich komme schon weiter. Bin doch jung und habe flinke Füße.«

So wanderte der Kleine König bald ohne Kamel weiter, nur sein Diener folgte ihm mit einem Esel. Und es war dem König, als ob ihm der Stern mit dem Schweif vom Himmel herab zunickte.

So kamen sie in ein kleines Dorf. Wieder hielt der Kleine König an einer Hütte an, die etwas abseits von den anderen stand und ganz erbärmlich aussah. Eine alte Frau saß vor der Tür. Sie blickte den Kleinen König ängstlich und zugleich traurig an. Doch bald begann sie zu erzählen: von ihrem einzigen Sohn, der bei einem Unfall ums Leben gekommen sei, und dass sie nun ohne jeden Schutz und ganz hilflos zurückbleibe. Wovon solle sie denn leben, da sie doch allein die Felder und den Garten nicht mehr bestellen konnte?

Wieder war es dem Kleinen König, als ob eine Stimme von oben zu ihm sprach, und wieder leuchtete der Stern mit dem Schweif über ihm, er schien sich zu bewegen, als wolle er auf etwas zeigen. Der Blick des Kleinen Königs fiel auf seinen Diener, der sich am Sattel des Esels zu schaffen machte.

»Ich weiß eine Lösung für dich, alte Frau«, sagte der Kleine König. »Ich lasse dir meinen Diener mit seinem Esel hier. Der kann für dich sorgen, der kann dir helfen. Dann bist du nicht allein und ohne Schutz. Und die Felder bestellen, das soll er auch, ich werde es ihm sagen.«

Gesagt, getan. Und schon bald wanderte der kleine König weiter, alleine nun, ohne Kamel, ohne Esel und ohne Diener. Doch ihm war wiederum, als ob ihm der Stern mit dem Schweif vom Himmel herab zunickte.

Schließlich gelangte der Kleine König an einen Brunnen. Müde setzte er sich hin und betrachtete die Blasen an seinen Füßen. Dann schlief er ein.

Er wurde wach, als er das Geklapper von Wassereimern hörte: Ein Mädchen stand neben dem Brunnen. Es sagte zu sich selber: »Schon wieder ein König. Das ist jetzt der Vierte! Aber wie seltsam. Er ist ganz allein unterwegs, ohne Reittier, ohne Diener und ohne Gepäck. Der wird uns armen Dorfkindern nicht so viel schenken können wie die anderen drei, die vorige Woche vorübergezogen sind. Na, vielleicht hat er doch noch ein bisschen Gold und schenkt uns davon. Die Ernte war so schlecht in diesem Jahr, die Soldaten haben unsere Kühe weggetrieben, alle Kinder im Dorf haben Hunger.«

»Armes Mädchen«, sagte der Kleine König. »Natürlich werde ich dir etwas schenken. Aber mein Diener ist nicht mehr bei mir, und der trug mein ganzes Geld. Jetzt weiß ich gar nicht so recht, was ich dir schenken soll.«

Nachdenklich blickte er zu seinem Stern auf. Der blinkte und glitzerte am Himmel. Genauso schön wie meine Krone, dachte der Kleine König auf einmal. Und der Stern schien ihm zuzunicken.

Kurzentschlossen nahm sich der Kleine König die Krone vom Kopf, reichte sie dem Mädchen und sagte: »Da, nimm meine Krone und tausche Getreide und Kühe dafür ein! Wozu brauche ich eine Krone auf meinem Weg durch die Wüste und über die Berge! Sie hat mich doch nur gedrückt ... Die Krone ist das Einzige, was ich dir schenken kann.«

Das Mädchen strahlte vor Glück. »Alle Kinder im Dorf werden an dich denken, jeden Abend, wenn die Sterne kommen! Deine Krone strahlt wie die Sterne am Himmel.«

Der König stand auf. Ihm war jetzt leichter zumute als vor seiner Rast. Und das lag nicht allein daran, dass er nun keine schwere Krone mehr auf dem Kopf hatte. Ihm war, als klänge Musik in seinen Ohren oder besser: in seinem Herzen, Musik, die alles ganz leicht macht. Und als er seinen Blick nach oben richtete, war ihm so, als ob der Stern am Himmel zu dieser Musik tanzte.

Der Weg war weit und steinig, er führte hoch hinauf in die Berge. Dort war es kalt und ungemütlich. Der Kleine König setzte sich hinter einen hohen Baum, um auszurasten. Er kuschelte sich in seinen warmen Königsmantel und nickte bald ein.

Als er ein Geräusch hörte, sah er einen alten Mann neben sich kauern, einen Hirten. Seine Schafe kauerten sich in der Nähe auf einer Weide dicht aneinander. Trotz ihres Wuschelfells war ihnen kalt, so dass sie aneinander Wärme suchten.

Der alte Hirte klapperte mit den Zähnen vor Kälte. Er hatte einen zerrissenen Mantel an, der aus einem Sack genäht war, darunter einen alten Pullover mit vielen Löchern. Er schaute auf den Kleinen König und sagte: »Du gehörst sicher zu den drei Königen, die hier vorübergezogen sind. Sie sind jetzt schon unten in der Ebene, wo es wärmer ist als hier. Dort wachsen Obstbäume, und die Sonne scheint den ganzen Tag. Bist du ein Königsdiener oder der königliche Oberkoch vielleicht?«

Der Kleine König machte nur: »Hm!« Doch dann blickte er zu dem Stern mit dem Schweif hinauf. Der schien wieder zu tanzen und ihm zuzuwinken. Da dachte der König nach. Unten, in der Ebene, würde er ja doch nur in seinem warmen Mantel schwitzen. Vielleicht sollte er dem Schäfer seinen Königsmantel schenken? Der alte Mann braucht hier oben auf dem Berg etwas Warmes zum Anziehen. Der Kleine König nahm seinen Mantel, schaute ihn sich noch einmal gut an und reichte ihn dann dem Alten. »Schau, da hast du meinen Mantel. Dann frierst du nicht mehr so. Im Land da unten würde ich darin doch nur schwitzen.«

»Oh, du guter Herr!«, freute sich der alte Mann. »Ich dank dir tausendmal. So ein feiner warmer Mantel. Vor dem hat der kälteste Bergwind Respekt! Ich werde an dich denken, wenn ich bei meinen Schafen sitze, jeden Abend, wenn die Sterne hervorkommen.« Voll Freude kehrte der Hirte zu seinen Schafen zurück.

Dem Kleinen König aber war, als ob der Stern zu ihm sprach. Wie kann das sein, dachte der Kleine König, dass ein Stern sprechen kann? Wieso kann ich ihn verstehen? Da hörte er den Stern wieder: »Je weniger einer hat, desto besser versteht er mich.«

Je weniger einer hat ... Der Kleine König blickte an sich herunter. Kein Kamel, kein Esel, kein Diener, keine Krone, kein Königsmantel. Auf einmal wurde er ganz unsicher. Ob man mich wohl in den Palast des neugeborenen Königs hineinlassen wird – so armselig, wie ich aussehe?

»In welchen Palast?«, hörte er den Stern fragen. »Stellst du dir etwa das Haus des neugeborenen Heilands als Palast voller Pracht und Herrlichkeit vor?«

»Aber natürlich«, antwortete der Kleine König. »In einer goldenen Wiege wird er liegen. Auf seidenweichen Polstern, die mit Sternen und Blumen bestickt sind. Die Diener knien vor ihm und singen. Und seine Mutter, auf dem Thron von Elfenbein, winkt ihren Dienerinnen und sagt: Heute, bitte, Veilchenduftwindeln für meinen Sohn.«

Der Kleine König hörte den Stern kichern. Dann kam wieder die Stimme von oben: »Meinst du, dass einer die Menschen und die ganze Welt erlösen kann, der in einem goldenen Haus wohnt und sich bedienen lässt? Meinst du, dass einer die Not und die Schuld der Welt und sogar den Tod besiegen kann, ohne dass er selber die bitterste Not erlebt hat? Ohne dass er alle Schuld der Welt getragen hat? Ohne dass er – sein Leben hingibt?«

Dem Kleinen König lief es kalt den Rücken hinunter. Dass man so etwas überhaupt zu denken wagt. Dann aber machte er sich erneut auf den Weg.

Unterwegs dachte er: Wenn ich nur die anderen drei Könige erreichen könnte! Vielleicht nehmen sie mich in ihren Hofstaat auf. Ich bin ja jetzt so arm wie der ärmste Diener bei mir zu Hause. Vielleicht können die drei Könige aber einen Stallknecht oder einen Küchenjungen gebrauchen. Und er beeilte sich, voranzukommen. Der Stern aber begleitete ihn tanzend auf seinem Weg.

Nach langer Zeit erreichten die drei Könige das Ziel ihrer Reise, die Königsstadt, wo sie den neugeborenen König zu finden hofften. In ihrem Gefolge war seit einigen Tagen ein Junge, den sie als Stallknecht und als Gehilfen des Oberkochs angestellt hatten. Sie waren sehr zufrieden mit seinen Diensten, weil er sich sehr bemühte und ihnen in jeder Weise half. Mehr noch: Er schien ein besonderes Verhältnis zu dem Stern zu haben, der ihnen auf den Weg voranging. Immer wenn sie den Stern aus den Augen verloren hatten, war es der neue kleine Diener, der ihn wiedergefunden und ihnen gezeigt hatte.

So war es auch jetzt. Sie sahen zwar die große Stadt, aber sie sahen den Stern nicht mehr. Was sie gehofft hatten, war nicht eingetreten. Der Stern stand nicht über dem Königspalast der großen Stadt. Wo mochte er geblieben sein? Und wie war es mit der Verheißung, dass sie dort den neugeborenen König der Welt finden würden, wo der Stern stehen blieb?

Sie machten sich auf den Weg durch das Stadttor in die Stadt. Sie wollten im Palast nach dem neugeborenen König fragen. Ihr Gefolge, darunter ihr kleiner Diener, blieb vor der Stadtmauer zurück.

Nach einer Weile kehrten die drei Könige zurück, enttäuscht und traurig, denn im Palast hatte niemand etwas von einem neugeborenen König gehört und in der ganzen Stadt auch nicht. Wo nur war der Stern geblieben? Wohin sollten sie jetzt gehen?

Als sie zu ihrem Gefolge zurückkamen, lief ihnen ihr kleiner Diener entgegen. »Ihr Könige«, rief er ihnen zu, »ich habe den Stern gesehen. Er ist nicht hier, sondern dort, weit dort hinten. Nur ein winziges Sterngefunkel ist zu sehen – weit drüben über einer ganz kleinen Stadt, dort hinter den Schafweiden, die am Horizont zu erkennen sind.«

In Eile brachen alle auf und machten sich erneut auf den Weg. Noch vor der kleinen Stadt, inmitten der Schafweiden, stand ein kleiner Stall mit geschlossener Tür, armselig und unscheinbar. Die drei Könige wären glatt an ihm vorbeigeritten, wenn ihr kleiner Diener sie nicht angehalten hätte: »Halt doch! Seht ihr nicht den Stern über dem Stall? Hier ist es, kommt, ihr Herren, da ist der Ort, wo der Heiland geboren wurde!«

»Hier?«, staunte der erste König, »an diesem Haus wäre ich glatt vorbeigeritten. Aber wo ist der Stern?«

»Dort oben auf dem Dach«, sagte ihr kleiner Diener. Und dieses Mal sahen alle den Stern. Er schien zu tanzen und Purzelbäume zu schlagen. Ohne Zweifel, der Stern freute sich.

»Du hast uns geführt, kleiner Diener«, sagte der zweite König. »Weil du dem Stern vertraut hast und nicht deinen eigenen Wünschen.«

»Nun geht doch hinein«, sagte der kleine Diener. »Bringt dem Kind eure Gaben dar!« Er hielt seinen Herren die Tür des Stalls auf.

»Nun geh du zuerst«, sagte der dritte König. »Du hast uns hierher geführt.«

»Ich bin doch nur ein kleiner Diener«, war die Antwort.

Doch der dritte König ließ das nicht gelten: »Ich glaube, vor dem Heiland, der in diesem armen Stall zur Welt gekommen ist, sind alle Menschen gleich: Könige und Diener, Arme und Reiche. Er will uns alle erlösen. Glaub mir, jetzt sind wir alle vier nichts anderes als Diener, kleine Diener des großen Königs.«

Der dritte König schob den kleinen Diener vor sich her in den Stall. Der Stern aber oben hoch lugte durch die Ritzen des Daches: »Gut, dass dieses Dach so viele Ritzen hat. Oh, sie knien alle vor dem Kind. Maria und Josef freuen sich. Das Kind schaut mit großen Augen. Es schaut die drei Könige an, es schaut besonders den Kleinen König an, oh, und der freut sich! Wie ich mich mitfreue! Ich muss wieder vor Freude tanzen!«

Die Hirten aber auf den Schafweiden sahen ein seltsames Bild: Da tanzte doch auf dem alten Stall ein großer Stern mit einem langen Schweif.

Umsetzung

Als die drei Weisen das Kind in der Krippe gefunden hatten, fiel der Stern vom Himmel und lag vor ihren Füßen. Da sagte der Erste: »Endlich sind wir am Ziel.« Und der Zweite: »Für den Rückweg brauchen wir keinen Stern.« Der Dritte aber meinte: »Wir müssen den Stern wieder an den Himmel bringen, damit er allen den Weg zeigt.« (Volksgut)

Diese kleine Geschichte (einsetzbar etwa am Ende des Gottesdienstes) spielt mit der biblischen Tradition von den Weisen aus dem Osten und mit dem Symbol des Lichtes. Daran kann auch die Gestaltung des Gottesdienstes in Texten und Liedern anknüpfen – viele Weihnachtslieder sowohl der Tradition wie des neueren religiösen Liedguts greifen das Lichtsymbol auf.

In der biblischen Weihnachtsgeschichte (Matthäus 2,1-12) ist von Weisen aus dem Osten die Rede, ihre Zahl wird nicht genannt. Wegen der drei genannten Geschenke allerdings vermutete man schon bald drei Personen, wegen des Werts von Gold, Weihrauch und Myrrhe mussten es bedeutende Menschen, also etwa Könige sein. Später wurden ihnen die Namen Caspar, Melchior und Balthasar zugewiesen. Sie galten als die Vertreter der drei damals bekannten Kontinente Asien, Europa und Afrika und auch der drei Lebensalter Jugendlicher, erwachsener Mann und Greis.

Die Geschichte kann auf verschiedene Weise eingesetzt werden: als Text vorgetragen oder im Spiel durch Kinder oder mit Hand- und Stabpuppen dargestellt. Das erheblich längere Originalspiel findet sich in Lene Mayer-Skumanz, Peter Wesely, Das Weihnachtsbuch, Düsseldorf 1997.

Statt eines – recht aufwändigen – Spiels kann die Geschichte auch im Stil der mittelalterlichen Moritatensänger dargestellt werden. Dazu werden zu den einzelnen Wegstationen des Kleinen Königs Bilder gefertigt (möglichst von Kinder- oder Jugendgruppen), die passend zum Textvortrag gezeigt werden. Bei großen Kirchen lässt sich dies über Tageslichtfolien oder Dias dieser Bilder umsetzen.

Der Stern tanzt vor Freude. Dies kann Anlass sein, mit einer Kindergruppe (einem Kinderchor, einer Ballettgruppe ...) einen frohen und bewegten Tanz einzuüben und in der Kirche aufzuführen (etwa vor der Krippe als Verehrung des Jesuskindes und als Dank an Gott). Vielleicht lassen sich zu einem rhythmischen Weihnachtslied auch Bewegungen überlegen, die von der ganzen

Gottesdienstgemeinde (Kinder wie Erwachsene) übernommen werden (eine kleine Gruppe als »Vorturner« vor der Krippe oder im Altarraum ist hilfreich). Geeignet ist etwa der Refrain des Sternsingerliedes »Heller Stern in der dunklen Nacht ... Gott hat Licht in die Welt gebracht«.

Man kann daran anknüpfen, dass die traditionellen Drei Könige als Vertreter unterschiedlicher Völker gedeutet werden. So bringen Kinder, vielleicht in entsprechender Kleidung und geschminkt, in einem Sprechspiel Lichter zur Krippe und ermuntern zum Gebet für unterschiedliche Gruppen von Menschen:

- Lasst uns den Kindern in Lateinamerika Licht bringen, die bereits früh arbeiten müssen und oft ohne Eltern sind.
- Lasst uns den Kindern in Afrika Licht bringen, die oft unter Hunger und Krieg leiden und die kaum Hoffnung auf eine bessere Zukunft haben.
- Lasst uns den Kindern in Asien Licht bringen, die oft nicht wissen, woher sie das Lebensnotwendige nehmen sollen.
- Lasst uns den Kindern Ozeaniens Licht bringen, die eine unsichere Zukunft haben und oft nicht zur Schule gehen können.
- Lasst uns den Kindern Europas Licht bringen, die im Überfluss leben, aber oft die Bindung an Gott verloren haben.
- Lasst uns den Familien bei uns Licht bringen, denen es oft schwer fällt, die Liebe und den Frieden zu bewahren.
- Lasst uns den alten Menschen bei uns Licht bringen, die manchmal verbittert und einsam sind.
- Lasst uns den Kranken bei uns Licht bringen, die leiden und Schmerzen haben und auf eine Besserung hoffen.
- Lasst uns auch uns selber ein Licht bringen, damit wir, gestärkt von Gott und Jesus, zum Licht für andere werden können.

Zwei weitere Stichworte, die im Zusammenhang mit der Geschichte stehen, bieten Anregungen für weitere Gestaltungsmöglichkeiten, die hier nur angedeutet werden können. Zum einen das Thema »Vieles verschenken, um frei zu werden für sich selber«. Der Kleine König verschenkt vieles, ja alles, was sein Leben bislang ausgemacht hat. Er wird dadurch frei für etwas Neues, er wird frei zum Dienst an den Menschen. Wie kann eine solche Haltung heute bei unseren Lebensverhältnissen aussehen? Wie lassen sich heute durch Teilen und Schenken nicht nur Not wenden, sondern auch eigenes Glück finden?

Zum anderen das Thema »Weg«, ein Grundsymbol jeder Religion und des menschlichen Lebens überhaupt. Der Kleine König hatte einen weiten Weg zu gehen, aber er besteht die Herausforderungen, denen er unterwegs begegnet, und findet so zu seinem Ziel. Welche Herausforderungen warten auf unseren Wegen? Wo sind unsere Wege schwierig, wo leicht, wo sehen wir ein Ziel für unser Leben?

Traditionell werden die Drei Könige und damit auch das Sternsingerbrauchtum in der Kirche des Westens mit dem 6. Januar in Verbindung gebracht. Dadurch wurde es möglich, die unterschiedlichen Weihnachtsgeschichten in ihrer Dramaturgie zu entzerren und auf einen Zeitraum von zwei Wochen zu verteilen. Dennoch ist es denkbar, dass dort, wo es Sternsinger in einer Gemeinde gibt, sie bereits in den Weihnachtsgottesdienst in ihren Kostümen kommen, also selber zuerst zu Jesus finden, bevor sie mit ihren Liedern die Botschaft von Jesus zu den Menschen ihres Wohnortes bringen. Hier bieten sich je nach örtlicher Gestaltung der Sternsingeraktion viele Bezugspunkte zur Geschichte vom Kleinen König an.

Fürbitten

Aus der Ferne kamen die Weisen auf einem langen Weg zu Jesus.
Die Weisen, die Drei Könige, stehen für die Völker der Erde,
die sich auf den Weg machen, Jesus zu suchen und zu finden.
Lasst uns in den Fürbitten heute besonders für die Kinder in aller Welt beten
und so zeigen, dass wir über alle Grenzen hinweg eine Gemeinschaft sind
in Jesus, dem neugeborenen König der Welt.
Zu ihm rufen wir:

- Wir beten für die Kinder in Asien und Ozeanien,
  die eine unsichere Zukunft haben,
  die sich aber dennoch unbeschwert auf die Suche nach Gott
  und nach dem Glück der Menschen machen.
  Sei du ihnen der Stern ihres Lebens.
- Wir beten für die Kinder in Afrika,
  die oft unter Krieg, Hunger und Elend leiden,

die aber dennoch die Gemeinschaft untereinander pflegen
und Gott mit ihren Liedern und Tänzen ehren.
Sei du ihnen der Stern ihres Lebens.

- Wir beten für die Kinder in Lateinamerika,
die oft schon früh arbeiten müssen
und durch ihre Arbeit Sorge für ihre Familien tragen,
die dennoch aus der Hoffnung leben, dass es mit Gottes Hilfe besser wird.
Sei du ihnen der Stern ihres Lebens.
- Wir beten für die Kinder in Europa,
deren Lebensunterhalt gesichert ist, ja die im Überfluss leben,
die oft wenig von Gott wissen,
aber dennoch auf der Suche sind, wie ihr Leben gelingen kann.
Sei du ihnen der Stern ihres Lebens.
- Wir beten für die Menschen in allen Völkern überall auf der Erde,
für Groß und Klein, Arm und Reich,
dass sie nach Wegen des Friedens und der Gerechtigkeit suchen
und in dir, Jesus, zu einer Gemeinschaft werden.
Sei du ihnen der Stern ihres Lebens.

Ja, Herr, so bitten wir dich, unseren Freund und Bruder,
sei du für alle Menschen der Stern ihres Lebens
heute und alle Tage bis in Ewigkeit. Amen.

Dankgebet

Unterwegs, den Herrn zu suchen,
den erhofften und ersehnten,
lang erwarteten Herrn der Welt,
trauen wir, Gott, deiner Führung,
du bist uns voraus auf allen Wegen.
Herr, unser Gott, wir danken dir.
Unterwegs, dem Sterne folgend,
klares Licht in dunkler Nacht,
hin zum Ziel, zum Herrn der Welt,

sehen wir, Gott, deine Klarheit,
du schenkst Licht in Dunkelheit.
Herr, unser Gott, wir danken dir.
Unterwegs, auf langer Reise,
oft beschwerlich, mühevoll,
vorwärts hin zum Herrn der Welt,
spüren wir, Gott, deine Stärke,
du gibst Kraft, reichst deine Hand.
Herr, unser Gott, wir danken dir.
Unterwegs, stets weiterschreitend,
voller Hoffnung und Vertrauen,
glaubend an den Herrn der Welt,
hoffen wir, Gott, auf dein Erbarmen,
zeige uns dein gelobtes Land.
Herr, unser Gott, wir danken dir.

Segensgebet

Lass deinen Stern über uns aufgehen
und segne uns, du guter Gott.
Lass dein Licht in unser Leben scheinen
und segne uns, du herrlicher Gott.
Lass dein Angesicht uns Freude schenken
und segne uns, du menschenfreundlicher Gott,
Lass deine Hände um uns sein
und segne uns, du barmherziger Gott.
Lass deine Gegenwart uns ganz erfüllen
und segne uns, du großer Gott.
Lass deine Liebe unser Leben bestimmen
und segne uns, du gütiger Gott.
So begleite uns mit seinem Segen,
an diesem Fest und an jedem Tag,
der Vater, der Sohn und der Heilige Geist. Amen.

Der kleine Hirte und der große Räuber

Einführung

Liebe Kinder, liebe Erwachsene,
ein schlauer Mensch hat einmal gesagt:
»Jesus Christus hat wenig Interesse daran,
dass wir Weihnachten feiern.
Er hat aber ein brennendes Interesse daran,
dass wir so leben, dass zu spüren ist,
es hat einmal eine Weihnacht gegeben.«
Weihnachten – so glauben Christen – hat die Welt verändert,
durch die Geburt Jesu hat Gott mit den Menschen neu begonnen.
Weihnachten – so glauben Christen auch – soll weiterhin die Welt verändern.
Weil Gott mit uns neu begonnen hat,
sollen wir uns verändern, zu neuen Menschen werden,
zu Menschen, die nun mit anderen neu beginnen.
Um einen Menschen, der sich ganz und gar verändert,
geht es in der weihnachtlichen Geschichte, die wir gleich hören werden.
Da erfährt einer Liebe und Zuwendung,
und so werden die Gewalt und der Neid gebrochen.
Da spürt einer einen neuen Anfang,
und das gibt ihm Mut und Kraft zu einem neuen Leben.
Da sieht einer auf Jesus,
und er beginnt, sich an diesem Jesus zu orientieren.
Jesus kann Menschen verändern –
auch uns!

Gebete

Jesus, du Gott und Mensch, zu dir rufen wir:

- Jesus, du zeigst uns den guten Gott,
  in dir wird Gott sichtbar.
  Herr, erbarme dich.
- Jesus, du zeigst uns, wie Menschen leben sollen,
  in dir wird wahres Menschsein sichtbar.
  Christus, erbarme dich.
- Jesus, du zeigst uns das Ziel unseres Lebens,
  in dir werden Gott und Menschen verbunden.
  Herr, erbarme dich.

Der gute Gott, der uns in Jesus nahe gekommen ist,
stärke das Gute in uns,
damit wir seine Liebe in unsere Welt tragen.
Er vertreibe alles Böse in uns,
damit wir in Frieden leben können.
Er festige das Band zwischen ihm und den Menschen,
damit wir gut unseren Weg gehen
und in Jesus zum Ziel unseres Lebens finden.
Darum bitten wir durch Christus, unseren Herrn.

Überall bist du zugegen,
verborgen in unserer Mitte,
du Mensch gewordener Gott.
Überall begegnest du uns,
verborgen in vielen Menschen,
du Mensch gewordener Gott.
Überall begleitest du unsere Wege,
hältst uns in deinen guten Händen,
du Mensch gewordener Gott.
Öffne unsere Augen und Herzen
für dein verborgenes Wirken
auch in unserem Leben.

Jesus, du Licht von Gott,
in dieser Nacht bist du geboren,
bist Mensch geworden mitten unter uns.
Du bist Gottes Wort in unsrer Mitte,
sein Licht und seine Herrlichkeit.
So lass dein Licht aufstrahlen auch in unserem Leben,
damit wir zu neuen Menschen werden
und das Alte zurücklassen.
Mach uns zu Menschen deines Friedens,
verändere uns durch deine Liebe,
mach neu unsere Herzen,
du unsere Hoffnung.

Geschichte

Lene Mayer-Skumanz
Der kleine Hirte und der große Räuber

In jener Nacht, als die Schafweide vom Glanz der himmlischen Boten ganz erfüllt war, hörte auch ein kleiner Hirte die Nachricht von der Geburt des Gottessohnes. Er stand auf, rollte seine Decke zusammen, füllte einen Krug mit Milch und packte Brot und Schinken in ein Bündel. Das alles wollte er dem göttlichen Kind als Geschenk mitbringen. Voller Freude machte er sich auf den Weg nach Betlehem.

In dieser Gegend hauste ein großer Räuber. Von seiner Höhle aus sah er den hellen Schein über der Schafweide. Er hörte jubelnden Gesang, aber er konnte die Worte nicht verstehen. Er dachte: »Die feiern ein Fest, ich aber sitze hier allein in meiner Höhle, und mein Magen knurrt vor Hunger. Ich will mich anschleichen und sehen, was ich rauben kann.«

Kaum war der große Räuber aus seiner Höhle herausgekommen, da musste er sich hinter einem Baum verstecken. Denn einer nach dem anderen zogen die Hirten an ihm vorbei. Sie schleppten Körbe mit Käse und Honig, sie trugen Rucksäcke voll Wolle, und einer führte sogar ein Lamm mit sich. Der Letzte in der Reihe war der kleine Hirte. Er ging langsam, denn seine Last war schwer. In der einen Hand trug er das Essensbündel, in der anderen den Krug, und die Rolle mit der Decke hatte er sich um die Schultern gelegt. Der Räuber sah den Abstand zwischen dem Hirten und seinen Gefährten immer größer werden.

»Das ist mir recht«, dachte der große Räuber. Und er schlich dem kleinen Hirten nach und lauerte auf eine Gelegenheit, ihn zu überfallen.

In dieser Nacht aber herrschte ein seltsames Kommen und Gehen auf allen Wegen. Gerade die Ärmsten im Lande konnten nicht schlafen. Viele krochen aus ihren Hütten, sahen zum Himmel hinauf und fragten, ob etwas Besonderes geschehen sei. Auch ein alter Mann stand vor seiner Tür, als der kleine Hirte vorüberging. Der alte Mann schlug die Hände um seinen Leib und klapperte mit den Zähnen.

»Was ist mir dir?«, fragte der kleine Hirte.

»Ich friere«, sagte der alte Mann. »Vor Kälte kann ich nicht schlafen.«

Da nahm der kleine Hirte die Decke von seinen Schultern und gab sie dem alten Mann. »Nimm nur«, sagte er. »Dem kleinen Gottessohn ist es sicher recht, wenn du seine Decke hast.«

Der große Räuber, der dem kleinen Hirten nachgeschlichen war, ärgerte sich. »Schenkt der die Decke her, die ich rauben will!«, dachte er.

Bald darauf fand der kleine Hirte ein Mädchen, das saß vor seiner Hütte und weinte.

»Was ist mit dir?«, fragte er.

»Ich habe Durst«, klagte das Mädchen. »Vor Durst kann ich nicht einschlafen. Und der Weg zum Brunnen ist weit und finster.«

Der kleine Hirte gab dem Mädchen den Krug mit der Milch. »Nimm nur«, sagte er. »Dem kleinen Gottessohn ist es sicher recht, wenn du seine Milch trinkst.«

Das Mädchen freute sich, aber der Räuber, der dem kleinen Hirten nachgeschlichen war, ärgerte sich noch mehr. »Schenkt der die Milch her, die ich rauben will!«, dachte er. »Ich muss mich beeilen, dass ich wenigstens das Bündel erwische.«

Und sein hungriger Magen knurrte ganz laut in der stillen Nacht. Bei der nächsten Wegbiegung sprang der Räuber mit einem gewaltigen Satz auf den kleinen Hirten los.

Der kleine Hirte sah den großen Räuber an. »Ist das dein Magen, der so schrecklich knurrt?«, fragte er. »Die ganze Zeit schon höre ich dieses Knurren hinter mir. Du armer Mann, du tust mir Leid. Da nimm und iss! Dem kleinen Gottessohn ist es sicher recht, wenn ich dir sein Essen gebe.«

Der Räuber aß das Brot und den Schinken und ließ nicht das kleinste Stückchen übrig, aber es wurmte ihn, dass er das Essen geschenkt bekommen hatte.

»Jetzt muss ich mit leeren Händen vor dem kleinen Gottessohn stehen«, sagte der Hirte ein bisschen traurig. »Aber hingehen und ihn begrüßen will ich doch und ihm sagen, dass ich mich über seine Geburt freue.« Und er erzählte dem Räuber, was die himmlischen Boten verkündet hatten.

Der Räuber dachte: »Wenn Gottes Sohn geboren ist, kommen bestimmt auch alle reichen Leute, und es wird ein herrliches Fest. Ob da für mich was abfällt?«

»Komm doch mit!«, sagte der kleine Hirte mitten in die Gedanken des großen Räubers, und der große Räuber ging mit ihm.

Als sie aber in Betlehem angekommen waren, staunte der Räuber sehr. Denn da fanden sie nur einen Stall, in dem die Hirten ein- und ausgingen, und eine junge Mutter, die aus der Hirtenwolle eine kleine Decke webte, und einen armen Mann, der Bretter zu einem kleinen Bett zusammenfügte. Das göttliche Kind lag in einer Krippe, mit nichts als ein bisschen Stroh und ein paar Windeln unter sich.

»Diesem Kind habe ich das Brot und den Schinken weggegessen«, dachte der große Räuber und schämte sich.

»Schau, mein Jesuskind«, sagte die Mutter Maria, »da ist ein kleiner Hirte zu dir gekommen; er hat dir einen großen Räuber mitgebracht.« Die Mutter Maria lächelte den kleinen Hirten an, und der verstand auf einmal, dass er doch nicht mit leeren Händen gekommen war. Und die Mutter Maria lächelte den großen Räuber an, und der war ganz verwirrt und dachte: »Da stimmt etwas nicht! Große Räuber tun keinem Leid, bekommen nichts geschenkt und werden von niemandem angelächelt. Mir scheint, ich bin gar kein großer Räuber mehr.«

»Mir scheint, du könntest ein großer Hirte werden«, sagte da die Mutter Maria. »Du bist so stark. Starke Hirten braucht man immer.«

»Ich will's versuchen«, brummte der große Räuber, der eigentlich schon keiner mehr war. Und sie verabschiedeten sich und gingen den Weg zu der Schafweide zurück; ein kleiner Hirte und ein großer Hirte.

Umsetzung

Die Geschichte kann mit einer Kindergruppe gut gespielt werden. Dies kann als pantomimisches Spiel parallel zu einer Erzählerstimme geschehen, die den Text langsam und mit entsprechenden Pausen für das Spiel vorliest. Man kann den Text aber auch leicht so umschreiben, dass sich der Spielablauf ganz aus dem (gegenüber dem Originaltext erweiterten) Dialog der Mitspielenden ergibt.

Entscheidend ist die Wandlung des großen Räubers zu einem großen Hirten, eine Lebenswende, eine Bekehrung also. Sie sollte man durch szenische Mittel sichtbar werden lassen. Das kann etwa durch eine Lichtführung geschehen, bei der der Räuber zuerst im Dunkeln bleibt und dann immer mehr angestrahlt wird, bis er am Ende ganz im Hellen steht, vielleicht in rotes und gelbes Licht getaucht. Man kann ihm ebenso einen Wendeumhang geben, der zu Beginn außen braun oder schwarz ist, am Ende gedreht aber eine helle Farbe zeigt.

Die Geschichte ist ausgesprochen gut für eine Verklanglichung geeignet. Dabei sollten dem Räuber wie dem kleinen Hirten jeweils eigene Instrumente zugeordnet werden. Die Bewegungen im Spiel (Schrittfolgen, Überreichen von Gegenständen) lassen sich dann leicht umsetzen. Durch hohe (kleiner Hirte) und tiefe Instrumente (großer Räuber) lassen sich zudem Charakterisierungen wiedergeben. Die Verklanglichung sollte am Ende in ein fröhliches Gemeindelied einmünden.

Wo in einer Gemeinde entsprechende künstlerische Fähigkeiten vorhanden sind, kann der Text in eine Moritat umgewandelt werden: Große Bilder in eher karikierendem Stil werden zu den einzelnen Szenen der Geschichte gemalt und hintereinander auf ein Flipchart angebracht. Ein Moritatensänger erzählt in einer einfachen Melodieführung die Geschichte dadurch, dass er die Bilder erklärt. Dies kann – bei nicht ausreichenden gesanglichen Fähigkeiten – auch in gesprochener Form geschehen. Durch Bild und Text wird die Aufmerksamkeit der Gottesdienstteilnehmer erhöht. Statt vorgefertigter Bilder aus einer Hand können auch Kindergruppen in differenzierter Gruppenarbeit eine Bilderfolge fertigen und diese dann selber im Gottesdienst nacheinander zeigen, so dass sich eine Bildleiste mit der Abfolge der Geschichte ergibt.

Die entscheidende Aussage der Geschichte, dass Menschen sich durch »geschenkte Liebe« verändern können und dass die Haltung des Schenkens dem

Willen Jesu entspricht (»Dem kleinen Gottessohn wird es sicher recht sein ...«), kann durch eine Zeichenhandlung innerhalb des Spiels der Kinder sichtbar werden. Zu Spielbeginn trägt der kleine Hirte ein rotes, umgehängtes Pappherz, der Räuber dagegen ein schwarzes. An entscheidenden Stellen (beim kleinen Hirten etwa beim Wegschenken der Decke, der Milch oder des Brotes, beim großen Räuber etwa bei seinen neidischen Gedanken) werden die Herzen gut sichtbar gehalten. Am Ende dann erhält der große Räuber (vielleicht an der Krippe) ebenfalls ein rotes Herz (oder das schwarze wird umgedreht: Er verändert sein Leben).

Mit dieser Symbolik kann die Geschichte dann auf Situationen von Menschen (besonders Kindern) heute umgesetzt werden. Es werden einzelne Situationen durch kurze Erzählung, Spiel oder Bild dargestellt, wo Menschen sich nicht richtig verhalten, wo es Konflikte und Probleme gibt. Solchen Beispielen wird jeweils ein schwarzes Herz zugeordnet. Als Gegenüberstellung folgen Beispiele, wie durch Veränderung von Verhalten etwas Gutes werden kann, entsprechend werden rote Herzen zugeordnet und die schwarzen entfernt. Solche Beispiele kann man mit den im Gottesdienst anwesenden Kindern auch im Predigtgespräch erarbeiten und ihnen dann für die jeweils genannten Beispiele schwarze oder rote Herzen übergeben.

Auch können die drei in der Geschichte genannten Gaben symbolisch verstanden und in konkrete Beispiele umgesetzt werden: Was kann uns heute eine Decke sein, die uns wärmt, was ist uns »Milch oder Brot zum Leben«? Von hier aus lässt sich gut eine Brücke zu gemeindlichen Hilfsaktionen oder etwa zu den großen kirchlichen Hilfswerken Brot für die Welt, Adveniat und Misereor schlagen.

Fürbitten

Ein afrikanisches Lied singt folgenden Text:
»Gehet in Frieden, Gott wird euch selber begleiten.«
An Weihnachten hoffen wir darauf,
dass wir Menschen uns ändern,
dass wir neu Schritte zum Frieden tun,

weil Gott uns begleitet und die Kraft dazu gibt.
Deshalb bitten wir:

- Lass uns Schritte des Friedens tun
  und uns bemühen, zu neuen Menschen zu werden
  aus dem Geist Jesu und nach deinem Willen.
- Lass uns Schritte des Friedens tun
  und das Gute in uns stärken,
  damit wir ein Herz für andere Menschen haben.
- Lass uns Schritte des Friedens tun
  und deine Barmherzigkeit widerspiegeln
  durch ein Leben der Güte und der Liebe.
- Lass uns Schritte des Friedens tun
  und bereit werden, miteinander zu teilen
  unser Brot, unsere Liebe, unser Leben.
- Lass uns Schritte des Friedens tun
  und einander helfen, zu Menschen des Friedens zu werden,
  die ein Zeichen der Hoffnung sind für unsere Welt.

Gott, erbarme dich über uns Menschen,
denn wir sind auf deine Liebe angewiesen,
so wie wir Brot zum Leben brauchen.
Komm uns immer wieder neu nahe
in Jesus Christus, deinem Sohn, dem neugeborenen Herrn der Welt. Amen.

Dankgebet

Lass mich entdecken, Gott, das Gute in mir,
lass mich erkennen, wie ich deinen Willen leben kann,
lass mich spüren, was du mir an Kraft geschenkt hast,
und lass mich dann dir dafür Dank sagen.
Lass mich erahnen, Gott, das Böse in mir,
lass mich aufmerksam werden für das, was mich fesselt und einengt,
lass mich meine Schwächen überwinden,
und lass mich dann dir dafür Dank sagen.

Lass mich, Gott, einen neuen Weg finden,
lass meine Schritte von dir geführt werden,
lass meine Augen ein Ziel am Horizont erkennen,
  und lass mich dann dir dafür Dank sagen.
Lass mich, Gott, von dir verändert werden,
lass mich ergriffen sein von deiner Liebe,
lass mich werden zu einem Spiegel deiner Liebe,
  und lass mich dann dir dafür Dank sagen.
Lass mein Herz froh werden, Gott, über dich,
lass mein ganzes Leben erfüllt sein mit deiner Freude,
lass mich jauchzen über dich, meinen Gott,
  und lass mich dir Dank sagen mein Leben lang.

Segensgebet

Der Segen Gottes sei um uns her.
Er umspiele uns wie die Strahlen der Sonne,
er sei uns ein Licht, das unser Herz hell macht,
er sei uns ein Regenbogen aus bunten Farben, die Freude schenken,
er sei uns ein Feuer, das uns aufwärmt,
er sei uns ein Haus, in dem wir geborgen sind,
er sei uns ein Schiff, das uns durch das Meer des Lebens trägt,
er sei uns ein Schirm, der uns behütet,
er sei uns ein Stab, der uns stützt und Halt gibt,
er sei uns ein Wasser, das uns erfrischt,
er sei uns ein Brot, das Kraft und Mut gibt.
Der Segen Gottes sei um uns her,
der Segen des Vaters, des Sohnes und des Heiligen Geistes. Amen.

Der Engel mit dem Gipsarm

Einführung

Liebe Kinder, liebe Erwachsene,
»Jeder kann ein Engel sein«,
so lautet das Thema unseres diesjährigen Weihnachtsgottesdienstes.
Jeder kann ein Engel sein,
wenn er sich an Jesus ausrichtet,
wenn er versucht, wie Jesus zu handeln und zu denken,
sich wie Jesus anderen Menschen zuzuwenden.
In diesem Gottesdienst kommen wir zusammen,
um an Jesus zu denken.
Wir feiern heute nicht allein seinen Geburtstag,
wir feiern zugleich, dass dieser Jesus der Heiland ist für alle Menschen.
Er bringt Heil und Glück,
er verändert unsere Welt,
er lässt das Licht Gottes aufstrahlen in unserer Mitte.
Weil das so ist,
deshalb ist die Krippe in Betlehem heute gleichsam der Mittelpunkt der Welt,
das Zentrum, von dem Licht ausstrahlt in alle Dunkelheit,
die Mitte, von der die Liebe Gottes die Menschen aller Völker erreicht.
Und damit sind wir wieder bei den Engeln:
Wer sich der Liebe Gottes öffnet,
wird selber zu einem Boten von Gottes Liebe,
er wird zu einem Engel:
Jeder kann ein Engel sein.

Gebete

Jesus, du bist der Heiland aller Welt,
in dir erfüllen sich die Hoffnungen der Menschen,
in dir wird Gott unser Freund und Wegbegleiter.
Deshalb rufen wir zu dir:

- Jesus, zu dir dürfen alle Menschen kommen,
  Jung und Alt, Arm und Reich ohne Unterschied,
  du nimmst alle an.

  Herr, erbarme dich.
- Jesus, du bist der Bruder aller Menschen,
  du machst aus uns eine einzige Familie,
  die neue Familie Gottes.

  Christus, erbarme dich.
- Jesus, du weist niemanden zurück,
  du hast ein offenes Herz für jeden,
  du rufst uns in deine Gemeinschaft.

  Herr, erbarme dich.

Der große und geheimnisvolle Gott
hat sich in Jesus, seinem Christus, den Menschen zugewandt
und ihnen so Hoffnung und Freude geschenkt.
Er wende sich auch uns zu und zeige uns sein Erbarmen,
in diesem Gottesdienst und alle Tage unseres Lebens
bis in Ewigkeit. Amen.

Gott, du unser Vater,
wir alle sind deine Kinder,
wir erhalten von dir Leben und Liebe.
Entzieh uns nicht deine Zuwendung,
sondern bleibe uns nah.
Mach dich sichtbar in Jesus, deinem Sohn,
zu dem wir uns bekennen.
Mach dich sichtbar mitten in unserem Leben
durch Menschen, die Jesus folgen

und die wie Engel sind in unserem Leben.
Mach auch uns zu Engeln für andere,
so dass du sichtbar wirst in uns,
so dass deine Liebe aufscheint in unseren Herzen.
Darum bitten wir durch Christus, unseren Herrn.

Jesus, du bist die Mitte unserer Gemeinschaft.
Du bist wie Brot zum Leben,
wie Wein für ein großes Fest.
Du bringst die Liebe Gottes in unser Leben,
du machst uns so reich an Freude und Glück.
Lass uns dir folgen, zu deinen Boten werden,
zu Engeln, die deine Botschaft weitertragen in unsere Welt
heute und alle Tage unseres Lebens. Amen.

Geschichte

Renate Schupp
Der Engel mit dem Gipsarm

Jetzt will ich euch erzählen, wie Dang Fratzer einmal einen Weihnachtsengel spielte.

Dang Fratzer geht in die dritte Klasse zu Frau Timm. Aber er sieht anders aus als die anderen Kinder. Seine richtigen Eltern waren Vietnamesen. Dang ist in Vietnam geboren. Das ist ein ganz fernes Land auf der anderen Seite der Erde.

Als Dang zur Welt kam, wütete dort gerade ein schrecklicher Krieg. Niemals möchte ich einem Kind wünschen, dass es in einem Land zur Welt kommt, in dem gerade Krieg ist. Etwas Schlimmeres kann man sich nicht denken.

Dangs Eltern und alle seine Geschwister und Verwandten wurden von den Soldaten getötet. Nur er allein blieb übrig.

Zum Glück war Dang noch ganz klein und begriff nichts. Jemand brachte ihn in ein Waisenhaus. Und eines Tages fuhr er mit anderen Waisenkindern auf einem Schiff nach Deutschland und kam in ein Kinderheim hier in unserer Stadt.

Dort sahen ihn Fratzers. Sie hatten ihn gleich so lieb, dass sie ihn mit sich nach Hause nahmen und später adoptierten. Fratzers haben keine eigenen Kinder. So ist Dang ihr Kind geworden. Er sagt Papa und Mama zu Herrn und Frau Fratzer und ist ebenso gut deutsch wie jedes andere Kind in der Straße.

Von Vietnam und vom Krieg weiß er nichts mehr. Nur nachts hat er manchmal schlimme Träume. Dann schlägt er um sich und schreit. Aber am Morgen hat er alles vergessen und ist wieder vergnügt.

Als Frau Timm nach den Herbstferien anfing, mit der Klasse ein Krippenspiel einzuüben, wollte Dang unbedingt den Verkündigungsengel spielen. Der Verkündigungsengel – das ist der, der den Hirten auf dem Feld die Geburt des Jesuskindes verkündet. Die ganze Klasse lachte, als Dang sich dafür meldete. Und Marion Holzapfel, die unter allen Umständen selber den Engel spielen wollte, rief: »Quatsch! Ein Junge kann doch kein Engel sein!«

»Kann er doch!«, antwortete Dang eigensinnig. »Schließlich heißt es *der* Engel!«

Und am anderen Tag kam er an und verkündete: »Mein Papa sagt, in der Bibel sind die Engel überhaupt immer nur Männer und haben Männernamen.«

»Aber sie sehen nicht vietnamesisch aus!«, rief Marion. »Sie haben helle blonde Haare und eine liebliche Stimme.«

Das mit der Stimme sagte sie, weil Dang eine raue, brummelige Stimme hat.

Aber am nächsten Tag meldete sich Dang wieder und erklärte: »Mein Papa sagt, in den biblischen Geschichten steht gar nichts davon, wie Engel aussehen und was sie für Stimmen haben.«

»Das stimmt«, gab Frau Timm zu. »Da hat dein Papa Recht.«

Und um die Sache endlich zu entscheiden, machte sie zwei Loszettel – einen leeren und einen, auf dem »Engel« stand. Sie ließ Dang und Marion ziehen. Und es war Dang, der gewann. Marion zog den leeren Zettel und sollte bei den himmlischen Heerscharen mitsingen, weil sie eine liebliche Stimme hat. Sie war so enttäuscht! Dang aber war der eifrigste Verkündigungsengel, der jemals in der Kirche herumgeschwebt war. Ja, es sah wirklich fast so aus, als ob er schwebte, wenn er in dem weißen Gewand, das seine Mutter ihm genäht hatte, hinter dem Altar hervortrat und mit hochgereckten Armen die himmlische Botschaft verkündigte.

Doch eines Tages kam er zur Probe und hatte den linken Arm in Gips. Stellt euch vor, er hatte heimlich vom Garagendach aus »Fliegen« geübt, weil er dachte, es wäre nützlich für einen Engel, wenn er wenigstens ein ganz klein wenig fliegen könnte. Leider war er bei der Landung so ungeschickt aufgekommen, dass er sich den Arm gebrochen hatte.

Frau Timm hörte sich die Geschichte an und schüttelte bekümmert den Kopf.

»Ich kann mir ja wirklich alle möglichen Arten von Engeln vorstellen«, sagte sie, »Jungen oder Mädchen, schwarz oder weiß oder vietnamesisch. Aber einen Engel mit einem Gipsarm? Wie willst du denn nun die Arme ausbreiten, wenn du den Hirten die Botschaft verkündest?«

Marion Holzapfel kam herbeigestürzt und rief: »Jetzt kann Dang nicht mehr der Engel sein, nicht wahr, er kann kein Engel mehr sein?«

Aber Dang schob sie zur Seite und sagte zu Frau Timm: »Mein Papa sagt, es kommt nicht darauf an, ob ein Engel die Arme ausbreiten kann oder nicht. Es kommt auf die Botschaft an. Und die kann ich sagen!«

Und er riss den Mund auf und ließ die Backenmuskeln spielen, damit jeder sehen konnte, wie gut sein Mund in Ordnung war.

Frau Timm seufzte. »Na schön«, sagte sie. »Aber pass gut auf, dass dir bis zur Aufführung nicht noch ein Zahn herausfällt.«

Das versprach Dang.

So geschah es, dass in diesem Jahr der Verkündigungsengel schwarze, struppige Haare hatte, vietnamesisch aussah und den rechten Arm in einer Schlinge trug. Die Leute, die am Heiligen Abend in die Kirche kamen und sich das Krippenspiel anschauten, wunderten sich ein wenig darüber. Manche dachten wohl, es sei noch gar nicht der richtige Verkündigungsengel. Aber dann erhob er seine Stimme und sagte: »Fürchtet euch nicht! Siehe, ich verkündige euch große Freude, die allem Volk widerfahren wird; denn euch ist heute der Heiland geboren, welcher ist Christus, der Herr, in der Stadt Davids.«

Da begriffen die Leute, dass alles seine Richtigkeit hatte.

Umsetzung

Die Geschichte bietet zwei inhaltliche Schwerpunkte, die bei einer gottesdienstlichen Umsetzung hervorgehoben werden können: »Zu Jesus dürfen alle kommen« und »Jeder kann ein Engel sein«.

Christen bilden eine weltweite Gemeinschaft, der Glaube an Jesus verbindet Menschen aller Völker und Kulturen. Gegen alle Vorurteile (etwa: »Engel dürfen nicht vietnamesisch aussehen«) setzen Christen darauf, dass durch Jesus eine übergreifende Gemeinschaft gebildet wird. Dies kann man an vielen einzelnen Jesusgeschichten festmachen, wo sichtbar wird, wie er gesellschaftliche Vorurteile und Ausgrenzungen überwindet. Solche Geschichten können in einen Zusammenhang mit der Weihnachtsgeschichte gebracht werden.

So ist es denkbar, dass man nach einem Gespräch über die Geschichte in einem Spiel unterschiedliche Personen zur Krippe kommen lässt, die später im Leben Jesu in eine Beziehung zu ihm traten, etwa:

- Zachäus: »Ich darf zu dir kommen, Jesus. Du siehst nicht auf meine Schuld, sondern schenkst mir neue Gemeinschaft.«
- Der Blinde: »Ich darf zu dir kommen, Jesus. Du lässt mich nicht in der Dunkelheit, sondern schenkst meinen Augen neues Leben.«
- Der Gelähmte: »Ich darf zu dir kommen, Jesus. Du lässt mich nicht regungslos zurück, sondern schenkst mir neue Bewegungsfreiheit.«
- Der Aussätzige: »Ich darf zu dir kommen, Jesus. Du wendest dich nicht von mir ab wie alle anderen Menschen, sondern machst mich heil durch dein Wort.«
- Petrus: »Ich darf zu dir kommen, Jesus. Du achtest nicht darauf, dass ich nur ein einfacher Fischer bin, sondern traust mir etwas zu.«
- Nikodemus: »Ich darf zu dir kommen, Jesus. Du verstehst mein Fragen und Suchen und gibst meinem Leben neuen Sinn.«
- Der kleine Junge bei der Großen Speisung: »Ich darf zu dir kommen, Jesus. Du achtest auch die Kinder, selbst wenn wir nur wenig bringen können.« ...

Solche biblischen Gestalten können zudem etwas zur Krippe bringen, was für sie typisch ist – den Geldbeutel des Zachäus, den Blindenstock des Blinden, die Bahre des Gelähmten, die Bettelschale des Aussätzigen, das Fischernetz des Petrus, das Buch des Nikodemus, das Brot des kleinen Jungen ...

In einem zweiten Schritt werden diese Personen durch weitere ergänzt, die aus unserer Lebenswelt stammen. So könnten im Spiel auftreten:

- Kinder aus allen Völkern, möglichst in entsprechenden Kostümen,
- notleidende Menschen, ebenfalls mit Zeichen ihrer Not (Bettelschale, Krückstock, Hörgerät ...),
- einzelne Kinder aus der Gemeinde, die eine Kleinigkeit zur Krippe bringen (Lichter, die zu einem Kreis um die Krippe zusammengestellt werden, Strohhalme oder Strohsterne, die auf einer Flanelltafel als schönes Muster angebracht werden, Blumen, die zu einem Strauß zusammengesteckt werden, vielleicht auch ein Geldopfer, das für einen bestimmten sozialen Zweck [vorher bekanntgeben] eingesetzt wird).

»Jeder kann ein Engel sein.« Was in der Geschichte als Einstieg nur angestoßen wird, sollte im Predigtgespräch oder in weiterführenden Spielen näher ausgeführt werden. Was bedeutet es, für andere ein Engel zu sein? In welchen Lebenssituationen ist dies möglich?

Dabei ist es gut, wenn man dieses Thema mit Kinder- oder Jugendgruppen bereits vor Weihnachten anspricht und aus diesem Gespräch Beispiele und eventuell auch Spielszenen hervorgehen lässt. Als Einstieg dazu kann das bekannte Gedicht von Rudolf Otto Wiemer genutzt werden: »Es müssen nicht Männer mit Flügeln sein, die Engel«. Wer sind von da aus Engel in unserem Umfeld? Wo erfahren wir Hilfe von anderen, Zuwendung, die ungeschuldet ist, Trost, der uns aufhilft? Und umgekehrt: Wem können wir ein Engel sein?

Denkbar ist auch, dass man in Kindergruppen oder Schulklassen kleine Texte verfassen lässt: »Wo ich einmal ein Engel war«. Dabei geht es nicht um »braves Verhalten« von Kindern, sondern um den Einsatz für andere Menschen.

Engel werden im Raum der Bibel als Boten Gottes verstanden, die die damals geglaubte große Kluft zwischen Gott und den Menschen überbrücken können. Dabei sind sie selber nicht so wichtig, erscheinen auch in unterschiedlicher Weise, etwa der Engel Rafael im Buch Tobit, der bis zu seiner Selbstoffenbarung am Ende des Buches unerkannt als Mensch die Wege des Tobias begleitet.

»Es kommt nicht darauf an, ob ein Engel die Arme ausbreiten kann oder nicht. Es kommt auf die Botschaft an.« An Weihnachten ist die Botschaft durch den Verkündigungsengel oder auch durch den Gesang der Engel auf dem Hirtenfeld eindeutig benannt: »Heute ist euch der Heiland geboren, Christus, der Herr.« Doch sind durchaus auch andere Botschaften von Engeln denkbar. So könnte man mit Kindern überlegen, welche Botschaft Gott den Menschen sagen möchte, und dann im Gottesdienst verschiedene Engel von verschiedenen Stellen der Kirche aus einzelne Sätze dieser Botschaft vortragen lassen, etwa die folgenden »Guten Worte Gottes an uns«:

- Gott sagt: Ich habe dich lieb, Mensch.
- Gott sagt: Ich freue mich, dass du geboren bist.
- Gott sagt: Hab keine Angst, ich bin bei dir.
- Gott sagt: Ich habe dich beim Namen gerufen, du bist mein.
- Gott sagt: Ich habe dich in meine Hände eingeschrieben.
- Gott sagt: Ich bin da für dich ...

Vielleicht gibt man den Kindern (oder allen Gottesdienstbesuchern) am Ende des Gottesdienstes auch ein solch gutes Wort Gottes mit auf den Heimweg. Es kann in eine Zeichnung kopiert werden: Stern, Kerze, Blume, Wolke, Hand ...

Fürbitten

Herr, du hast uns diese Welt anvertraut,
in deinem Auftrag dürfen wir sie gestalten.
Als deine Boten leben wir in unserer Welt,
als deine Engel können wir von deiner Liebe künden,
als deine Engel können wir den Menschen begegnen.
So beten wir:

- Lass uns einander zu Engeln werden,
  wo Menschen hungern nach Brot und nach einem Sinn für ihr Leben.
  Lass uns Hungrige speisen und ihnen zum Brot werden.
- Lass uns einander zu Engeln werden,
  wo Menschen dürsten nach Wasser und nach Liebe.
  Lass uns Durstige tränken und ihnen neues Leben schenken.
- Lass uns einander zu Engeln werden,
  wo Menschen dem Elend und der Ungerechtigkeit ausgesetzt sind.
  Lass uns Nackte bekleiden und Barmherzigkeit üben.

- Lass uns einander zu Engeln werden,
  wo Menschen in der Fremde leben, obdachlos sind oder auf der Flucht.
  Lass uns Fremde beherbergen und ihnen eine neue Heimat geben.
- Lass uns einander zu Engeln werden,
  wo Menschen gefangen sind in Elend und Not, in Egoismus und Hass.
  Lass uns Gefangene erlösen und ihnen die Freiheit schenken.
- Lass uns einander zu Engeln werden,
  wo Menschen krank sind und am erfüllten Leben gehindert.
  Lass uns Kranke besuchen und ihnen gute Wegbegleiter sein.
- Lass uns einander zu Engeln werden,
  wo Menschen von vielfältigem Tod bedroht sind.
  Lass uns Tote begraben und zu Zeugen der Hoffnung werden.

So beten wir zu dir, guter Gott,
durch Jesus, deinen Sohn, der dein Bote geworden ist auf unserer Erde
und zu dem wir uns bekennen,
heute und alle Tage unseres Lebens bis in Ewigkeit. Amen.

nach den sieben Werken der Barmherzigkeit

Dankgebet

Die Liebe ist das Höchste,
sagt Paulus,
die Liebe hört niemals auf.

Bei allem, was Menschen tun,
was sie schaffen und vollbringen,
darf die Liebe niemals fehlen.

Bei allem, was das Leben prägt,
was auch immer geschieht an jedem Tag,
die Liebe entscheidet über alles.

Bei allem, was dir begegnet,
was auf dich trifft ein Leben lang,
ohne Liebe ist alles wertlos.

Bei allem, was du dir zum Ziel setzt,
bei deinem ganzen Lebensplan,
vergiss die Liebe nicht.

Bei allem, was du anfängst,
was du beginnst an jedem Morgen,
gib der Liebe einen Platz.

Bei allem, was du sprichst und denkst,
was du in Gang setzt mit deiner Kraft,
die Liebe hält allem stand.

Die Liebe ist das Höchste,
sagt Paulus,
die Liebe hört niemals auf.

> Danke für die Liebe, guter Gott,
> danke für deine Liebe,
> danke für unsere Liebe.

Segensgebet

Gott, der Vater, wohne mit dem Reichtum seiner Liebe
in unserem Haus alle Tage unseres Lebens.
Gott, der Sohn, bewahre und stärke uns in der Liebe
und zeige uns Wege, die Liebe zu leben.
Gott, der Geist, erfülle uns mit seinem Segen,
damit wir als Gesegnete einander zum Segen werden.
So segne uns Gott, der Vater, der Sohn und der Heilige Geist. Amen.

Hans Peters schönstes Weihnachtsgeschenk

Einführung

Liebe Kinder, liebe Erwachsene,
an diesem Abend seid ihr ganz aufgeregt
und sicher freut ihr euch schon auf die Geschenke,
die es gleich nach diesem Gottesdienst bei der Bescherung geben wird.
Was werdet ihr bekommen?
Wird euer Wunschzettel erfüllt werden?
Gibt es vielleicht eine Überraschung, an die ihr überhaupt nicht denkt?
Und was unter all den vielen Dingen ist euer schönstes Weihnachtsgeschenk?
Um ein Geschenk geht es auch in der Geschichte, die wir gleich vorlesen.
Um etwas, das doppelt geschenkt wird,
das aber schließlich zum schönsten Weihnachtsgeschenk wird –
und dies sogar für zwei Menschen,
für zwei Kinder, die sich noch nie gesehen haben.
Geschenke können Menschen verbinden,
schaffen Gemeinschaft und schenken Freude.
Vielleicht steht das hinter dem Satz, den Christen sagen:
Gott beschenkt uns mit seinem Sohn Jesus.
Er will Gemeinschaft mit uns Menschen,
er will uns Freude schenken,
er will, dass unser Leben gelingt.
So lasst uns miteinander an diesem Abend Christus feiern,
das gute Geschenk Gottes an uns,
die Mitte unserer Gemeinschaft.

Gebete

Jesus, du bist Gottes gutes Geschenk an uns Menschen.
Du bringst uns Gottes Liebe.
Du schaffst eine neue Gemeinschaft zwischen Gott und den Menschen.
Deshalb rufen wir zu dir:

- Jesus, du kommst zu allen Menschen,
  zu Weißen und Schwarzen, Gelben und Roten.
  Du überspringst alle Grenzen.
  Herr, erbarme dich.
- Jesus, du kommst zu allen Menschen,
  zu Reichen und Armen, Jungen und Alten.
  Du bist für alle der Retter und Heiland.
  Christus, erbarme dich.
- Jesus, du kommst zu allen Menschen,
  zu Gesunden und Kranken, Traurigen und Fröhlichen.
  Du bringst allen Gottes Frieden und Freude.
  Herr, erbarme dich.

Barmherziger Gott,
in Jesus zeigst du uns deine Liebe und dein Erbarmen.
In ihm schenkst du uns Freude und Gemeinschaft mit dir.
So sei uns Menschen nahe mit deiner Güte und Menschenfreundlichkeit
heute und alle Tage unseres Lebens bis in Ewigkeit. Amen.

Guter Gott,
so viele Geschenke gibt es in diesen Tagen,
große und kleine, bekannte und überraschende.
Sie sind Zeichen der Liebe zwischen Menschen,
Zeichen dafür, dass Menschen zusammengehören
und füreinander sorgen.
Auch du beschenkst uns immer wieder:
Du schenkst uns das Leben,
du schenkst uns die Güter der Erde,
du schenkst uns die Liebe der Menschen.

Vor allem aber schenkst du uns Jesus.
Er ist das beste Geschenk unseres Lebens,
er ist das Zeichen deiner Liebe,
er ist unser Herr in Ewigkeit. Amen.

Jesus,
in diesem Gottesdienst hören wir von deiner Geburt.
Wir freuen uns, dass du Mensch geworden bist
und mitten unter uns Menschen gelebt hast.
So hast du uns die Hoffnung gegeben,
dass es besser werden kann in unserer Welt –
dann, wenn Menschen sich an dich binden
und nach deinem Willen leben.
Hilf uns dazu. Amen.

Geschichte

Mira Lobe
Hans-Peters schönstes Weihnachtsgeschenk

Hans-Peter hatte zu Weihnachten zwei genau gleiche Teddybären geschenkt bekommen, einen von der Großmutter und einen von Onkel Fritz.

»Du kannst ja einen umtauschen«, sagte Hans-Peters Mutti.

»Nein!«, gab Hans-Peter zur Antwort, »einen werde ich verschenken. Und zwar an einen Jungen, der so alt ist wie ich. An irgendeinen Jungen.«

»Und wie heißt der Junge, wo wohnt er denn?«

»Wie er heißt, weiß ich nicht. Und er wohnt ... er wohnt ... er wohnt in Indien.«

Der Vater lachte: »Wie soll der Teddybär nach Indien kommen?«

Hans-Peter dachte nach. Und weil er in Hamburg wohnte und Hamburg eine Stadt ist, die einen großen Hafen hat mit vielen Schiffen, fiel ihm etwas ein:

»Gibt es nicht Schiffe, die nach Indien fahren?«

»Die gibt es«, sagte der Vater.

»Dann bitten wir einen Kapitän, der nach Indien fährt, er soll den Teddy mitnehmen.«

»Das machen wir«, sagte der Vater, »und pack den Teddy gut ein, denn bis Indien hat er eine weite Reise.«

Hans-Peter ging mit dem Vater zum Hafen. »Liegt hier ein Schiff, das bald nach Indien fährt?«, fragten sie. Ein Matrose zeigte auf einen Dampfer, und so kletterten sie den Laufsteg hoch.

»Guten Tag, Kapitän«, sagt Hans-Peters Vater, als sie den Kapitän gefunden hatten, »mein Junge möchte einem kleinen Jungen in Indien seinen Teddybären schicken. Können Sie ihn mitnehmen?«

»Den Teddy oder den Jungen?«, lachte der Kapitän. Er hatte weiße Zähne im braunen Gesicht.

»Den Teddy natürlich«, sagte Hans-Peters Vater, »den Jungen möchten wir gerne behalten.«

Der indische Kapitän sagte, er wolle den Teddy gern mitnehmen. Und dann sagte er, dass er zu Hause in Indien selbst einen kleinen Jungen habe, und ob der den Teddy bekommen könnte.

Hans-Peter überlegte. Dann fragte er: »Ist das dein Schiff?«

»Ja, das ist mein Schiff.«

»Dann bist du reich«, sagte Hans-Peter, »dann kannst du deinem Jungen selbst einen Teddy kaufen. Mein Junge ist nicht reich, der hat keinen Teddy, und er kriegt auch keinen, wenn ich ihm nicht einen schicke.«

»Gut«, sagte der Kapitän, »es gibt genug arme Jungen in Indien.« Er ließ sich Hans-Peters Namen und Adresse sagen, und dann gingen Hans-Peter und sein Vater nach Hause.

Sie dachten, der Junge in Indien würde einen Brief schreiben, dass der Teddy gut angekommen sei. Aber es kam kein Brief. Auch keine Karte. Nichts, gar nichts. Es verging viel Zeit, und Hans-Peter dachte nicht mehr an den Jungen in Indien.

Es wurde wieder Weihnachten. Ein ganzes Jahr war vergangen. Eine Stunde vor der Bescherung klingelte es. Hans-Peter ging und öffnete. Draußen stand der indische Kapitän und brachte ein kleines Paket für Hans-Peter und einen Brief. Den musste er übersetzen, denn er war indisch geschrieben:

Lieber Hans-Peter!

Ich habe dein Geschenk bekommen und danke dir sehr dafür. Ich schicke dir ein Tongefäß mit Reis. Lass ihn dir gut schmecken. Das Gefäß hat mein Vater gemacht. Er ist Töpfer. Außerdem schicke ich dir noch eine Kette aus bunten Federn. Diese Kette habe ich selbst gemacht. Bei uns gibt es viele Vögel mit solchen Federn.

Es grüßt dich dein Freund Sadhu.

Hans-Peter bekam viele schöne Geschenke an diesem Weihnachtsabend. Die schönsten waren für ihn das Tontöpfchen mit dem Reis und die Vogelfederkette. Er trug die Kette den ganzen Abend und sagte jedem, der es hören wollte: »Die hat mir mein Freund Sadhu aus Indien geschickt!«

Umsetzung

Zum Thema Schenken vgl. auch die Geschichte »Jakob malt ein Weihnachtsbild« und dort die Umsetzung auf Seite 58ff.

Man kann sich fragen, was die Geschichte von Mira Lobe mit einem christlichen Weihnachtsgottesdienst zu tun hat. Vordergründig geht es dabei doch um Geschenke, die sich Menschen zu Weihnachten machen. Doch hinter den Geschenken stehen Haltungen. Hans-Peter hätte den zweiten Teddy auch umtauschen können, aber er will ihn weiterschenken an ein Kind, das nicht so viel besitzt wie er. Damit handelt er – vielleicht unbewusst – aus dem Geist jüdisch-christlichen Glaubens: »Wer zwei Gewänder hat, der gebe eines davon dem, der keines hat« (Lukas 3,11). Ein weiterer Gedanke der Geschichte betont die Freundschaft zwischen Menschen aus verschiedenen Völkern. Es wird hier eine weltumspannende Gemeinschaft von Menschen sichtbar.

Für Christen verbindet sich der Brauch des Schenkens an Weihnachten mit der Besinnung auf Jesus, den Christen als das gute Geschenk Gottes ansehen. So kann die Vielzahl der Weihnachtsgeschenke durchaus den Blick auf das Eigentliche verstellen (vgl. die Zeichnung auf Seite 60), sie kann aber auch Ausdruck der Freude darüber sein, dass Gott uns beschenkt hat. Christen schenken, weil sie sich als von Gott Beschenkte fühlen. »Denn Gott hat die Welt so sehr geliebt, dass er seinen einzigen Sohn hingab ... Denn Gott hat seinen Sohn nicht in die Welt gesandt, damit er die Welt richtet, sondern damit die Welt durch ihn gerettet wird« (Johannes 3,16-17).

In vielen Weihnachtsgeschichten wird davon erzählt, wie die Hirten, die Weisen (Könige) oder auch andere Menschen dem Jesuskind etwas als Geschenk mitbringen, meist nur kleine Dinge, aber die »von Herzen geschenkt«. Daran kann das folgende Spiel anknüpfen, bei dem Kinder Verschiedenes zur Krippe bringen:

- Kind 1: Ich bringe ein Licht. Denn aufgestrahlt ist uns ein Licht mitten in der Dunkelheit unserer Welt. Die Finsternis der Nacht zerbricht, denn unser Gott ist bei uns in Jesus.
- Kind 2: Ich bringe einen Stern. Denn seht, ein Stern ist aufgegangen, als Christus zur Welt gekommen ist, ein Stern der Hoffnung und der Freude, ein Stern des Friedens und der Liebe, denn unser Gott ist bei uns in Jesus.
- Kind 3: Ich bringe einen selbst gebastelten Engel. Denn Engel, als Boten von Gott gesandt, haben uns die Botschaft vom Frieden auf Erden gebracht, vom Kind, das in unserer Mitte geboren wurde, denn unser Gott ist bei uns in Jesus.
- Kind 4: Ich bringe eine Christrose. Denn sie blüht auch bei Eis und Schnee, mitten in der Kälte des Winters. Dort, wo die Beziehungen von Menschen vereist sind, blüht die Liebe neu auf, denn unser Gott ist bei uns in Jesus.
- Kind 5: Ich bringe einen grünen Zweig. Denn auch wenn alles tot erscheint, wenn Bäume und Sträucher kahl sind und auch unsere Hoffnungen verdorrt, geschieht ein neuer Anfang, denn unser Gott ist bei uns in Jesus.
- Kind 6: Ich bringe eine goldene Krone. Denn dieses Kind, so ohnmächtig und armselig in der Krippe, ist der Herr der Welt, der König aller Völker, der Heiland aller Menschen, denn unser Gott ist bei uns in Jesus.
- Kind 7: Ich bringe eine Kugel vom Christbaum. Sie deutet auf die Erde, auf die vielen Menschen und Völker, die auf der Erde leben. Und für alle ist dieses Kind geboren, allen wird Gottes Heil zuteil, denn unser Gott ist bei uns in Jesus.
- Kind 8: Ich bringe ein Kreuz. Denn wer zur Krippe gehen will, darf das Kreuz nicht übersehen. Dieser Jesus ist Licht für alle Menschen, weil Gott ihn auch am Kreuz nicht allein gelassen, sondern von den Toten auferweckt hat. So ist uns das Kreuz ein Zeichen der Hoffnung, denn unser Gott ist bei uns in Jesus.

Diese Beispiele können durch weitere ergänzt werden; möglich sind etwa: ein Fisch als Jesuszeichen, Wasser als Zeichen des Lebens, auch Brot und Wein für die Eucharistie oder das Abendmahl ...

Wo nicht solch unterschiedliche Dinge gebracht und gedeutet werden sollen, können auch alle Kinder etwas zur Krippe mitbringen. Das kann ein kleines Symbol sein (etwa ein Teelicht), es kann aber auch eine unmittelbare Verbindung zur Geschichte dadurch geschaffen werden, dass die Kinder Geschenke für notleidende Kinder mitbringen. Je nach den örtlichen Möglichkeiten einer direkten Hilfe vor Ort (Sammlung von Spielzeug) oder einer Hilfsaktion in der Ferne (dann besser ein Geldgeschenk) muss hier entschieden werden.

Ebenso können die Kinder auch Menschen aus unterschiedlichen Ländern darstellen, die für ihr Land Typisches zur Krippe bringen (vgl. den Vorschlag auf Seite 83f.).

Eine besondere Gestaltung bedarf der Vorbereitung in einer Kinder- oder Jugendgruppe: Die Kinder malen Bilder von Kindern aus anderen Ländern oder schneiden entsprechende Fotos aus; sie können auch mit einfachen Mitteln (Stoffreste ...) entsprechende Puppen basteln. Diese Bilder oder Puppen bringen sie dann mit entsprechenden Erklärungen zur Krippe und integrieren sie in die Gestaltung der Krippe. Wo dies nicht möglich ist, können sie ihre Bilder und Puppen auch in einem großen Christbaum anbringen (statt des traditionellen Schmucks) und so deutlich machen, dass zu Jesus Menschen aus allen Völkern kommen können.

Hans-Peter schenkt nicht nur einen Teddy, sondern mit diesem Spielzeug sich selber. Dies hat Joachim Ringelnatz in einem kleinen Gedicht so ausgedrückt:

»Schenke herzlich und frei. Schenke dabei, was in dir wohnt an Meinung, Geschmack und Humor. So dass die eigene Freude zuvor dich reichlich belohnt. Schenke groß oder klein, aber immer gediegen. Wenn die Bedachten die Gaben wiegen, sei dein Gewissen rein. Schenke mit Geist, ohne List. Sei eingedenk, dass dein Geschenk du selber bist.«

Entsprechend könnten die Kinder auch ein Symbol zur Krippe bringen, mit dem sie ausdrücken, dass sie sich selber dem neugeborenen Kind schenken – ein aus rotem Tonpapier geschnittenes Herz etwa oder auch ein Passbild mit ihrem Namen ...

Fürbitten

Herr, du bist unser Helfer und Retter,
du wendest dich in Liebe uns Menschen zu,
du hast dich uns ganz geschenkt,
dein Leben gegeben für uns.
Deshalb bitten wir:

- Wenn einer von uns allein gelassen wird,
  dann schenke du ihm deine Hilfe:
  Schenke ihm Menschen, die ihn in ihre Gemeinschaft aufnehmen
  und die ihn so annehmen, wie er ist.
- Wenn einer von uns traurig ist,
  dann schenke du ihm deine Hilfe:
  Schenke ihm Menschen, die ihn trösten
  und die ihm helfen, seinen Kummer zu überwinden.
- Wenn einer von uns mutlos ist,
  dann schenke du ihm deine Hilfe:
  Schenke ihm Menschen, die ihm neue Hoffnung geben
  und die ihn auf seinem Weg begleiten.
- Wenn einer von uns Leid zu tragen hat,
  dann schenke du ihm deine Hilfe:
  Schenke ihm Menschen, die ihm solidarisch zur Seite stehen
  und die ihn neu aufrichten.
- Wenn einer von uns im Streit lebt,
  dann schenke du ihm deine Hilfe:
  Schenke ihm Menschen, die Brücken bauen
  und die zur Versöhnung beitragen.
- Wenn einer von uns verzweifelt ist,
  dann schenke du ihm deine Hilfe:
  Schenke ihm Menschen, die ihm neue Wege zeigen
  und die seinen Glauben stärken.

Du, Jesus, bist die Mitte unserer Gemeinschaft.
So wenden wir uns in unserem Beten an dich,
unseren Herrn in Ewigkeit. Amen.

Dankgebet

Wie können wir Weihnachten feiern?
Ein Fest des Friedens begehen
im Großen und Kleinen,
Geschenk der Versöhnung für alle.
  Gott, wir danken dir für das Geschenk der Weihnacht.

Wie können wir Weihnachten feiern?
Ein Fest der Freude begehen
für Große und Kleine,
Geschenk des Glückes für alle.
  Gott, wir danken dir für das Geschenk der Weihnacht.

Wie können wir Weihnachten feiern?
Ein Fest der Hoffnung begehen
den Großen und Kleinen,
Geschenk des Mutes für alle.
  Gott, wir danken dir für das Geschenk der Weihnacht.

Wie können wir Weihnachten feiern?
Ein Fest der Liebe begehen
hin zu Großen und Kleinen,
Geschenk der Zuwendung zu allen.
  Gott, wir danken dir für das Geschenk der Weihnacht.

Wie können wir Weihnachten feiern?
Ein Fest des Herrn begehen
den Großen und Kleinen,
Geschenk des Glaubens für alle.
  Gott, wir danken dir für das Geschenk der Weihnacht.

Segensgebet

Gott,
der Vater unseres Herrn Jesus Christus
und unser guter Vater,
segne dich,
dass du seine Nähe spürst
und seine schützende Hand,
und behüte dich,
dass du dich in aller Not und Gefahr
geborgen weißt bei ihm.
Gott lasse sein Angesicht über dich leuchten,
dass du in all der Dunkelheit unseres Lebens
immer wieder neu sein Licht siehst,
und sei dir gnädig,
dass sein Frieden dein Leben begleite
und du Freude und Glück erfährst.
Gott wende sein Angesicht dir zu,
dass du erfüllt wirst von seiner Zuwendung
und bereit wirst zu einem Leben der Liebe,
und schenke dir Heil,
dass du voll Zuversicht deinen Weg gehen kannst
bis hin zum Ziel, das dir verheißen ist.
Amen.

Das Flötenlied

Einführung

Liebe Kinder, liebe Erwachsene,
die Wochen des Advent waren eine Wartezeit,
jetzt hat unser Warten ein Ende: Wir dürfen Weihnachten feiern.
Wir haben auf ein Fest gewartet
und auf all die schönen Dinge, die sich mit dem Weihnachtsfest verbinden.
Vielleicht haben wir auch ein wenig an Jesus gedacht,
der der Grund dieses Festes ist,
dessen Geburtstag wir heute feiern.
Menschen im Volk Israel haben vor zweitausend Jahren auch gewartet –
sie warteten auf einen Retter, der ihre Not wendet,
auf einen Helfer, der alles gut macht,
auf einen mächtigen Beschützer, der die Feinde vertreibt,
auf einen König, der gut und gerecht ist,
auf einen Friedensfürst, der allen Streit und allen Hass beendet.
So warteten sie und stellten sich diesen Friedensfürst und König vor,
unsere Geschichte vom »Flötenlied« wird gleich davon erzählen.
Doch nicht ein mächtiger König ist gekommen,
sondern ein kleines Kind,
nicht ein starker Kämpfer, der die Feinde besiegt,
sondern ein ohnmächtiges Kind in der Krippe.
Ob die Erwartungen und Hoffnungen der Menschen damals enttäuscht wurden?
Oder ob sie sich nur in anderer Weise erfüllten?
Wir werden in unserem Gottesdienst darüber nachdenken.

Gebete

Jesus, nicht in Macht und Herrlichkeit bist du auf die Welt gekommen,
nicht in einem Königspalast und im Reichtum,
sondern als Kind in einer Krippe und in einem Stall,
schwach, klein und ohnmächtig.
Dennoch bist du die Hoffnung aller Menschen,
so dass auch wir zu dir beten dürfen:

- Jesus, du bringst nicht Schwert und Kampf,
  sondern Liebe und Frieden.
  Du willst unser Leben mit Liebe erfüllen.
  Herr, erbarme dich.
- Jesus, du achtest nicht auf Macht und Reichtum,
  sondern auf das Herz der Menschen.
  Du willst unser Leben mit Frieden erfüllen.
  Christus, erbarme dich.
- Jesus, für dich sind nicht Gold und Geld entscheidend,
  sondern ob ein Mensch den Willen Gottes tut.
  Du willst unser Leben mit Hoffnung erfüllen.
  Herr, erbarme dich.

Guter Gott, du hast dich uns Menschen in Liebe zugewandt,
deine Liebe ist in Jesus Mensch geworden,
sie wohnt mitten unter uns.
So bleibe uns nahe mit deinem Erbarmen und deiner Zuwendung,
erfülle uns ganz mit deiner Nähe
durch Christus, unseren Herrn. Amen.

Gott, unser Schöpfer und Vater,
wir haben uns versammelt, um dich zu loben und dir zu danken,
wir freuen uns über dich.
Denn du hast uns das Leben geschenkt,
du lässt uns wachsen in dieser Welt.
Ihre Güter sind deine guten Gaben für uns Menschen,
in ihnen zeigst du uns deine Liebe.

Gott, unser Schöpfer und Vater,
wir freuen uns über dich,
denn du hast uns deinen Sohn geschenkt.
Er zeigt uns deine Menschenfreundlichkeit,
er lässt uns begreifen, dass du unser Gott bist.
Er hat uns gelehrt, dich zu sehen und anzubeten.
Gott, wir freuen uns über dich.
Wir danken dir für unseren Erlöser Jesus Christus,
für deinen Sohn und unseren Bruder in Ewigkeit. Amen.

Jesus, du Kind Gottes,
schenke uns Freude über deine Geburt.
Jesus, du Bruder der Menschen,
schenke uns Gemeinschaft untereinander.
Jesus, du Retter und Helfer,
schenke uns deinen Frieden.
Jesus, du Liebe Gottes,
schenke uns dein Erbarmen.

Geschichte

Max Bolliger
Das Flötenlied

Auf einen Stock gestützt, den Blick zu den Sternen erhoben, stand der alte Hirte auf dem Felde.
»Er wird kommen«, sagte er.
»Wann wird er kommen?«, fragte der Enkel.
»Bald!«
Die andern Hirten lachten.
»Bald!«, höhnten sie. »Das sagst du nun seit Jahren!«
Der Alte kümmerte sich nicht um ihren Spott.
Nur der Zweifel, der in den Augen des Enkels aufflackerte, betrübte ihn.

Wer sollte, wenn er starb, die Weissagungen der Propheten weitertragen?
Wenn er doch bald käme.
Sein Herz war voller Erwartung.
»Wird er eine goldene Krone tragen?«, unterbrach der Enkel seine Gedanken.
»Ja!«
»Und ein silbernes Schwert?«
»Ja!«
»Und einen purpurnen Mantel?«
»Ja! Ja!«
Der Enkel war zufrieden.
Ach, warum versprach er ihm, was er selbst nicht glaubte? Wie würde er denn kommen? Auf Wolken aus dem Himmel? Aus der Ewigkeit? Als Kind? Arm oder reich? Bestimmt ohne Krone, ohne Schwert, ohne Purpurmantel – und doch mächtiger als alle andern Könige.
Wie sollte er es dem Enkel begreiflich machen?
Der Junge saß auf einem Stein und spielte auf seiner Flöte.
Der Alte lauschte.
Der Junge spielte von Mal zu Mal schöner, reiner. Er übte am Morgen und am Abend, Tag für Tag.
Wenn es stimmte, was der Großvater sagte, so musste er bereit sein, wenn der König kam.
Keiner spielte so wie er.
Der König würde sein Lied nicht überhören.
Der König würde ihn dafür beschenken.
Mit Gold, mit Silber, mit Purpur!
Er würde ihn reich machen, und die andern würden staunen, ihn beneiden.

Eines Nachts standen die Zeichen am Himmel, nach denen der Großvater Ausschau gehalten hatte.
Die Sterne leuchteten heller als sonst.
Über der Stadt Betlehem stand ein großer Stern.
Und dann erschienen die Engel und sagten:
»Fürchtet euch nicht! Euch ist heute der Heiland geboren!«
Der Junge lief voraus, dem Licht entgegen.

Unter dem Fell auf seiner Brust spürte er die Flöte.
Er lief, so schnell er konnte.
Da stand er als Erster und starrte auf das Kind. Es lag in Windeln gewickelt, in einer Krippe.
Ein Mann und eine Frau betrachteten es froh.
Die andern Hirten, die ihn eingeholt hatten, fielen vor ihm auf die Knie.
Der Großvater betete es an.
War das nun der König, den er ihm versprochen hatte?
Nein, das musste ein Irrtum sein.
Nie würde er hier sein Lied spielen.
Er drehte sich um, enttäuscht, von Trotz erfüllt.
Er trat in die Nacht hinaus. Er sah weder den offenen Himmel noch die Engel, die über dem Stall schwebten.

Aber dann hörte er das Kind weinen.
Er wollte es nicht hören.
Er hielt sich die Ohren zu, lief weiter.
Doch das Weinen verfolgte ihn, ging ihm zu Herzen, zog ihn zurück zur Krippe.

Da stand er zum zweiten Mal.
Er sah, wie Maria und Josef und auch die Hirten erschrocken das weinende Kind zu trösten versuchten.
Vergeblich!
Was hatte es nur?
Da konnte er nicht anders. Er zog die Flöte aus dem Fell und spielte sein Lied.
Das Kind wurde still. Der letzte leise Schluchzer in seiner Kehle verband sich mit einem hellen Ton.
Es schaute ihn an und lächelte.
Da wurde er froh und spürte, wie das Lächeln ihn reicher machte als Gold, Silber und Purpur.

Umsetzung

Ein erster Ausgangspunkt für eine gottesdienstliche Umsetzung bietet neben der üblichen spielerischen Darstellung das Stichwort »Warten«. Sehnsüchtiges Warten entspricht der Stimmung der Kinder nicht allein im Advent, sondern auch noch im Weihnachtsgottesdienst (noch vor der Bescherung). Dabei wird man allerdings das aktuelle Warten der Kinder (auf die Geschenke) ausweiten müssen auf allgemeine Wartesituationen, auf das Warten auf eine Verbesserung des Lebens, auf Frieden und Gerechtigkeit, auf eine bessere Zukunft, auf »Licht in der Dunkelheit«. In gewissem Maß haben auch Kinder bereits solche Erfahrungen gemacht; diese können auf verschiedene Weise gesammelt werden.

Hat man die Möglichkeit einer Vorbereitung mit Kindergruppen, so kann man unterschiedliche Wartesituationen von Menschen in Bild oder Spiel darstellen: Warten auf einen Zug, auf einen Brief, nach einem Unfall auf den Rettungshubschrauber, auf den Besuch der geliebten Tante, darauf, dass der im Wald weggelaufene Hund zurückkommt, auf Gesundung von einer Krankheit, auf den Besuch der Freunde, auf die Geburt des Kindes ... Bei solchen Wartesituationen können die Kinder die Gefühle der Menschen beschreiben: Wie fühlt man sich, wenn man darauf wartet? Im Gespräch mit den Kindern (auch im Gottesdienst) werden unterschiedliche Qualitäten von Warten erkennbar: Es gibt Warten, das langweilig ist, Warten voller Angst und Sorge, Warten voll Spannung und froher Erwartung.

Im Gottesdienst können die Gesprächsergebnisse und die Gestaltungen der Kinder (Bilder, Spiele ...) eingebracht und eventuell durch ein weiteres Gespräch vertieft werden. Hinzu kommen kann eine Zeichenhandlung mit einem begleitenden Text. Dabei macht eine Gruppe von Kindern (etwa im Mittelgang der Kirche) einzelne Schritte auf die Krippe zu und gibt dabei etwa wie folgt Besinnungsimpulse:

- Wir warten auf Frieden in der Welt.
  Gott, sende uns Jesus, den Fürst des Friedens.
- Wir warten auf Gerechtigkeit in der Welt.
  Gott, sende uns Jesus, den Retter und Helfer.
- Wir warten auf Liebe in unserer Welt.
  Gott, sende uns Jesus, unseren Bruder.

- Wir warten auf Hoffnung in unserer Welt.
  Gott, sende uns Jesus, deinen Sohn ...

Dieser Weg kann mit einer Lichtsymbolik verknüpft werden: Zu Beginn ist die Kirche dunkel, dann werden bei jedem Schritt der Kinder mehr Kerzen angezündet, so dass es heller wird. Diese Kerzen stellen die Kinder anschließend rund um die Krippe zu einem Lichterkranz auf.

Ein zweiter thematischer Ansatzpunkt ist das Thema »Weinen und Trösten«. Durch sein Lied tröstet der Hirtenjunge das weinende Kind, aber am Ende erscheint doch eher er selbst getröstet, besänftigt in seinem Trotz und Zorn und erfüllt von einer neuen Erkenntnis. Diese Wende lässt sich durch eine Verklanglichung gut deutlich machen: Die Stimmung des Hirtenjungen wird parallel zur Geschichte mit Instrumenten wiedergegeben – seine Hoffnung, seine Enttäuschung, seine Wende am Schluss.

Durch sein tröstendes Lied gewinnt er selber. Die Kinder bedenken Beispiele, wo Menschen durch Hilfe für andere selber glücklich werden. Sie können dies durch farbige Tücher (dunkle und helle Farben) auch spielerisch ausdrücken.

Mit einer Kindergruppe kann vorab überlegt werden, wodurch der Hirtenjunge auch auf andere Weise als durch sein Flötenspiel dem neugeborenen Kind und seinen Eltern hätte helfen können: durch ein Licht, durch eine Decke, durch Nahrungsmittel, durch ein Lächeln, durch körperliche Zuwendung (in den Arm nehmen [Kindlein wiegen]) ... Entsprechend können Kinder solches in den Gottesdienst einbringen: Nach der Geschichte spielt ein Kind eine Flötenmelodie, andere Kinder mit anderen Instrumenten können sich anschließen. Hinzu kommen nun weitere Kinder, die dem Kind die unterschiedlichsten Gaben bringen oder es auf andere Weise erfreuen (etwa durch einen Tanz mit bunten Tüchern ...). »Hirten und die Weisen haben damals ihre Gaben gebracht, wir bringen heute unsere Gaben. Mit diesen Gaben bringen wir uns selbst. Wir schenken uns und ehren so in diesem Kind den Sohn Gottes ...«

Schwert und Krone oder Krippe und Kreuz – diese Alternative kann auch in einen Gottesdienst eingebracht werden: Was sollen die Kennzeichen des neugeborenen Königs sein? Die Alternative kann durch entsprechende Zeichen (etwa aus Pappe gebastelte Darstellungen) oder auch durch ein Spiel aufgezeigt werden. Eine ähnliche Idee, die ebenso spielerisch oder durch Gegenstände dargestellt werden kann, ist die Geschichte vom Kleid des Königs:

Welches Kleid passt wohl am besten zum neugeborenen König der Welt? Ein purpurner Königsmantel, mit Edelsteinen und Perlen besetzt und reich bestickt? Ein Mantel eines Zauberers mit Sternen bestickt? Ein Mantel eines Gelehrten einer berühmten Universität? Oder das einfache, ja ärmliche Kleid eines armen Menschen? Ausgehend von diesen verschiedenen Kleidern können die Gestalt Jesu und sein Wirken und Lehren dargestellt werden. Dabei geht es nicht allein um das Kind, sondern auch um den erwachsenen Menschen Jesus. Passend dazu kann das Lied des Magnificat (Lk 1,46-56) sein, etwa in der Textfassung von Rolf Krenzer (Vertonung von Ludger Edelkötter, vgl. in entsprechenden Liederbüchern mit neuen religiösen Liedern) »Ich preise den Herrn und ich freue mich«.

Fürbitten

Herr, unser Gott,
du bist uns nahe in Jesus, dem Licht der Welt.
Begleite uns, damit wir auch einander zum Licht werden
und so nach deinem Willen leben.
Deshalb bitten wir:

- Du hast uns Augen geschenkt,
  damit wir das Lied und die Not in unserer Welt sehen und suchen können.
  Öffne unsere Augen.
- Du hast uns Ohren geschenkt,
  damit wir auf dein gutes Wort für uns hören können.
  Öffne unsere Ohren.
- Du hast uns ein Herz geschenkt,
  damit wir mit anderen fühlen können in guten und schweren Stunden.
  Öffne unsere Herzen.
- Du hast uns Schultern geschenkt,
  damit wir des anderen Sorgen und Lasten mittragen können.
  Stärke unsere Schultern.
- Du hast uns Hände geschenkt,
  damit wir teilen mit den anderen und ihnen die Hand reichen.
  Stärke unsere Hände.

- Du hast uns Füße geschenkt,
  damit wir zu anderen Menschen finden und ihre Wege begleiten.
  Stärke unsere Füße.

Guter Gott,
öffne uns ganz und gar auf dein gutes Wort hin,
lass uns so leben, wie es dir gefällt.
Darum bitten wir durch Christus, unseren Herrn. Amen.

Dankgebet

Ich träume von einer Welt,
die besser ist als das,
was jeden Tag bei uns geschieht.

Ich träume von einer Welt,
wo es nicht ständig Streit gibt,
wo ich mich mit meinen Freunden verstehe,
wo Krieg und Hunger vergessen sind,
wo jedes Leben geschützt wird,
wo alle Menschen glücklich sind.
Ich träume vom Himmel auf Erden.

Ich träume von einer Welt,
in der die Menschen nach den Sternen greifen,
in der sie im siebten Himmel sind,
in der alle Geborgenheit und Frieden finden,
in der die Gemeinschaft untereinander gepflegt
und die Gemeinschaft mit Gott vertieft wird.
Ich träume vom Himmel auf Erden.

Ich träume von einer Welt,
die besser ist als das,
was jeden Tag bei uns geschieht, und ich weiß:

In Jesus hat unser Traum begonnen,
in Jesus beginnt der Himmel auf Erden,
in Jesus finden Menschen zum Ziel ihres Lebens,
in Jesus erfahren wir deine Nähe.

Danke, Gott, für Jesus, dein Kind,
das uns den Himmel auf die Erde gebracht hat.

Segensgebet

Gott segne und behüte dich.
Er erfülle dich mit seiner Zärtlichkeit,
dass du seine Liebe widerspiegeln kannst
in allen Menschen, denen du begegnest.

Gott segne und behüte dich.
Er erfülle dich mit seiner Menschenfreundlichkeit,
dass du jedem Menschen die Hand reichen kannst
ohne Bedingungen und Vorurteile.

Gott segne und behüte dich.
Er erfülle dich mit seiner Güte,
dass du sein Erbarmen weiterschenken kannst
und so ein Licht bist in unserer Welt.

Gott segne und behüte dich.
Er erfülle dich mit seinem Schutz,
dass du deinen Weg voll Vertrauen gehen kannst
und den Blick voll Mut nach vorne wendest.

So segne und behüte dich der gute Gott,
der Vater, der Sohn und der Heilige Geist.
Amen.

Der Stern der Hoffnung

Einführung

Liebe Kinder, liebe Erwachsene,
wenn die Christen im afrikanischen Land Äthiopien Weihnachten feiern,
dann sprechen sie sich einen ganz besonderen Gruß zu.
Der eine sagt: »Wie schön, dass Gott dich das Licht seiner Geburt sehen lässt!«
Und der andere antwortet: »Wie schön, dass wir es gemeinsam sehen!«
In diesem Gruß ist ganz viel ausgesprochen,
was auch unseren Weihnachtsgottesdienst heute Abend prägt:
Wir freuen uns, dass Jesus geboren ist.
Wir freuen uns über Jesus –
nicht allein über das kleine Kind in der Krippe,
sondern über den erwachsenen Menschen,
der in seinem Leben und Lehren, aber auch in seinem Sterben und Auferstehen
das Licht Gottes in unserer Welt hat aufscheinen lassen.
Wir freuen uns, dass wir in dieser Gemeinschaft feiern dürfen,
als Freunde Jesu in unserer Gemeinde
und zusammen mit den Christen überall auf der Welt – auch in Äthiopien.
Wir freuen uns, dass wir durch Jesus neu sehen lernen,
die anderen Menschen sehen lernen,
unsere Welt als gutes Geschenk Gottes sehen lernen,
Gott selber als unseren liebevollen Vater sehen lernen.
Wie schön, dass wir hier sind.
Wie schön, dass wir zusammen die Geburt Jesu feiern.
Wie schön, dass wir zusammen den großen Gott loben und ehren.

Gebete

Jesus, du bist mit deinem Licht in eine dunkle Welt gekommen.
So hast du uns Hoffnung gegeben, dass sich alles zum Guten wendet.
Begleite uns mit deinem Licht auf all unseren Wegen.

- Jesus, du bist wie ein Licht in der Dunkelheit.
  Du machst unser Leben hell, du begleitest uns mit deiner Liebe.
  Herr, erbarme dich.
- Jesus, du bist wie ein Stern am Himmel.
  Du verbindest Himmel und Erde, Gott und die Menschen.
  Christus, erbarme dich.
- Jesus, du bist wie ein loderndes Feuer.
  Du bist die Mitte unserer Gemeinschaft, du schenkst uns deine Nähe.
  Herr, erbarme dich.

Guter Gott, an diesem Weihnachtsabend haben wir uns hier versammelt,
um dich zu loben und dein Erbarmen zu preisen.
Denn du bist in unserer Mitte in Jesus, dem neugeborenen Herrn der Welt,
unserem Bruder und Freund,
dem Licht, das alle erleuchtet
heute und alle Tage bis in Ewigkeit. Amen.

Guter Gott, unbegreiflicher Vater in den Himmeln,
voll Freude und Vertrauen wenden wir uns an diesem Weihnachtsabend an dich,
denn wir sind geborgen in deiner Liebe.
So loben und preisen wir dich für deinen Sohn Jesus.
Er wurde Mensch und hat wie wir als Mensch gelebt.
Doch er zeigte in seinem Leben deine Liebe,
dein unbegreifliches Erbarmen über die Menschen.
Immer wieder hat er das Leben von Menschen hell gemacht,
er hat Kranke geheilt und die Not gewendet
und so deutlich gemacht, wie groß deine Liebe zu uns Menschen ist.
Gott, wir danken dir für deinen Sohn Jesus,
den besten Menschen, den es je gab,
deinen Sohn und unseren Herrn in Ewigkeit. Amen.

Jesus, du bist ein heller Stern für die ganze Menschheit.
Mach unser Leben hell und warm.
Erleuchte die Erde mit deinem Licht,
damit alle Dunkelheit überwunden wird.
Leuchte über uns, über unsere Familien und Freunde,
über unsere Nachbarn und unseren Wohnort.
Vertreibe mit deinem Licht alle Not und alles Leid.
Schenke uns Gottes Beistand und Segen,
damit wir nicht den Mut verlieren,
sondern voll Vertrauen unseren Lebensweg gehen können.
Sei für uns eine wärmende Sonne,
die das Dunkel der Nacht beendet
und die alle dunklen Wolken vertreibt.
Sei für uns ein leuchtendes Licht,
das den Weg weist und uns sicher gehen lässt
in guten und schweren Stunden unseres Lebens.
Begleite uns heute und alle Tage unseres Lebens,
so bitten wir dich, unseren Bruder und Herrn. Amen.

Geschichte

Karl-Theodor Gabriel
Der Stern der Hoffnung

Da gibt es die Geschichte von dem Mann, der den Stern suchen ging. Ein schwarzer Jäger mitten in Afrika stand eines Nachts von seinem Lager auf, dem schmalen Lager in der muffigen Enge seiner strohgeflochtenen Hütte. Es war heiß und unbehaglich dort. Vor dem Eingang glomm ein heruntergebranntes Feuer. Seine Frau und seine Kinder atmeten hastig im Schlaf und stöhnten hin und wieder leise.

Der Mann hatte von einem großen Stern geträumt. Und gleichzeitig träumte er davon, dass Gott mit diesem Stern ein Kind auf die Welt schickt, das allen Menschen hilft und ihnen das Glück schenkt, sich miteinander zu vertragen.

Gerade daran aber fehlte es bei den Menschen seines Stammes und denen anderer Stämme. Immer wieder war Krieg, Unterdrückung, Hunger und Verzweiflung. Die Menschen glaubten schon gar nicht mehr an das Gute. Viele von ihnen verlernten sogar das Lachen. Und das ist sehr schlimm.

Jetzt war der Mann ganz wach. Er beschloss, den Stern zu suchen, seinen Traum wiederzufinden. So warf er sich ein Fell über die Schultern, nahm seinen Jagdspeer und ging hinaus in die finstere Nacht. Es war gar nicht angenehm da draußen, wenn man den schützenden Dornenzaun, der rings um das Dorf verlief, erst hinter sich hatte. Die Nacht war voller Drohung, voller Geräusche, voller Gefahren. Da murrte ein Löwe auf der Jagd, raunzte und brüllte dumpf auf. Nachtvögel kreischten, andere glitten mit lautlosem Flügelschlag über seinen Kopf dahin.

Zwischen Feigenbäumen und Akazien schlich Chui, der Leopard, ein kurzes, murrendes Husten im tiefsten Bass verriet ihn. Hoch oben in den Baumkronen schnatterten aufgeregt die Babuins – die Affen, sie fürchteten den vorbeistreifenden Leoparden.

Der Mann hatte Angst, so allein. Aber er ging trotzdem weiter. Dabei umklammerte er seinen Speer krampfhaft und spürte kalten Schweiß auf seinem Rücken. »Mein Gott ...«, murmelte er.

Der Stern war weit und breit nicht zu sehen. Weiter, immer weiter ging der Mann. Wieder brüllte der Löwe, ganz in der Nähe. Ein anderes Tier schrie auf, schrill vor Todesangst. Der Mann zwängte sich durch dichtes Gestrüpp und stand dann am Ufer des Flusses. Dort lagen Krokodile, träge, aber trotzdem wachsam. Der einsame Wanderer fürchtete sich ganz besonders. Er musste durch den Fluss, wenn er weitergehen wollte. Das Wasser schimmerte matt.

Aber es spiegelte sich kein großer Stern darin. Der Mann durchwatete den Fluss trotz seiner Angst. Er wollte seine Hoffnung nicht aufgeben. Der Traum war so überaus schön gewesen. Er lief weiter in die Nacht hinein. Dabei scheuchte er eine erschrockene Antilope auf und hörte Fisi, die Hyäne, lachen. – Ein trostloses Lachen.

Und der Mann war einsam und ganz verzweifelt. »Ich muss unbedingt den Stern des Friedens finden«, dachte er, »wir verkommen in Neid, Streit, Hass, Krieg, Krankheit und Hunger. Wir müssen hoffen können, dann ist alles viel besser.« So ungefähr dachte er und lief durch die düstere Wildnis. Vor ihm funkelten viele grüne Lichter. Sie waren die Augen der kleinen Füchse mit den riesengroßen Ohren. Sie sahen aus wie kleine Sterne. Aber der große Stern, von dem er geträumt hatte, war nicht da.

Keuchend vor Erschöpfung erreichte er schließlich einen hohen Hügel und kletterte durch Dornen und Wurzeln bergan. Fledermäuse umflatterten ihn. Dann war er oben. Er wagte gar nicht mehr zu hoffen. Müde und traurig war er. Den Kopf hielt er auf die Erde gesenkt, schließlich sah er doch auf. Der Himmel war hoch und tiefschwarz. Aber mittendrin strahlte ein großer Stern. Still und prächtig stand er in der Nacht. Trost ging von seinem Leuchten aus. Der Mann kniete sich hin. Er weinte vor Glück, weil er den Stern sah. Er vergaß die Gefahren, die um ihn herum waren, er vergaß Armut, Hunger und Krieg. Er schaute auf den Stern. Der Stern war wie ein stummer Engel, der ihm verkündete: »Bald kommt der Frieden zu dir und deinen Brüdern!«

Der Mann wusste auf einmal, dass auch das versprochene Kind geboren würde. Er wusste es ganz sicher. Am liebsten hätte er laut gesungen. Das Kind würde auch in seine Verlassenheit kommen.

Langsam wanderte er zurück, auf seinen Speer gestützt, um auch den anderen vom großen Stern zu erzählen. Er brachte ihnen ein Stück Hoffnung mit, und sie glaubten daran.

Umsetzung

Die Geschichte schildert den Weg eines Menschen mitten durch eine vielfältig zu deutende Dunkelheit mit unterschiedlichen Bedrohungen. Doch eine tiefe Hoffnung lässt diesen Mann nicht aufgeben, er erreicht sein Ziel, ja mehr noch, er kann seine Hoffnung am Ende mit anderen teilen. Diese Geschichte erinnert durchaus an die Emmausgeschichte (Lukas 24), in der Menschen aus der Dunkelheit des Karfreitags und des Todes zum Licht des Ostermorgens und der Auferstehung finden.

Es bietet sich von da aus an, im Gottesdienst den Kontrast zwischen Dunkelheitserfahrungen und Lichterfahrungen einzubringen. Dazu können Kinder- und/oder Jugendgruppen vorbereitend Beispiele bedenken und in Bild und Spiel darstellen, wie Menschen Dunkelheit erfahren. Eine entsprechende Verklanglichung kann hinzukommen und diese Darbietungen unterstreichen. Nach solchen Szenen werden dann Sterne (etwa aus der Sternsingeraktion, möglichst von innen beleuchtet) oder auch brennende große Kerzen herbeigetragen und durch begleitende Texte wird erläutert, wie eine solche Dunkelheit gewandelt werden kann. Dazu passt besonders das Lied von Rolf Krenzer/Siegfried Fietz »Wir zünden eine Kerze an«, eigentlich ein Adventslied, aber in einer ersten Strophe als Liedruf gut für dieses Thema geeignet:

»Wir zünden eine Kerze an, damit es jeder sehen kann:
In unserm Dunkel brennt ein Licht. Das sagt uns, Gott vergisst uns nicht.«

(Zu finden in vielen Sammlungen neuer geistlicher Lieder.)

Dieser Gedankengang kann auch als großes Spiel den ganzen Gottesdienst durchziehen. Dazu bekommen die Gottesdienstbesucher am Eingang Stifte und Zettel und schreiben in Stichworten auf bzw. malen (Kinder), was in ihrem Leben dunkel erscheint. Diese Zettel werden dann zusammen mit deutenden Worten von Kindern eingesammelt und auf einer Flanellwand in dunkler Farbe angebracht (Überschrift: Dunkles in unserem Leben). Bei jedem Beispiel wird etwas Licht in der Kirche gelöscht, so dass es allmählich ganz dunkel wird.

Danach wird die Weihnachtsgeschichte nach Lukas gelesen. Passend zu Vers 7 (»... und sie gebar ihren Sohn«) wird ein großer, von innen beleuchteter Stern hereingebracht (am besten bis zur Krippe, sonst zum Altar) – der *Jesusstern*. Ein passendes Lied wird dazu gesungen, etwa »Stern über Betlehem« (die ersten drei Strophen). Von diesem Jesusstern aus kann dann in einer kleinen Spielszene ein Stern zu den Hirten auf dem Feld getragen werden, ebenso, wenn man das Spiel ausweiten will, zu den Weisen in einer anderen Ecke der Kirche und zu anderen Bevölkerungsgruppen der damaligen Zeit (etwa zu dem Blinden, der später von Jesus geheilt wird und jetzt noch ein kleines, blind geborenes Kind ist, zu den Jüngern, die später die Freunde Jesu werden ...). Jedes Mal wird dieses Tun mit entsprechenden Worten gedeutet, etwa: »Ein großer Stern, der Jesusstern, ist aufgegangen in unserer Welt. Er macht das Leben der Menschen hell. Da ist ein Kind, das blind geboren wurde. Doch Jesus wird einmal sein Leben hell und licht machen ...«

In einem fortführenden Gespräch oder einem Sprechspiel wird erarbeitet, dass wir heute Jesus nicht mehr als kleines Kind in der Krippe sehen können wie damals Maria und Josef und die Hirten und Weisen. Doch sein Licht, sein Stern leuchtet auch über uns. Dazu werden die Beispiele der Dunkelheit aufgegriffen und Möglichkeiten überlegt, wie in solchen dunklen Lebenssituationen ein Licht aufstrahlen, eine Wende erfolgen kann. Das Licht Jesu leuchtet auch in unsere Zeit. Denkbar ist es, dass Kinder (etwa die mitspielenden Jünger, der Blinde, aber auch Hirten und Weise) dazu viele leuchtende Sterne in den Kirchenraum tragen, so dass die Dunkelheit des großen Raums allmählich überwunden wird. Auch ist ein Sternentanz von Kindern möglich (etwa zu einer schönen Barockmelodie – eine Aufgabe für einen Flöten- oder Instrumentalkreis). Das Licht Jesu erreicht auch uns.

Als Erinnerung an den Gottesdienst wird allen Besuchern am Ende ein Strohstern oder ein kleiner Zettel (vgl. das Muster unten) mitgegeben. Auf die Rückseite eines solchen Zettels kann ein Weihnachtswunsch der Gemeinde abgedruckt werden, vielleicht auch eine Einladung zu weiteren Weihnachtsgottesdiensten oder zur Sternsingeraktion ...

Foto: Hermann-Josef Frisch, Kind in Laos

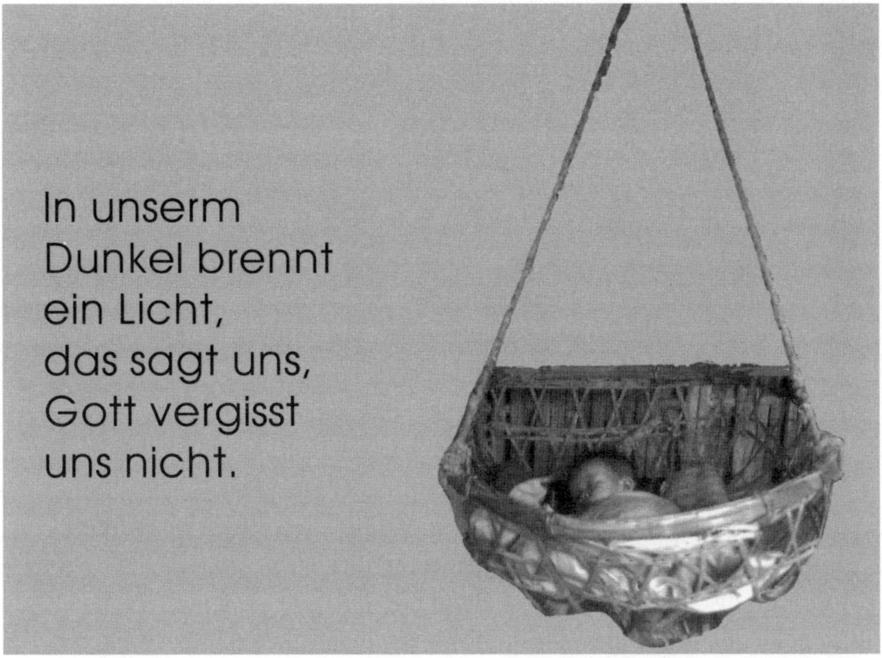

Möglich ist es auch, dass die Kinder passend zum Thema einen Sternenkranz rund um die Krippe oder um den Altar aus kleinen Holzbrettchen mit aufgeklebten Teelichtern zusammenstellen. Bereitet man – etwas aufwändiger – ein großes, an einer Wand befestigtes Holzbrett mit daran angebrachten kleinen Leisten vor, auf die dann die Lichter gestellt werden, so lässt sich ein solcher Lichtstern nicht nur horizontal, sondern auch vertikal erstellen und damit der ganzen Gottesdienstgemeinde sichtbar machen.

Fürbitten

Jesus, du unser Bruder,
in dir hat sich Gott uns Menschen zugewandt.
Wie ein helles Licht bist du in unserem Leben aufgestrahlt,
du hast uns dadurch Leben und Hoffnung geschenkt.
Deshalb bitten wir:

- Jesus, du bist der Stern unseres Lebens.
  Schenke uns ein mutiges Herz in all den Dunkelheiten unseres Lebens,
  dass wir unsere Angst überwinden,
  weil du uns zur Seite stehst und uns begleitest.
- Jesus, du bist der Stern unseres Lebens.
  Schenke uns einen klaren Kopf bei all den vielen Dingen unserer Welt,
  damit wir die richtigen Entscheidungen treffen,
  weil du uns erleuchtest und uns den richtigen Weg zeigst.
- Jesus, du bist der Stern unseres Lebens.
  Schenke uns starke Hände in all der vielen Not unserer Erde,
  damit wir hilfsbereit und tatkräftig anderen beistehen,
  weil du uns mit deinem Geist stärkst für das Gute.
- Jesus, du bist der Stern unserer Hoffnung.
  Schenke uns von deiner Liebe inmitten von Streit und Hass,
  damit wir die Entzweiung überwinden und Brücken bauen zu anderen,
  weil du Frieden und Versöhnung willst für alle.
- Jesus, du bist der Stern unserer Hoffnung.
  Schenke uns von deiner Güte inmitten von Einsamkeit und Verzweiflung,

damit wir andere nicht am Rande stehen lassen, sondern sie zu uns einladen,
weil du Gemeinschaft willst ohne Grenzen und Schranken.

- Jesus, du bist der Stern unserer Hoffnung.
  Schenke uns von deiner Freundschaft,
  damit wir zur Freundschaft bereit werden mit Gott und den Menschen,
  weil du der Weg bist und das Licht und unsere Freude.

Gott, du unser Vater,
wir binden uns an Jesus, deinen Sohn.
Er ist uns vorausgegangen im Leben, Sterben und Auferstehen.
So wurde er zum Stern unseres Lebens und unserer Hoffnung.
Höre auf unser Beten und erfülle unsere Wünsche
durch ihn, unseren Herrn in Ewigkeit. Amen.

Dankgebet

Jeder braucht einen guten Stern,
einen Stern, der ihn leitet,
der ihm Licht gibt und Kraft,
der ihn führt durch dunkle Zeiten,
der ihm ein Hoffnungsstern ist.
Jeder braucht einen guten Stern.
Gott, wir danken dir für Jesus, den Stern unseres Lebens.

Jeder braucht einen guten Stern,
einen Stern, der ihn bewahrt vor dem Bösen,
der ihn behütet vor allem Leid,
der mit ihm geht auf allen Wegen,
der ihm ein Glaubensstern ist.
Jeder braucht einen guten Stern.
Gott, wir danken dir für Jesus, den Stern unseres Lebens.

Jeder braucht einen guten Stern,
einen Stern, der ihm Hilfe und Kraft ist,

der ihn anspornt zum Guten,
der ihn ermutigt zur unbedingten Liebe,
der ihm ein Liebesstern ist.
Jeder braucht einen guten Stern.
Gott, wir danken dir für Jesus, den Stern unseres Lebens.

Jeder braucht einen guten Stern,
einen Stern, der Frieden schafft,
der Leben schafft und erhält
und schließlich zur Vollendung führt,
der ihm ein Lebensstern ist.
Jeder braucht einen guten Stern.
Gott, wir danken dir für Jesus, den Stern unseres Lebens.

Jeder braucht einen guten Stern,
einen Stern, der ihn schützt und stärkt,
der voll Wärme und Licht ist,
voll Lebenskraft und Freude,
der ihm ein Lichtstern ist.
Jeder braucht einen guten Stern.
Gott, wir danken dir für Jesus, den Stern unseres Lebens.

Segensgebet

Mögen tausend Engel Gottes deine Pfade begleiten
und dich tragen auf ihren Händen,
dich schützen, dass du an keinen Stein stößt,
und dich vor jedem Fall bewahren.

Mögen tausend Engel Gottes deine Schritte lenken
auf Wegen der Liebe und des Friedens,
dass du selber zum Boten der Liebe Gottes wirst,
zu einem Engel seines Erbarmens.

Mögen tausend Engel Gottes deine Augen öffnen
und dein Herz barmherzig stimmen,
dass du mitleidest und mitträgst
eine jede Not und ein jedes Leid um dich herum.

Mögen tausend Engel Gottes deine Ohren weiten
und deine Sinne wach werden lassen
für das Lied der Schöpfung, das überall erklingt
und das auch dein Leben mit Freude erfüllt.

Mögen tausend Engel Gottes deine Hände führen
und mit Kraft erfüllen für tatkräftige Hilfe,
auch mit Zärtlichkeit in der Begegnung mit anderen,
ja, dich vergessen lassen, wie man Fäuste ballt.

Mögen tausend Engel Gottes dein Herz erwärmen
und dich erfüllen mit Gottes Liebe,
dass du verbunden bist mit Himmel und Erde,
eins bist mit Gott und den Menschen.

Mögen tausend Engel Gottes deine Pfade begleiten
und dich tragen auf ihren Händen,
dich schützen, dass du an keinen Stein stößt,
und dich vor jedem Fall bewahren.

gutes leben
bene!

INHALTSVERZEICHNIS

»Zwischen Hochmut und Demut steht ein Drittes, dem das Leben gehört, und das ist der Mut.«

Theodor Fontane

DEN MUTIGEN GEHÖRT DIE WELT!

Immer wieder höre ich: »Das war ja ganz schön mutig von Ihnen, aus der Politik auszusteigen.« Oder: »Ich weiß nicht, ob ich den Mut hätte, noch mal neu anzufangen.« Als ich vor einigen Jahren schwer krank war und dann meine Geschichte dazu aufgeschrieben habe, sagte mir jemand: »Ihren Mut, mit der Krankheit und Schwäche offen umzugehen, bewundere ich.«

Ich fand mich aber gar nicht mutig. Für mich war mein Schritt logisch, konsequent, vielleicht auch notwendig. Schließlich hatte ich nach langer Zeit für mich erkannt: »Du musst kein Held sein.« Das bedeutet nicht, dass es sich nicht lohnt, sich anzustrengen, sich etwas zuzumuten, mutig zu sein, anzupacken, über sich hinauszuwachsen. Es bedeutet, achtsam zu sein. Mit sich selbst und anderen. Dazu gehört Mut.

Als ich damals mitten in der Nacht den Notarzt rief, war mir klar: Es ging nicht mehr. Und es fiel mir total schwer, mir das einzugestehen. Das Eingeständnis war für mich tatsächlich zunächst schlimmer, als krank zu sein. Festzustellen: Ich war nicht so stark, wie ich gedacht hatte. Ich habe meine Schwächen ignoriert. Das war nicht klug.

Aber dann galt es, nach vorne zu schauen und auf mich selbst zu achten.

Ohne die vielen Mutmacher, Helferinnen und Helfer und all die medizinischen Spezialisten hätte ich meine Erkrankung nicht überstanden: ohne die Ärzte, Pflegerinnen und Pfleger, Familie, Kolleginnen und Kollegen, aber auch wildfremde Menschen, die mir Genesungswünsche geschickt haben. Es waren die Begegnungen im Krankenhaus und in der Reha, die mir Kraft gaben – und Mut, Zuversicht und Hoffnung. Als ich meine Geschichte aufgeschrieben hatte, stellte ich fest, dass sie wiederum anderen Menschen Mut machen kann. Es tat gar nicht weh, so viel von mir selbst preiszugeben – im Gegenteil. Es war befreiend, sich einzugestehen und anderen gegenüber ehrlich zu bekunden: Ich kann nicht mehr. Ich muss etwas ändern. Aber ich will das auch, und das Neue wird gut.

Mut kann man teilen. Die vielen positiven Reaktionen auf mein erstes Buch zeigen das. Die Ärztin, der Pfarrer, der Soldat, die mir geschrieben haben, wie es ihnen erging, warum ihnen meine Geschichte Mut gemacht hat und wie sie nun selbst mutig nach vorne schauen, das inspiriert und bewegt.

Ich habe inzwischen verstanden, dass vieles, was man ganz selbstverständlich tut, von anderen als mutig wahrgenommen wird. Woran liegt das? Ich glaube, es ist so: Wenn man von einer Sache wirklich überzeugt ist, wenn man an etwas glaubt, dann fällt einem der Schritt dorthin leicht. Mutig zu sein, ist kein Selbstzweck. Es kommt darauf an, Mut auch für andere aufzubringen. Vielleicht hat deswegen auch die Mutprobe keinen guten Ruf. Den Mut auf die Probe stellen, ohne dass dies einem konkreten Ziel dient, nur um ihn unter Beweis zu stellen, das ist eine ziemlich dumme und sinnlose Sache.

Wie ist das mit dem Mut heute? Brauchen wir in unserer Gesellschaft mehr davon? Und wie finden wir ihn? Wer den Fernseher anschaltet, im Internet surft oder in die Zeitung schaut, dem begegnet statt Mut viel häufiger die Wut – manchmal sogar eine unbändige oder tragischerweise ohnmächtige Art und Weise. Wut ist überall präsent. In den Medien, ganz besonders in den dann gar nicht sozialen Netzwerken und bisweilen sogar im Umgang miteinander. Wenn wir uns diese Entwicklungen anschauen, kann einen selbst manchmal schon der Mut verlassen.

Menschen sind beispielsweise wütend, dass die Energie- und Lebensmittelpreise so stark steigen und die Politik aus ihrer Sicht zu wenig dagegen tut. Andere sind zornig, dass ihnen etwas Bestimmtes verwehrt wird, von dem sie glauben, dass es ihnen zusteht. Und wieder andere sind wütend auf alle und jeden – weil sie sich ganz grundsätzlich ungerecht behandelt und benachteiligt fühlen. Dabei wissen wir doch, dass Wut selten zu etwas Gutem führt. Statt selbst aktiv zu werden und ins Handeln zu kommen, zeigen wir mit dem Finger auf andere und schieben diesen die Schuld an der ganzen Misere in die Schuhe.

*

Klimawandel, Artensterben, korrupte Politiker, dekadente Eliten, eine Kirche, die zu oft die Frohe Botschaft nicht mehr verkündet und stattdessen durch Skandale ihrer Oberen auf sich aufmerksam macht; astronomische Gehälter für Fußballer; Kinder, die ohne Schulbrot in der Schule sitzen und denen der Magen knurrt, Rücksichtslosigkeit. Neue Nazis, die inzwischen nicht nur in sozialen Netzwerken laut sind, Armut, Krieg und Hunger in der Welt. Soll ich weitermachen, oder spüren Sie schon die Wut in sich aufsteigen angesichts solcher Ungerechtigkeiten und Probleme?

Wut tut oft kurzzeitig gut. Aber sie ist keine Lösung. Und es besteht auch kein Anlass, wütend zu sein. Ja, manchmal gebiert Wut Mut. Aber auf Dauer beeindrucken mich Menschen, die sich nicht wütend, sondern klaren Kopfes und Verstandes für eine bessere Welt einsetzen. Menschen, die handeln. Vielleicht manchmal mit der erfrischenden Naivität, mit der Martin Luther sogar angesichts des morgigen Weltuntergangs noch heute sein Apfelbäumchen pflanzen würde, aber sie sind nicht bereit, das, was sie stört, einfach hinzunehmen. Sie tun etwas. Ganz schön mutig.

Es braucht Mut, um das Blatt zu wenden und aus den Schatten herauszutreten. Mut wird belohnt, heißt es. Mut vor Königsthronen und Machthabern wird oft eingefordert.

Wir reden über Zivilcourage, wir stellen uns unseren Dämonen. Wir überwinden unsere Ängste. Wir sagen, was wir denken. Wir übernehmen Verantwortung. Ganz schön mutig eben. Komisch ist nur, dass unser Land voll von solch mutigen Menschen ist, dass jeder von uns solche Menschen kennt, sie aber in den Medien, in der Öffentlichkeit nicht den gebührenden Raum finden.

In der Bibel ist der Mut ein Dauerthema. Und Gott traut uns etwas zu. Er will uns ermutigen.

Deswegen ist das »Fürchte dich nicht!« auch eine wiederkehrende Botschaft an verschiedenen Stellen in der Heiligen Schrift. Natürlich kennt das Alte Testament auch einen zürnenden Gott, aber Wut ist seine Sache nicht. Das Buch Sirach warnt: »Eifer und Zorn verkürzen das Leben, und Sorge macht alt vor der Zeit.« Wut kann nicht nur anderen Schaden zufügen. Wut zerstört uns selbst.

Warum wir »mutiger bekennen« und auch »fröhlicher glauben« sollten, davon handelt dieses Buch. Es geht um ein mutiges Bekennen zu einer Gesellschaft, in der Miteinander mehr zählt als Ellenbogen, in der Rücksicht ankommt und aufeinander achten wichtiger ist als »me, myself and I first«.

Was tun also, damit wir auch zukünftig in einer Gesellschaft leben können, in der Freiheit die Grundlage für ein selbstbestimmtes Leben ist? Eine Freiheit, die uns ermutigt zur Verantwortung; im Sinne der Freiheit eines Christenmenschen. Volker Busch hat uns in seinem wunderbaren Buch *Kopf frei!* daran erinnert, dass die Frage »Wie werden wir in zehn Jahren leben?« falsch gestellt ist. Wir müssen uns viel eher fragen: »Wie wollen wir in zehn Jahren leben? Und was müssen wir dafür tun?«

Mutige Menschen haben zu allen Zeiten die Welt verändert: diejenigen, die Zivilcourage bewiesen, Ängste überwunden und innere und äußere Dämonen bezwungen haben. Diejenigen, die gesagt haben, was sie denken, egal, welche Konsequenzen das für sie hatte. Doch Mut ist eben kein Selbstzweck – im Gegensatz zur Wut, die sich oft genug verselbstständigt wie der Hass. Bei manchem wütenden und hasserfüllten Zeitgenossen hat man den Eindruck, er kann selbst nicht mehr genau sagen, was ihn eigentlich so wütend macht.

Der Mut hingegen will und soll uns zu etwas befähigen. Wir erkennen immer wieder: Mut allein führt zu nichts. Es geht um mehr. Der Mut braucht die Tugend. Die christlichen Tugenden sind die Quelle der Kraft, aus der heraus der Mut sich schöpft. Wir benutzen das Wort Tugend inzwischen nicht mehr so oft. Vielleicht wirkt es zu altmodisch. Aber die Werte, die damit verbunden sind, die kennen wir alle, die fordern wir teilweise auch immer wieder ein: Gerechtigkeit, Klugheit, Mäßigung, Tapferkeit – aber auch Glaube, Hoffnung und Liebe. Neben den christlichen Tugenden gibt es ritterliche Tugenden. Na gut, Ritter gibt es in der Nachbarschaft eher selten. Aber bürgerliche Tugenden gibt es noch, und als Bürgerinnen und Bürger dieser Republik sehen wir uns ja hoffentlich alle dazu aufgerufen, einander zu achten und für Gerechtigkeit einzutreten. Die Tugenden und der Mut sollen uns helfen, besser zu werden und die Welt besser zu machen. Dann mal los.

In diesem Buch soll es um Frauen und Männer gehen, die Mut machen; um Menschen, die für andere oder für sich selbst mutig waren und etwas erreicht haben. Die Vorbilder sind – auch wenn sie sich selbst oft nicht so sehen. Es sind Menschen, deren Mut oft gar nicht laut daherkommt, sondern still und leise. So ist das ja bei vielen Mutigen in unserer Gesellschaft. Und weil ich das Gefühl habe, dass wir in den Medien und der Öffentlichkeit den Lauten, den Wütenden, den Schreihälsen viel zu viel Aufmerksamkeit widmen, ist in diesem Buch Raum für die Mutigen, ohne die am Ende nichts in unserem Land gut würde.

In den letzten Jahren bin ich ganz vielen Menschen begegnet, die solche Mutmacher sind. Und ich bin mir sicher, Sie kennen selbst auch viele solcher Menschen. Unser Land braucht dringend mehr von ihnen. Wenn man die Nachrichten schaut oder die Zeitung liest, dann denkt man: Alles geht den Bach runter. Dabei stimmt das gar nicht. Auch weil es in unserem Land so viele begeisternde Menschen gibt, die nicht nur mutig sind, sondern anderen Mut machen. Ihre Geschichten inspirieren und verbreiten Hoffnung.

*

Meine Schwester Steffi Tauber leidet seit über zehn Jahren an Multiple Sklerose. Wie sie mit dieser Krankheit umgeht, das finde ich bemerkenswert - nicht nur, weil ich ihr Bruder bin. Dennis Hasselmann hat eine Depression. Krank zu sein, vor allem, wenn das Leiden kein körperliches ist, das akzeptiert unsere Gesellschaft immer noch nicht richtig. Dennis kann davon ein Lied singen. Barmherzigkeit, Nächstenliebe, Fürsorge, Mitgefühl - all das braucht unsere Gesellschaft dringend, wenn sie solidarisch und menschlich bleiben oder wieder werden soll.

Auch bei Bernhard Drescher und Michelle N. ist es eine Erkrankung, die ihr Leben prägt. Hätten sie sich nicht entschieden, unserem Land als Soldat und Soldatin zu dienen, dann wäre ihnen das, was ihnen widerfahren ist, erspart geblieben. Bernhard Drescher war im Kosovo im Einsatz. Dort hat er so schlimme Dinge gesehen, dass seine Seele krank wurde. Er hatte eine PTBS, eine posttraumatische Belastungsstörung.

Seit seinem Ausscheiden aus der Bundeswehr setzt er sich für diejenigen ein, die wie er aus dem Auslandseinsatz zurückgekommen sind, aber nicht mehr in ihr vorheriges Leben zurückfinden. Michelle N. ist während eines Auslandseinsatzes von einem Transporter überfahren worden. Nach über zehn Operationen kämpft sie sich nicht nur zurück in den Alltag, sondern auch wieder in den Dienst. Sie will weiter das tun, was sie liebt: Soldatin sein. Und demnächst geht es wieder in den Auslandseinsatz. Sage noch einmal jemand, unsere Soldatinnen und Soldaten seien nicht mehr mutig.

Frank Dieter und Danny Beuerbach sind ein bisschen verrückt – im besten Sinne. Gerade das macht sie liebenswert. Frank Dieter arbeitet bei der Deutschen Bahn. Und er läuft Marathon. Bis zu zwölfmal pro Jahr. Sie haben richtig gelesen. Und damit nicht genug. Für jeden gelaufenen Kilometer sammelt er Spenden für einen guten Zweck. Damit inspiriert er andere. Danny Beuerbach ist Friseur. Seine eigenen Haare stehen wild vom Kopf ab. Ihm stehen die Haare zu Berge, wenn er mitbekommt, dass Kinder mutlos leben. Und er wünscht sich mehr Fantasie für unsere Welt. Wenn Kinder zu ihm kommen und ihm etwas vorlesen, dann schneidet er ihnen kostenlos die Haare. Umsonst ist das nicht. Im Gegenteil: Es ist beeindruckend, wie das Selbstbewusstsein dieser Kinder in den zehn Minuten auf dem Friseurstuhl wächst. So kann man Kindern Mut schenken.

Jörg Niesner und Nikodemus Schnabel haben sich einem Mann verschrieben: Jesus Christus. Nikodemus Schnabel ist Pater im Heiligen Land. In der Dormitio-Abtei auf dem Zionsberg ist er zu Hause. Dort habe ich ihn auch kennengelernt. Sein Sendungsbewusstsein gründet sich in der Erwartung Jesu an seine Jünger: die Frohe Botschaft zu verkündigen. Pater Nikodemus hat etwas zu sagen. Das ist nicht immer bequem, aber immer deutlich und mitten aus dem Leben. Es wirkt so befreiend und erfrischend, dass man seiner katholischen Kirche wünscht, dass es dort mehr Menschen wie ihn gäbe, die mutig die Frohe Botschaft verkünden.

Jörg Niesner ist evangelischer Pfarrer im hessischen Laubach. Der Ort ist das, was man auf den ersten Blick für eine heile Welt halten mag. Doch in Wahrheit gibt es auch dort alles, was das Leben an Schwierigkeiten und Problemen bereithält. Jörg Niesner treibt das an, etwas dafür zu tun, dass sich die Situation für viele verbessert. In seiner Gemeinde vor Ort kümmert er sich um fast 3000 Seelen, von denen ihm über 400 auch in den sozialen Netzwerken folgen. Darüber hinaus erreicht er über Social-Media-Kanäle viele Tausend Menschen. Mit ihnen diskutiert er über Fragen, die jenseits der Kirchenmauern bewegen. Teils ganz persönliche, teils theologische Fragen. Dabei hält er mit seiner Meinung nicht zurück, zeigt Mut, auch unbequeme Wahrheiten zu sagen. Neulich stand eine Frau aus Süddeutschland vor seiner Tür und wollte ihn nicht nur kennenlernen, sondern auch bei ihm in die Kirche eintreten.

Wie Pater Nikodemus kämpft auch Pfarrer Jörg (wie einst der gleichnamige Junker, der auf der Wartburg Unterschlupf fand) für eine mutige Kirche. Denn unser Land braucht auch bei einer geringer werdenden Zahl an Christen eine starke, stimmgewaltige Kirche und mutige Christen. Davon sind beide überzeugt.

Mechthild Heil ist Bundestagsabgeordnete. Sie vertritt in Berlin einen der schönsten Landstriche unseres Landes. Eine Gegend, die von einer Verheerung heimgesucht worden ist wie keine zweite in den letzten Jahren. Ihre Heimat ist das Ahrtal. Was sie dort während der Flutkatastrophe erlebt hat, und welcher Mut ihr begegnet ist, das teilt sie mit ihnen.

Auch Aylin Selçuk hat eine Mutgeschichte zu erzählen, in der es nicht nur um sie selbst geht. Als sogenanntes Gastarbeiterkind ist sie ihren Weg gegangen – gegen alle Widerstände, Vorurteile und auch gegen Anfeindungen. Inzwischen engagiert sie sich nicht nur politisch, sondern führt auch erfolgreich eine Zahnarztpraxis. Als Jugendliche hat sie die »DeuKische Generation« gegründet, einen Verein, in dem sich türkeistämmige Jugendliche für Gleichaltrige einsetzen und auch öffentlich ihre Interessen vertreten. Es geht dabei um Integration auf Augenhöhe. Aylin Selçuk will nicht nur reden, sondern machen. Sie steht für den Anspruch junger Deutscher mit Einwanderungsgeschichte, mitzuentscheiden, was aus unserem Land wird.

Christoph Lübcke teilt die Werte einer offenen Gesellschaft, in der jeder, der sich anstrengt, alles werden kann. Er findet, dass wir im besten Deutschland leben, das es je gab – mit dem Grundgesetz als Fundament. Sein Vater, Walter Lübcke, ist für diese Überzeugung von einem Nazi ermordet worden. Trotzdem verzagt Christoph Lübke nicht und will den Mut seines Vaters weitertragen. Er ist Stadtverordnetenvorsteher in seiner Heimatstadt Wolfhagen, und er will den Mördern seines Vaters und ihren Sympathisanten, den neuen Nazis, nicht die Genugtuung gönnen, vor ihnen zurückzuweichen. Außerdem ist er sich sicher: Einzuknicken wäre nicht im Sinne seines Vaters. Walter Lübcke hatte ein ausgeprägtes Gerechtigkeitsgefühl. Und er war, wie man es den Nordhessen nachsagt, gutherzig und auch ein Dickkopf. Vielleicht kann Christoph auch deswegen nicht anders: Er will anderen Mut machen, für unsere Republik einzutreten.

Das verbindet junge Menschen wie ihn und Aylin Selçuk mit Männern wie Jules August Schröder, der den Krieg noch erlebt hat und sich aufgrund seiner eigenen Geschichte heute für Menschen engagiert, die nach Flucht und Vertreibung in Deutschland eine neue Heimat gefunden haben. Er macht den Flüchtlingen Mut. Und auch den Einheimischen macht er

Mut, dass das Zusammenleben gelingen kann. Damit ist er ein Vorbild.

*

Egal, ob es um eine offene Gesellschaft, den Kampf gegen Rechtsextremismus und für unsere Demokratie, um mehr Achtsamkeit und Mitmenschlichkeit, ein anderes Bewusstsein für Menschen mit Einschränkungen, um die Zukunft der Kirche oder auch einfach nur um Respekt füreinander geht: Es braucht mehr Mut. Viele Menschen in unserer Gesellschaft können das Schlechtreden, das ständige Schimpfen, die Wut, den Hass und die negativen Schlagzeilen nicht mehr ertragen. Sie wünschen sich, dass wir uns auf unsere Stärken besinnen.

Wir sind ein tolles Land mit so vielen beeindruckenden Menschen! Davon bin ich fest überzeugt. In den letzten Jahren habe ich so viele tolle Menschen kennengelernt und erlebt. Es war gar nicht so leicht zu entscheiden, wessen Geschichte ich hier erzähle. Und ich bin mir sicher, Sie kennen auch viele beeindruckende Frauen und Männer, Junge und Alte. Sie sind der eigentliche Reichtum unseres Landes. Geben wir ihnen endlich die Aufmerksamkeit, die sie verdienen, lassen wir uns begeistern und anstecken von ihrem Mut. Den Mutigen gehört die Welt!

Peter Tauber

ZWÖLF MUTMACHERINNEN UND MUTMACHER

1
DEN FEINDEN DER DEMOKRATIE MUTIG ENTGEGENTRETEN

CHRISTOPH LÜBCKE

Wolfhagen in Nordhessen, da ist der Wind etwas rauer, die Menschen aber oft umso herzlicher – wenn man sie näher kennengelernt hat. Die Gegend westlich von Kassel ist die Heimat der Familie Lübcke. Christoph Lübcke lebt hier mit seiner Familie, seiner Frau und den drei Kindern. Das jüngste ist erst vor relativ kurzer Zeit auf die Welt gekommen. Und gerade hat Christoph viel beruflich zu tun, denn die Windkraftanlagen, an denen das familieneigene Unternehmen beteiligt ist, sollen erneuert werden. »Repowering« nennt man das. Christoph ist darüber hinaus in der Kommunalpolitik aktiv. Er ist Stadtverordnetenvorsteher in seiner Heimatstadt Wolfhagen. So etwas wie der Parlamentspräsident – nur auf der örtlichen Ebene. Und außerdem ist er der Sohn von Walter Lübcke, dem von Nazis ermordeten Regierungspräsidenten Nordhessens.

Oft beginnen Geschichten über Christoph mit dem Hinweis auf seinen Vater. Und die Geschichte seines Vaters ist ausführlich erzählt. Christophs Geschichte hingegen nicht. Natürlich kann man sie nicht erzählen, ohne auch über Walter Lübcke zu schreiben.

Bei allem Schmerz, aller Trauer und all den Emotionen, die schwer zu beschreiben und zu fassen sind, hat man nicht das Gefühl, dass das Schicksal des Vaters Christoph erdrückt. Auf eine eigentümliche Art und Weise trägt der Vater ihn. Christoph fühlt sich dem Vater und seinem Erbe verpflichtet, aber diese Verpflichtung lebt er auf seine Weise. Im Inneren trägt er Kämpfe aus. Doch nach außen wirkt er ruhig. Er strahlt etwas aus, das Mut macht und Zuversicht vermittelt. Das beeindruckt mich jedes Mal, wenn wir uns begegnen. Deswegen bin ich der Meinung, dass es sich lohnt, Christoph kennenzulernen, auf den sein Vater sicher sehr stolz war und es heute noch mehr wäre.

*

Das Erinnern ist Christoph wichtig, auch wenn es manchmal schmerzt. Warum er sich nach dem Mord an seinem Vater weiter politisch für seine Heimatstadt engagiert und für eine lebendige Demokratie wirbt, das hat er einmal in einem Interview mit folgendem Gleichnis beschrieben: »In den Niederlanden brechen alle hundert Jahre viele Deiche. Die Generation, die die Flut erlebt hat, weiß, wie wichtig es ist, die Deiche zu schützen. Sie baut oft neue, macht Pläne zur Instandsetzung, kümmert sich. Die Kinder wissen das noch aus Erzählungen. Sie schauen ab und an, ob der Deich noch fest und intakt ist, und erfüllen so ihre Pflicht. Aber manchmal wird das schon lästig. Es gibt so viele andere Probleme, um die man sich kümmern muss. Für die Enkel sind die Schrecken einer Sturmflut weit weg, sie kennen das nur aus den Geschichtsbüchern. Und dann droht die Gefahr, dass die Deiche erneut brechen. So ähnlich ist das auch mit der Demokratie. Wir sind jetzt in der dritten Generation, die den Schrecken des Krieges nicht kennt und nicht weiß, wie es ist, in einer Diktatur ohne Freiheit zu leben. Der demokratische Bürger kümmert sich zu wenig um den Deich, zu wenig um die Demokratie. Der Mord an meinem Vater und die immer größere Zahl an rechtsextremen Straftaten zeigen das.«

Die Ermordung seines Vaters hat Christophs Leben und das der gesamten Familie auf den Kopf gestellt. Er hat viel von seinem Vater und ist doch in vielem seiner Mutter sehr ähnlich.

Das Wertefundament der Familie, das merkt man in fast jedem Satz, den er sagt, will er unbedingt erhalten. Gerade in einer schnelllebigen Zeit ist es für ihn bedeutsam, seine Wurzeln zu kennen.

Die Familie ist ihm enorm wichtig – von den Großeltern über die Eltern bis hin zu ihm selbst und den eigenen Kindern. Haltung und Werte werden vorgelebt, weitergegeben. Man hält zusammen. Das Leben der Familie ist davon geprägt. Im Namen der erwähnten Firma sind deshalb auch die Namen der Großeltern mit aufgenommen: Braun, Lübcke und Grimmelbein – BLG. Die Großeltern und Eltern haben Christoph und seinem Bruder beigebracht, Verantwortung zu übernehmen und sich füreinander einzusetzen, so wie sich Walter Lübcke immer für die Familie eingesetzt hat.

Walter Lübcke. Groß gewachsen, eine laute Stimme und ein volles Lachen. Klare Haltung, bodenständig, im besten Sinne des Wortes konservativ. So haben ihn die Menschen, die ihn kannten, erlebt. Mich verband mit ihm eine Freundschaft, auch wenn wir uns nicht oft gesehen haben. Wenn wir uns begegnet sind, dann war es umso herzlicher. Und da wir am gleichen Tag Geburtstag haben, gab es dann natürlich einen Geburtstagsanruf. Oft begann der mit dem scherzhaften Satz: »Hast du etwa meinen Geburtstag vergessen?« Und da war es dann wieder, sein volles Lachen.

Walter Lübcke war pragmatisch und fähig, Kompromisse zu machen. Er wollte das Gute bewahren und ging doch mit der Zeit. So kannten ihn die Menschen in Nordhessen. Erst war er Landtagsabgeordneter und dann Regierungspräsident. Er liebte seine Familie, und die Familie liebte ihn. Die Familie als Burg, als Rückzugsort war ihm wichtig. Und heimatverbunden war er auf eine besondere Art und Weise. Den Menschen zugewandt, wollte er das Beste für Nordhessen.

Christoph ist ihm in mancherlei Hinsicht ähnlich und doch eine ganz eigene Persönlichkeit. Sicher war es das, was der Vater für seine Kinder wollte: ihnen etwas mitgeben; aber den eigenen Weg, den sollten sie dann schon selbst gehen.

Der Mord liegt nun schon einige Zeit zurück. Was macht so eine Tat mit der Familie? Kann es wieder so etwas wie Normalität geben? Alltag? Eins ist sicher: Es kann nicht mehr so werden wie vorher. Das anzunehmen ist wahrscheinlich das schwierigste. Und es braucht Mut, einen neuen Alltag, eine neue Normalität aufzubauen und sich darauf einzulassen.

*

Die Erinnerung an den Vater wird so schnell nicht verblassen. Alle zwei Jahre wird nun ein Walter-Lübcke-Demokratie-Preis durch das Land Hessen verliehen. Christophs Mutter ist Mitglied im Kuratorium. Der Preis hat die Form eines Sterns – angelehnt an das berühmte Buch *Der kleine Prinz*, in dem es heißt: »Wenn du bei Nacht den Himmel anschaust, wird es dir sein, als lachten alle Sterne, weil ich auf einem von ihnen wohne, weil ich auf einem von ihnen lache.« Das beschreibt Walter Lübcke ziemlich genau, denn er war ein lebensbejahender, fröhlicher Mensch, und er war gläubig. Der Stern ruht auf einem Sockel aus Waldecker Holz aus Nordhessen. Auch diese Symbolik ist gut gewählt für den heimatverbundenen Menschen Walter Lübcke. Der Preis soll an Menschen verliehen werden, die sich für das demokratische Miteinander und gegenseitigen Respekt einsetzen.

Darüber hinaus gibt es weitere Initiativen und Ideen, um die Erinnerung an Walter Lübcke wachzuhalten. Die Gründung einer Stiftung ist im Gespräch. Und in seiner Heimatstadt trägt nun die weiterführende Schule seinen Namen. Die Schülerinnen und Schüler haben sich dafür eingesetzt. Ein Plakat mit den Worten »Demokratische Werte sind unsterblich« hing als Solidaritätserklärung nach dem Mord lange an der Schule. Es ist die Schule, in die früher auch Christoph und sein Bruder Jan-Hendrik gegangen sind.

Und in Kassel, dem Sitz des Regierungspräsidiums, trägt eine Brücke seinen Namen. In Lohfelden, Niestetal, Langen und Rosbach vor der Höhe sind Plätze nach Walter Lübcke benannt worden. Man merkt, dass sein Schicksal die Menschen an vielen Orten beschäftigt. Der Name bleibt dadurch in aller Munde. Und damit verbunden ein Appell für Demokratie und gegen Rechtsextremismus. Nach der Sprachlosigkeit, die unmittelbar nach der Tat herrschte, sind solche Appelle heute auch nötig.

Ich habe mich damals geärgert über das dröhnende Schweigen. Natürlich gilt in einem Rechtsstaat die Unschuldsvermutung, natürlich gab es direkt nach dem Mord keine Beweise. Doch nicht nur mein Gefühl war untrüglich: Da ist jemand ermordet worden, weil er Demokratie und Rechtsstaat verteidigt hat und für Werte wie Menschenwürde und Nächstenliebe eingetreten ist.

Wahrscheinlich ging es vielen Menschen so wie mir: Als die Meldung vom Tod Walter Lübckes durch die Nachrichten ging, war mein erster Gedanke: Das war Mord. Doch man hatte fast das Gefühl, dass nicht sein konnte, was nicht sein durfte. Ein Mord von rechts an einem Repräsentanten des demokratischen Staates – das hatte es in der Bundesrepublik noch nicht gegeben. Erklärt das die Sprachlosigkeit unmittelbar nach der Tat? Ich weiß es nicht. Und ich fand das Schweigen beschämend.

Der Tat war eine unglaubliche Hetze gegen Walter Lübcke vorausgegangen, durch Rechtspopulisten und Neonazis, die im Netz gemeinsame Sache machten. Auch die AfD und ihre Politiker mischten kräftig mit. Sie alle machten sich mitschuldig.

Lübcke hatte als Regierungspräsident während der Flüchtlingskrise 2015 für eine vernünftige Unterbringung und Aufnahme der Flüchtlinge zu sorgen. Er vertrat dabei unmissverständlich die Werte und Normen unseres Rechtsstaates, die gerade dann durchgesetzt und hochgehalten werden müssen, wenn es schwierig ist. Dafür wurde er ermordet, nachdem der Hass im Netz sich immer weiter hochgeschaukelt hatte.

*

Die Familie merkt jetzt, wie viel Kraft die letzten zwei Jahre gekostet haben. Die öffentliche Aufmerksamkeit, Polizeischutz, dann der Prozess. Christoph fühlte sich in dieser Zeit wie in einem Tunnel, erzählte er mir. Denn die Arbeit, die Familie – all das musste ja weitergehen. Ihm ist das in der letzten Zeit erst so richtig klar geworden. Wenn er jetzt anfängt, viele Dinge, die liegen bleiben mussten, zu sortieren, dann sortiert er sich dabei auch ein bisschen selbst.

Dabei halten die Lübckes zusammen, wie sie es seit jeher tun. Alle genießen das familiäre Leben und treffen sich gerne zu feierlichen Anlässen. Dann ist das Haus natürlich voller Menschen, aber vor allem voll familiärer Wärme. Früher war das normal, heute ist es etwas Besonderes. Christophs Anliegen, das zu bewahren, was die Vorfahren geschaffen haben, es in die Zukunft zu tragen, hat jetzt eine weitere Bedeutung erfahren. Zu dem, was bewahrenswert ist, gehören nun noch stärker die Demokratie, der Rechtsstaat und die Freiheit. Für die Deutschen sind diese Werte seit über 70 Jahren selbstverständlich. Seine Familie hat erlebt, was passiert, wenn diese Werte angegriffen und zerstört werden.

*

Die Großeltern von Christoph hatten einen landwirtschaftlichen Betrieb, den die Familie immer noch fortführt. Das, was geschaffen wurde, soll bewahrt werden. Christoph erinnert sich daran, dass sein Großvater jeden Holzbalken aufgehoben hat, weil dieser vielleicht noch zu gebrauchen war. Er hat das miterlebt und gelernt, den Wert von Dingen zu schätzen. Auch sein Vater ist in einfachen Verhältnissen groß geworden. Mit seinen drei Brüdern teilte er sich ein Zimmer im elterlichen Haus, bis er 16 Jahre alt war. Die Familie ruft sich das immer wieder ins Gedächtnis, und Christoph will die gelebten Werte an seine Kinder weitergeben. Er weiß, dass es nicht so leicht ist, das zu vermitteln, ohne dass es als alte Geschichte abgetan wird.

Die Adventszeit und das Weihnachtsfest haben nach dem Tod des Vaters durch die Kinder wieder etwas an Fröhlichkeit und Lebendigkeit zurückgewonnen. Für die gesamte Familie war es immer die schönste Zeit im Jahr, und sie soll es auch wieder werden. Die eigenen Kinder nun in den Blick zu nehmen heißt ja gerade, sich daran zu erinnern, wie schön es war, als man selbst noch klein war. Den Wert solcher Tage und Momente will die Familie auch der nächsten Generation mit auf den Weg geben, denn das gibt Kraft, insbesondere in den schweren Zeiten.

*

Christoph hat mit der Familie, der Firma und auch dem Eintreten für eine gute Erinnerung an den Vater alle Hände voll zu tun. Aber das reicht ihm nicht. Er macht weiter Kommunalpolitik und ist seit der letzten Kommunalwahl Stadtverordnetenvorsteher in Wolfhagen. Als solcher versucht er, überparteilich zu agieren. Er will Menschen zusammenführen. Ein bisschen vermisst er den Streit in der Sache, denn natürlich hat er zu den meisten Dingen eine Meinung oder wünscht sich ein bestimmtes Ergebnis. Auch sein Vater war Stadtverordneter und hatte die Funktion des stellvertretenden Stadtverordnetenvorstehers inne. Da konnte er sich immer zu Wort melden – und tat das auch oft genug.

Auf dem Weg in die Politik ist Christoph seinem Vater gefolgt. Doch es ist noch nicht so weit, die Politik zum Beruf zu machen. Vor der letzten Bundestagswahl hat er kurz überlegt, für die CDU in Nordhessen zu kandidieren. Doch dieses Mal entschied er sich gegen eine Kandidatur. Somit bleibt die Politik ein Hobby. In seinem neuen Amt tritt er für die Werte ein, die ihm wichtig sind. Er steht für Wertschätzung und gutes Miteinander der Bürgerinnen und Bürger. Unter anderem will er auch die Erinnerung an die jüdische Vergangenheit seiner Heimatstadt wachhalten, wenn am 9. November an die Reichspogromnacht 1938 und die Judenverfolgung erinnert wird. 2021 hielt er eine Rede am Volkstrauertag und gedachte dabei aller Opfer von Krieg und Gewalt. Nicht nur die Zuhörenden dachten dabei an seinen Vater. Nach der Veranstaltung kam jemand zu ihm, bedankte sich und betonte, er sei selten von einer Rede so berührt gewesen.

*

Ob er will oder nicht: Wenn er irgendwo öffentlich auftritt, dann sehen gerade in der Heimat viele in ihm nicht nur Christoph Lübcke, sondern auch den Sohn von Walter, den die meisten hier kannten. Viele Menschen kommen zu ihm und sagen ihm, dass sie es gut finden, dass er sich weiterhin politisch engagiert. Christoph Lübcke hat darüber nachgedacht, aufzuhören, aber das würde sich falsch anfühlen. Er sagt: »Ich spüre schon, dass auf mich geschaut wird. Die Leute haben die Ohren offen, wenn ich etwas sage, weil ich der Sohn von Walter Lübcke bin. Mein Vater hat immer gesagt, was er denkt. Er stand zu seiner Meinung, hat sie vertreten, auch wenn er sich damit nicht immer beliebt gemacht hat.« Er würde sicher wieder so handeln und sich für Flüchtlinge einsetzen, für das Recht, für seine Überzeugungen und Werte eintreten. Diese Überzeugungen sind auch für Christoph die Richtschnur seines Handelns.

Ab und an kommt es vor, dass er gefragt wird, warum er sich das alles antut und als Politiker im Kreuzfeuer von Kritik und manchmal auch Häme und Verleumdung steht. Dass auch er jederzeit bedroht und angegriffen werden kann. Christoph weiß auch, dass im Freundeskreis darüber diskutiert wird, und man hat ihm geraten: »Lass das lieber bleiben, wir haben Angst um dich.« Diese Angst ist leider nicht erst seit dem Mord an Walter Lübcke da.

Man muss sich fragen: Wer schützt eigentlich die, die für uns Politik machen? Was tun wir, um unsere Politiker, die wir ja gewählt haben, zu unterstützen? Bei einer Umfrage haben 40 Prozent der befragten Bürgermeisterinnen und Bürgermeister angegeben, schon einmal beschimpft oder bedroht worden zu sein. Fast acht Prozent sind mindestens einmal tätlich angegriffen worden, und 20 Prozent berichten von Hassmails. Bundesweit sind mehr als 1200 Straftaten gegen Amtsträger aktenkundig. Die Dunkelziffer der einfach gelöschten E-Mails, der zerstochenen und klaglos geflickten Reifen oder still entsorgten stinkenden Postsendungen ist nicht bekannt.

*

Der Mord an seinem Vater war für Christoph und die Familie eine Zäsur im Leben. Aber er war auch eine Zäsur für unsere Gesellschaft. Wir müssen erkennen, mit welcher Brutalität die Täter einen politischen Gegner attackiert und getötet haben. Die demokratische Gesellschaft sollte sich bewusst machen:

Da ist einer ihrer Repräsentanten, einer aus ihrer Mitte, ermordet worden. Und wenn Christoph Lübcke der Überzeugung ist, dass die Familie und er durch den Mord eine Aufgabe erhalten haben und nun umso deutlicher für demokratische Werte eintreten müssen, dann denkt er dabei auch daran, dass das genau das ist, was sein Vater von ihm erwartet hätte: Nicht in der Trauer verharren, sondern mit klarem Blick nach vorne schauen. Und bei alldem auch die Freude am Leben nicht verlieren.

Mit dieser Haltung ist Christoph ein Vorbild. Er sagt: »Wir haben viel verloren – unseren Vater. Aber wir werden vor denen, die uns das angetan haben, nicht weiter zurückweichen.« In der Tradition des Vaters stehend, will er Menschen, die angefeindet werden, zeigen: Ihr seid nicht allein. Er möchte andere ermutigen, ihre Stimme zu erheben. Vor allem darf die schweigende demokratische Mehrheit sich nicht verstecken.

*

Beim Prozess gegen den Mörder vor dem Oberlandesgericht Frankfurt ist die Familie vor Ort. Die Mutter, Christoph und sein Bruder Jan-Hendrik sind als Nebenkläger im Gerichtssaal. Die hanebüchenen Beweisanträge und Ausführungen der Verteidigung des Angeklagten sind kaum zu ertragen. Die Familie weicht den Blicken des Angeklagten nicht aus. Das sind sie dem Vater schuldig. Sie wollen ein Zeichen setzen. Der Mörder hat ihnen das Leben unerträglich schwer gemacht, aber sie werden es weiterleben. Christoph hat das Gefühl, dass der Vater hinter ihnen steht oder sitzt, wenn es besonders schlimm wird. »Im Prozess haben die Hinterbliebenen Haltung gezeigt«, wird *DER SPIEGEL* später schreiben.

Das Bewusstsein dafür, dass Demokratie verteidigt werden muss, weil sie von Rechtsextremen attackiert wird, ist in den letzten Jahren gewachsen. Inzwischen ist klar, dass die neuen Nazis nicht nur Sprüche klopfen: Die Attentate in Halle und Hanau haben die Menschen sensibler werden lassen, die Politik hat Maßnahmen ergriffen. Es ist viel passiert, aber es ist nicht genug. Wir müssen wachsam bleiben. Jeder Angriff von Rechtsextremen auf einen Menschen gilt nicht nur der Person. Es ist immer auch ein Angriff auf die pluralistische Gesellschaft, auf das friedliche Miteinander, auf den demokratischen Rechtsstaat – umso mehr, wenn seine Repräsentanten angegriffen werden. Das Ziel der Rechtsextremen ist es, den Staat als schwach und illegitim vorzuführen. Vor diesem Hintergrund ist Christophs Einsatz besonders hoch einzuschätzen. Er gibt ein Beispiel dafür, dass Demokraten nicht zurückweichen, sondern den Rechtsextremen die Stirn bieten.

*

Als 1922 der Außenminister Walther Rathenau von Rechtsextremen ermordet wurde, da hielt der Reichskanzler Joseph Wirth, Mitglied der katholischen Zentrumspartei, eine bemerkenswerte Rede. Er brandmarkte diejenigen, die mit Hassparolen das Feld für den Mord bereitet hatten, und ließ keinen Zweifel daran, von wem aus seiner Sicht die größte Gefahr für die Demokratie ausgeht: »Da steht der Feind, der sein Gift in die Wunden eines Volkes träufelt. Da steht der Feind, und darüber ist kein Zweifel: Dieser Feind steht rechts!« Ein Satz, der heute in der Bundesrepublik ohne Abstriche noch genauso gültig ist.

Christoph treibt das um: Wenn niemand widerspricht, wenn jemand rechtsextreme Sprüche klopft, wenn gedankenlos hetzerische Bilder in sozialen Netzwerken und auf WhatsApp geteilt werden, dann schleichen sich rechtsextreme Bilder und Gedanken ganz heimlich in unseren Alltag. »Das wird man doch noch sagen dürfen!«, heißt es dann oft.

Nein, darf man nicht! Meinungsfreiheit heißt eben nicht, dass man hetzen und Hass verbreiten darf. Regeln des Anstands müssen nicht in Gesetzen stehen, damit sie in einer lebenswerten Gesellschaft Geltung haben.

Damit dieses Gift nicht weiter in die Gesellschaft einsickert, braucht es eine klare Ansage. Die kann nur vom Staat kommen. Aber auch die Medien tragen hier Verantwortung. Rechtsextreme und Reichsbürger bekommen oftmals eine Aufmerksamkeit, die in keinem Verhältnis zu ihrer tatsächlichen Bedeutung steht.

Der Staat muss eine rote Linie ziehen. Die Politik muss schneller handeln, Gerichte schneller urteilen. Nachlässigkeit und falsche Toleranz erhöhen nicht die Akzeptanz des demokratischen Staates, sondern werden von seinen Feinden als Schwäche ausgelegt.

*

Eines ist Christoph und der Familie besonders wichtig: Das Geschehene darf nicht in Vergessenheit geraten. Christoph will vor allem mit jungen Menschen in Schulen diskutieren. Er will berichten, was es bedeutet, wenn der eigene Vater von Rechtsextremen ermordet worden ist. Er will für die Demokratie und für ein gutes Miteinander werben. Er will jungen Leuten, die oft an der Zukunft zweifeln, Mut machen. Wenn man sich engagiert und einbringt, dann kann so vieles gelingen und gut werden. Auch das Wissen darum ist das Erbe seines Vaters, der immer neugierig auf die Zukunft war.

Christoph und ich waren gemeinsam in der Jungen Union engagiert. Das verbindet. Einmal sagte Christoph etwas, was noch lange in mir nachhallte. Man muss die Worte langsam sacken lassen, um zu begreifen, was ihn bewegt. Was er und die ganze Familie durchgemacht haben, wie viel Mut es braucht, um all das zu tun, was bei ihm wie selbstverständlich wirkt und es doch nicht ist. Er sagte mir: »Wir sind hier in der Region verwurzelt. Wir wollen nicht das Leben, das wir führen, das wir lieben, verlieren.« Und dann: »Es war nicht so klar, ob es wiederkommt, dieses Leben. Aber es kommt wieder. Wir tragen unseren Papa im Herzen, und wer im Herzen getragen wird, ist immer ein Teil von uns. So geht er nie ganz.«

*

Das nächste große Projekt, das Christoph im Blick hat, ist die Produktion von grünem Wasserstoff. Die Idee will er mit seinem Bruder, seinem Vetter und einem weiteren Partner aus seiner Heimat umsetzen. Der Energieträger der Zukunft soll aus dem vorhandenen Wind- und Solarstrom gewonnen werden. Das Ziel ist mehr Wertschöpfung im ländlichen Raum. Rund 60 Millionen Euro müssen investiert werden. Eine Gegend, die oft auf die leckere Ahle Wurscht, eine spezielle herzhafte Wurstsorte, reduziert wird, könnte künftig »Hydrogen Valley Wolfhagen« heißen, so die Vision. Es gibt derzeit nicht viele Projekte dieser Größe in Europa und Deutschland.

»Grün« ist der Wasserstoff deshalb, weil die Energie für seine Produktion aus Sonne und Wind gewonnen wird, also aus erneuerbaren Quellen kommt. Wasserstoff spielt eine Rolle als Energiespeicher, er kann als Treibstoff genutzt und ins Gasnetz eingespeist werden. Er dient als Wärmequelle, und auch die Eisenbahn könnte künftig damit fahren. Unter anderem könnte die Kurhessenbahn auf der Strecke von Kassel über Wolfhagen nach Korbach wasserstoffbetriebene Züge auf dieser nicht elektrifizierten Strecke einsetzen. Ohne Wasserstoff werden sich die hohen Ziele in Sachen Klimaschutz kaum erreichen lassen. Doch Wasserstoffproduktion ist energieintensiv. Darum wollen Christoph und seine Mitstreiter mit der bereits existierenden gemeinsamen Firma BLG neue Windkraftanlagen bauen, und sie setzen auf Solarenergie.

Überschüssige Energie aus Wind und Sonne lässt sich zudem als Ladestrom in der Elektromobilität nutzen. Was an Energie nicht sofort abgenommen wird, könnte in einer großen Batterie gespeichert werden. So lässt sich auch der Eigenstromanteil in Zeiten reduzieren, in denen weder die Sonne scheint noch Wind weht.

Wenn die Planungen abgeschlossen sind und die Genehmigungen vorliegen, soll vor Ort in den nächsten zwei Jahren Wasserstoff produziert werden. »Wasserstoff ist das Öl der Zukunft«, sagt Christoph. Und er trägt das mit der gleichen Überzeugung vor, mit der er auch für demokratische Werte streitet.

Christoph ist der Überzeugung, dass ein solch großes Projekt nur gemeinsam mit den Menschen vor Ort ein Erfolg werden kann. Darum hat er von Anfang an Wert darauf gelegt, möglichst viele Bürgerinnen und Bürger zu beteiligen. Schon bei vielen vorhergehenden Projekten haben Christoph, sein Bruder Jan-Hendrik und sein Cousin Marek dies so umgesetzt. So wurde auch jetzt der Ortsbeirat miteinbezogen. Sorgen und Nöte der Bürgerinnen und Bürger wurden aufgegriffen, und am Ende stand eine Empfehlung an die Kommunalpolitiker in Wolfhagen. Das führt dazu, dass dort nicht darüber nachgedacht wird, wie man das Projekt verhindern könnte, sondern wie es möglichst gewinnbringend für alle Seiten umgesetzt werden kann. Für Christoph, seinen Bruder und seinen Cousin ist es wichtig, die Wertschöpfung vor Ort zu lassen. Teilhabe ermöglichen und das Projekt für jeden ein bisschen sein eigenes werden lassen – vielleicht ist es das Erfolgsrezept.

Als kleiner Junge war Christoph in der Mitte der 1990er-Jahre dabei, als seine Eltern und Großeltern gemeinsam mit anderen einen Windpark errichteten. Walter Lübcke war schon zu einer Zeit überzeugter Windbauer, als viele in seiner Partei das noch für verzichtbar oder sogar eine Utopie hielten. Es war einer der ersten Windparks in Nordhessen. Die Anlagen wurden zwischen den Jahren aufgebaut. Wegen der Kälte saßen die Bauarbeiter regelmäßig bei den Großeltern in der Küche und bekamen belegte Brote und heißen Kaffee, um sich aufzuwärmen. Trotz der klirrenden Kälte zog es viele Menschen raus auf den Berg: Sie wollten miterleben, wie die ersten Anlagen mit gewaltigen Kränen errichtet wurden. Seinerzeit waren es noch Riesen – jetzt, verglichen mit den Anlagen der neuesten Generation, erscheinen sie regelrecht klein.

Heute projektiert Christoph mit seinem Bruder und seinem Vetter sowie weiteren Partnern die Errichtung neuer Windanlagen. Das kann auch bedeuten, bestehende Anlagen komplett abzureißen und neue, bis zu 250 Meter hohe zu bauen. Die erzeugen dann auf der gleichen Fläche zehnmal so viel Strom. Auch so sorgt Christoph Lübcke für eine lebenswerte Zukunft.

2
DAS LEBEN GEHT WEITER, AUCH WENN'S HUMPELT

STEFFI TAUBER

Steffi Tauber ist Schauspielerin und hat musikalisches Talent. Taika nennt sie sich, wenn sie Musik macht. Oder Preslisa, wenn sie dem King Elvis Presley und seinen Songs huldigt – nur mit einer Ukulele auf der Bühne. Und sie hat inzwischen einen Gehstock, der ziemlich cool aussieht. Denn Steffi hat MS, Multiple Sklerose. Und sie findet, ihr Gehstock ist cooler als der mit den Flammen von Dr. House aus der bekannten Fernsehserie. Sie hat außerdem einen schicken, faltbaren Rollstuhl für längere Strecken, einen Rollator aus Carbon und ein auf ihre Behinderung umgebautes Auto in Fontanarot Metallic. Sehr cool. Kein Wunder. Sie selbst ist cool. Und sie ist meine Schwester.

Steffi hat es nicht leicht. Wegen der MS. Manchmal merkt man ihr das auch an. Also, zumindest ich merke das. Wie es ist, wenn sie mit Menschen zu tun hat, die sie nicht kennen, das weiß ich nicht genau. Aber Steffi redet sehr offen über ihre Krankheit und auch über die Einschränkungen und Probleme, die damit einhergehen. Sie versteckt die Krankheit nicht. Das ist manchmal ganz schön mutig, denn noch immer ist es in unserer Gesellschaft so, dass Stärke belohnt wird, nicht Schwäche. Vielleicht ist es für sie auch ein Weg, mit der Krankheit umzugehen, mit ihr zu leben.

Als ich überlegt habe, welchen Menschen ich ein Kapitel in diesem Buch über Mut widmen möchte, habe ich ehrlicherweise zunächst nicht an meine Schwester gedacht. Habe ich es als zu selbstverständlich erachtet, wie tapfer und mutig sie mit ihrer Krankheit lebt? Manchmal ist es ja so, dass man das Naheliegende nicht sieht.

Mir ging es, wie es wahrscheinlich vielen geht: Für mich tauchte die Krankheit erst so wirklich auf dem Radar auf, als meine Schwester betroffen war. Multiple Sklerose ist eine chronisch-entzündliche Erkrankung des zentralen Nervensystems. Es ist eine bis jetzt nicht heilbare chronische Autoimmunkrankheit, an der in Deutschland immerhin fast 250 000 Menschen leiden. Das bedeutet, das Immunsystem richtet sich gegen den eigenen Körper.

Die Krankheit tritt meist im jungen und mittleren Erwachsenenalter auf. Inzwischen gibt es Medikamente, die ihr Fortschreiten verlangsamen können. Die Verläufe sind unterschiedlich schwer, und auch die Betroffenheit ist unterschiedlich. Man nennt MS auch die Krankheit mit den tausend Gesichtern. Das führt dazu, dass sie nicht immer gleich erkannt wird. Und jetzt geht die Geschichte los.

Meine Schwester Steffi ist an MS erkrankt, ohne es zu wissen. Es begann mit Taubheitsgefühlen.

*

Steffi ist aus meiner Sicht die Klügste unter uns drei Geschwistern – auch wenn mein Bruder das jetzt vielleicht nicht gerne liest. Das ist nicht nur an den Schulnoten abzulesen, auch ihr Studium hat sie mit Bravour gemeistert. Ihre Abschlussarbeit beschäftigte sich mit der posthumen Vermarktung von Elvis Presley. Der wird uns noch mehrfach begegnen.

Eines von Steffis Hobbys ist das Stricken. Ungewöhnlich für eine junge Frau. 2004 hatte meine Schwester erstmals Taubheitsgefühle im Daumen. Sie dachte sich: zu viel gestrickt. Das Gefühl im Daumen ist vergleichbar mit einem eingeschlafenen Bein oder Arm – mit dem Unterschied, dass das Kribbeln einen ganzen Tag anhält. Dann verschwindet es wieder. Deshalb machte sich meine Schwester keine weiteren Gedanken.

Das Kribbeln war die Folge eines sogenannten Schubs. Bei einer Entzündung des zentralen Nervensystems richtet sich das Immunsystem aufgrund einer Fehlfunktion gegen den eigenen Körper, greift also die körpereigenen Zellen an. Dabei werden irrtümlich die Schutzhüllen der Nervenfasern zerstört. Wo das im Körper geschieht, ist unterschiedlich. Dort, wo die Entzündungen auftreten, wird die Funktion der Nerven gestört. Nervenimpulse können dann nicht mehr oder nur verzögert weitergeleitet werden. Das Taubheitsgefühl im Daumen war ein Anzeichen für eine solche Entzündung.

Diese Entzündungen treten in Schüben auf. Vor allem bei den ersten Schüben zu Beginn der Krankheit bilden sich die Symptome aber oft vollständig wieder zurück. Das erschwert die Diagnose zusätzlich. Dem Taubheitsgefühl im Daumen folgten Sehstörungen. Meine Schwester fand auch dafür eine Erklärung. Schuld waren vielleicht die neuen Kontaktlinsen. Diese hatte sie wohl nicht richtig gereinigt, dachte sie. Ansonsten war ihr Kopf voll mit anderen Sachen: Gerade hatte sie in Berlin die Schauspielausbildung beendet, wollte jetzt so richtig durchstarten. Um ihren Traum zu leben, war sie bereit, sich einzuschränken, verzichtete auf vieles. Die Warnsignale übersah sie geflissentlich. Nur die Tatsache, dass sie nach dem Fahrradfahren immer so schnell erschöpft war, ärgerte sie.

Der berufliche Weg, für den Steffi sich entschieden hatte, war nicht vorgezeichnet. Eltern haben oft Vorstellungen, was ihre Kinder tun sollten. Und meine Eltern, vor allem meine Mutter, hatten gerade bei meiner Schwester, die so klug ist, eigene Ideen. Vielleicht liegt das daran, dass meiner Schwester Wege offenstanden, die für die Generation meiner Mutter noch verschlossen waren. Aber gerade dies ermöglichte es meiner

Schwester, das zu tun, was ihre Leidenschaft war: sich der Schauspielerei zu verschreiben.

Dass die Krankheit sie traf, als sie gerade mit der abgeschlossenen Ausbildung in ein neues Leben starten wollte, ist tragisch. Dass sie in der Schauspielausbildung – auch über sich – etwas gelernt hat, das ihr bis heute hilft, mit der Krankheit umzugehen, ist ein Segen. In allen schlechten Dingen liegt auch etwas Gutes.

*

Die ersten Schauspielrollen erfüllen Steffi. Sie spielt in Marburg. Die Bühne ist klein, aber darauf kommt es gar nicht an. Denn sie kann tun, was sie immer wollte. Sie lebt ihren Traum. Wer kann das schon von sich behaupten? Doch die Missempfindungen, die Krankheitssymptome nehmen zu. Auch jetzt noch findet Steffi dafür immer eine Erklärung: Sie schiebt es in der Regel auf den Stress, den sie gerade hat. Ganz sicher geht das wieder weg, wenn die Spielzeit rum ist. Nichts soll das gute Gefühl trüben. Doch irgendwann funktioniert das Leugnen nicht mehr. Ihre Beine kribbeln in letzter Zeit oft. Das Gefühl hört nicht mehr auf.

Als sie mit einer Freundin unterwegs ist, beobachtet sie einen Mann, der seltsam geht, als wären seine Bewegungen aus dem Takt gekommen. Er stakst durch die Gegend, schwankt, stockt im Laufen. Mit Blick auf den Mann sagt sie zu ihrer Freundin: »Ich glaube, mir geht's wie dem da.« Die Freundin, die selbst an Rheuma leidet, bleibt stehen und sagt zu ihr: »Du musst zum Arzt gehen Steffi. Das ist was Neurologisches.«

Wenig später passiert etwas Merkwürdiges: Noch nie hat sich meine Schwester die Arztserie *Dr. House* angesehen. Dieser Arzt, der mit seiner – sagen wir mal – unorthodoxen Art die schwierigsten Fälle löst, gehört nicht zu der Sorte Mediziner, die man sich als fürsorglichen und freundlichen Hausarzt aussuchen würde. Gemeinsam mit ihrem Freund schaut Steffi eine Folge dieser Serie. Darin geht es um MS. Sie sagt zu ihrem Freund: »Ich glaube, dass hab ich auch.« Und sie entscheidet sich, zum Arzt zu gehen. Danach schaut sie nie wieder eine Folge dieser Serie.

*

Seit fast 15 Jahren war Steffi nicht mehr beim Hausarzt. Jetzt sitzt sie im Wartezimmer der Hausärztin eine Straße weiter. Das sei, so sagt sie es heute, die beste Entscheidung ihres Lebens gewesen. Der Ärztin hat sie es zu verdanken, dass schnell Klarheit herrscht und eine Diagnose erstellt wird. Eine Woche dauert das. Wenn man jahrelang vermeintlich gesund war und dann einen Marathon an Untersuchungen über sich ergehen lassen muss, ist schon das für sich genommen ein Schock. Mit der Spritze wird Nervenwasser aus dem Rückenmark entnommen, ein MRT durchgeführt. Der Stationsarzt im Krankenhaus, wohin sie die Hausärztin überwiesen hat, übermittelt dann das Ergebnis: Multiple Sklerose. Morgen komme eine speziell ausgebildete Krankenschwester zu ihr, um ihr das subkutane Spritzen beizubringen, teilt er noch lakonisch mit. Das bedeutet, dass das Medikament unter die Haut und nicht in eine Vene gespritzt wird. Dass es verschiedene Präparate und unterschiedliche Darreichungsformen und Intervalle gibt, das erwähnt er nicht.

*

Jemanden zu finden, der zu einem gehört, ist nicht leicht. Jemanden, der einem Kraft schenkt, der Mut macht. Mit einer solchen Krankheit ist es noch schwieriger. Steffi hat das am eigenen Leib erfahren. Und doch gibt es einen Mann, der sie seit langer Zeit trägt. Man kann ihn fast als Sandkastenliebe bezeichnen. Die Rede ist von Elvis Presley. Seine Musik gibt Steffi Kraft und auch immer wieder Mut und Zuversicht. Die Geschichte, wie sie ihre Liebe zum King entdeckte, wird in der Familie oft erzählt.

Meine Mutter ist schon seit jeher ein Fan des King. Elvis ist ja auch nicht nur der King of Rock 'n' Roll, sondern diente als GI in unserer hessischen Heimat, als meine Mutter ein Teenager war. Als kleines Mädchen bestaunte meine Schwester mit großen Augen die Hüllen der Elvis-Schallplattensammlung unserer Mutter. Sie war acht Jahre alt und dachte: »Wie kann ein Mann nur so schön sein!«

Damit das nicht falsch rüberkommt: Elvis ist als Mann eigentlich nicht ihr Typ. Keiner ihrer Freunde hatte je Ähnlichkeit mit dem King. Er läuft sozusagen außer Konkurrenz.

Die Musik berührt sie. Wenn Elvis irgendwo zu hören ist und jemand redet währenddessen laut, ist sie genervt. Sie will oder, besser gesagt, sie *muss* dann zuhören. Wenn sie die Stimme von Elvis hört, egal, wo es ist, fühlt sie sich zu Hause. Es hat etwas von einer Meditation, einem Gebet.

Wenn es um Elvis geht, dann kann es vorkommen, dass meine Schwester anfängt zu dozieren. Zum Beispiel über die Bedeutung, die der Glauben für ihn hatte.

Elvis Presley war ein religiöser Mensch. Das merkt man besonders, wenn man seine Gospels hört. Man spürt: Er glaubt das, was er da singt. Wenn Elvis diese Lieder singt, dann berührt seine Stimme Steffi noch einmal auf eine ganz besondere Art und Weise. Sie gehen tiefer, unter die Haut.

Unter der Haut, da spürt sie sonst die Missempfindungen. Auch wenn sie nichts sagt, sie sind da. Fast immer. Wenn man sie danach fragt, dann beschreibt sie es so: Es fühlt sich an, als ob da etwas ist zwischen Haut und Fleisch. Es brennt, es kribbelt. Unangenehm.

Wer erkrankt, steht vor der Herausforderung, mit seiner Krankheit einen Umgang zu finden. Gibt es Momente, in denen man mit dem Schicksal, mit dem lieben Gott oder mit sich selbst hadert? Die Frage stellt: Warum eigentlich ich? Oder: Warum gerade jetzt?

Vielleicht war oder ist das bei meiner Schwester nicht so ausgeprägt, aber manchmal tut es doch weh, wenn man merkt, dass gewisse Dinge in diesem Leben nicht mehr wahrscheinlich sind oder dass man sie gar ausschließen kann und sich von ihnen verabschieden muss. Auch dieser Weg, den man im Kopf gehen muss, ist nicht leicht für sie.

Mit ihrem Neurologen hat sie ein Vertrauensverhältnis, das schwer zu beschreiben ist. Sie hat einen Spitznamen für ihn, aber der fällt nur, wenn sie in seiner Abwesenheit über ihn redet. Man merkt, dass er für sie eine Respektsperson ist. Und sie mag ihn irgendwie. Er ist nicht nur ihr Arzt, sondern auch ein guter Geist. Als sie einmal zu viel jammerte, sagte er zu ihr: »Ich will Ihnen nicht zu nahe treten, Frau Tauber, aber ich glaube, Sie sind auf dem falschen Weg.« Da stutzte sie und dachte: Der Mann hat recht. Er ist wahrscheinlich der einzige Mensch, der dazu befugt ist, ihr eine derartige Ansage zu machen.

Wenn man sich zehn Jahre lang kennt, wenn man regelmäßig mit einer Nadel Medikamente injiziert bekommt, ohne dass man selbst genau weiß, was einem da gespritzt wird, dann geht das nicht ohne Vertrauen.

*

Steffi hat sich, um mit der Situation klarzukommen, auch einen Therapeuten gesucht. Als sie diesem an einem Tag, der für sie kein guter war, ihr Leid klage, sagte der zu ihr: »Jetzt ist es aber auch mal gut.« Sie merkte: Es war ihre Entscheidung, ihre eigene Geschichte auf eine bestimmte Art und Weise zu erzählen: Entweder mit Blick auf die Einschränkungen und die Verlusterfahrungen, die die Krankheit mit sich bringt. Oder aber, indem sie das in den Fokus nimmt, was sie alles (noch) kann. Sich für das eine oder andere zu entscheiden, ist so, als ob man einen Schalter umlegt und die Perspektive wechselt. Natürlich sind die Missempfindungen noch da, natürlich gibt es weiterhin Tage, an denen sie sich mehr Aufmerksamkeit und Zuspruch wünscht als sonst - oder an denen sie einfach in Ruhe gelassen werden will. Aber mit dem Perspektivwechsel entscheidet sie sich dafür, ihren eigenen Weg zu gehen. So, wie sie das vor der Krankheit auch schon gemacht hat.

Nach Berlin und Frankfurt war Steffi auch gezogen, um mal rauszukommen aus dem kleinen, beschaulichen Gelnhausen. Für eine Schauspielerin war das nicht der richtige Ort. Aber inzwischen hat sie auch gemerkt, dass Frankfurt nicht der richtige Ort für sie und ihre Krankheit ist. Barrierefreiheit beginnt mit abgesenkten Bordsteinen für den Rollstuhl, aber das ist eben nur ein winziger Aspekt. Sie hatte glücklicherweise einen Anwohnerparkausweis, aber die Parkplätze waren tagsüber auch für andere Autos frei - und meist belegt. Denn in der Nähe ihrer Wohnung war eine Berufsschule. Wenn sie vormittags einkaufen fuhr, dann war mit Sicherheit kein Parkplatz mehr frei, wenn sie zurückkam. Und oft war sie nachmittags körperlich nicht mehr in der Lage, einzukaufen. Am Vormittag, da hatte sie die Kraft.

Was also tun? Sie reduzierte die Einkaufsfahrten, aber dadurch wurden die Einkaufstüten voller. Und damit gab es das nächste Thema: Wie sollte sie die Einkäufe in die Wohnung tragen, vor allem, wenn der Parkplatz weiter weg war?

Gelnhausen ist mit seinem Kopfsteinpflaster zwar auf den ersten Blick behindertenunfreundlich, aber man bekommt beim Supermarkt immer einen Parkplatz, und zu Hause gibt es eine Tiefgarage zum Parken und einen Aufzug. Deshalb ist Steffi wieder nach Gelnhausen zurückgezogen. Sie hat dort die Freiheit wiedergewonnen, die sie lange nicht hatte.

Wir alle sind froh, dass die Familie jetzt wieder »beieinander« ist. Auch mein Bruder wohnt wieder in Gelnhausen. Wir sehen uns nun alle fast täglich. Und wenn es mal zu viel wird, kann sich jeder problemlos zurückziehen. Dann man macht die Tür zu und die Musik an.

Musik ist ein gutes Stichwort. Neben der Schauspielerei ist dies Steffis zweite Leidenschaft. Und beides hat sie in der Kunstfigur Preslisa miteinander verbunden. Wenn sie als Preslisa auf der Bühne steht und mit ihrer Ukulele Songs aus den Elvis-Filmen singt, dann spricht aus ihr natürlich die Steffi, die den King verehrt. Aber es hat auch etwas Augenzwinkerndes, etwas Spielerisches, süß wie Popcorn oder Erdnussbutter. Beides liebte Elvis ja besonders.

*

Steffi war früher viel unterwegs. Und sie führte ein Leben, das viele Musiker kennen. Am einen Tag spielte sie in Prag, fuhr mit dem Zug hin, übernachtete dort. Am nächsten Morgen ging es weiter nach Marburg, dort stand sie abends als Schauspielerin auf der Bühne.

Doch mit der Krankheit geht das nicht mehr. Steffi kann nicht mehr so viele Auftritte absolvieren, und die Leichtigkeit von Preslisa passt nicht mehr zu ihr. Mit der Figur Taika, so ihr weiteres Alter Ego, thematisiert sie jetzt auch die Krankheit musikalisch. Viele Lieder klingen zunächst nach klassischen Liebesliedern, aber fast immer geht es eigentlich um MS.

Eines dieser Lieder passte dann auch nahezu perfekt zu einem Wettbewerb, den die Deutsche Multiple Sklerose Gesellschaft (DMSG) auslobte. Betroffene sollten auf verschiedene Art und

Weise darstellen, wie sie das, was nur sie selbst spüren, was sonst niemand sehen kann, wahrnehmen. Da geht es zum Beispiel um die Missempfindungen, die auch Steffi seit dem Beginn der Erkrankung plagen. Das Lied, mit dem sie sich bewarb, heißt »Glow«. Sie produzierte ein Video, unser Bruder Christopher führte Regie. Das kann er gut. Und dann galt es, möglichst viele Menschen zu überzeugen. Im Internet konnte abgestimmt werden. Steffi gewann den Wettbewerb. Es folgte eine Einladung nach Berlin, zu einer Gala der DMSG.

Der ehemalige Bundespräsident Christian Wulff ist Schirmherr der DMSG. Er hat seine Mutter, die auch an der Krankheit litt, jahrelang gepflegt. Einen besseren Schirmherrn kann die DMSG also eigentlich nicht finden. Man merkt ihm auch an, dass ihm das Thema nahegeht.

Ich war zu der Zeit des Wettbewerbs Parlamentarischer Staatssekretär im Verteidigungsministerium und Bundestagsabgeordneter. Natürlich versprach ich meiner Schwester: Bei der Preisverleihung bin ich dabei. Für Steffi war es eine kleine Weltreise, die logistisch genau geplant sein wollte. Rollstuhl, Anfahrt, wie kommt man in den Saal? Viele Fragen, die man vorher klären muss.

Für mich war die Hürde der Kalender der Sitzungswoche, denn am fraglichen Tag war ich im Parlament verplant. Ich musste das Ministerium auf der Regierungsbank vertreten. Nicht nur, weil es um meine Schwester ging, machte mein Büro – sensationell gut, wie immer – fast alles möglich. Gemeinsam mit meinem Fahrer Thorsten Selleske und meinem Adjutanten Oberstleutnant i.G. Andreas Schramm sorgte ich zudem dafür, dass auch Steffi wohlbehalten ankam. Und im Saal setzte ich mich neben sie. Obwohl wir im politischen Berlin waren und nicht nur der ehemalige Bundespräsident, sondern zahlreiche weitere Ehrengäste anwesend waren, war sie die Hauptperson des Abends.

Steffi kann sehr charmant sein, aber manchmal auch sehr direkt. Ich habe sie zwar schon öfter auf der Bühne erlebt, aber ich war gespannt, wie sie hier agieren würde.

Dann war es so weit. Christian Wulff betrat die Bühne und moderierte superfreundlich die Preisverleihung. Steffi wurde nach oben gebeten und erhielt ihren Preis. Es war ein Reisegutschein, den sie allerdings wegen der folgenden Coronapandemie nicht einlösen konnte. Doch in erster Linie ging es auch um die Wertschätzung, den Moment, die Aufmerksamkeit und das Lied. Steffi nahm dem ehemaligen Bundespräsidenten kurzerhand das Mikrofon aus der Hand, um das zu sagen, was ihr wichtig war. Typisch für sie.

Leider hatte ich nicht den ganzen Abend Zeit, ich musste irgendwann zurück in den nicht weit entfernten Bundestag und gab Steffi in die Obhut meines Teams. Mein Adjutant stellte sich meiner Schwester vor – formvollendet, wie das ein deutscher Offizier eben macht: »Frau Tauber, mein Name ist Oberstleutnant Schramm. Ich bin ab jetzt für Sie zuständig.«

Meine Schwester verriet mir später, dass die Begegnung mit Schramm für sie das eigentliche Highlight des Abends war. Schramm kümmerte sich toll um sie, das genoss sie einfach. Aufmerksamkeit und Wertschätzung sind so wichtig!

*

Wer Musik liebt, der liebt meist auch das Tanzen. Steffi tanzt nur noch mit dem Oberkörper, die Beine machen nicht mehr mit. Sie hat auch ein Theaterstück über ihre Krankheit geschrieben. Es wird in Marburg aufgeführt, und sie spielt selbst mit. Es geht in dem Stück um genau diese Frage: Wie kann man noch tanzen, wenn die Krankheit dafür sorgt, dass man mehr oder weniger durch den Tag taumelt? Was behindert Menschen – und kann man das immer sehen? Die Antwort auf die letzte Frage lautet: nein. Selbst wenn man sich Mühe gibt und genau hinschaut. Dem Umgang mit sichtbarer und unsichtbarer Behinderung nachzuspüren und das auf der Bühne gestalterisch umzusetzen, das ist keine leichte Unterhaltung, es ist ernstes Theater. Natürlich schauten bei der Uraufführung die ganze Familie und viele Freunde zu. Das Stück, das sie 2017 auf die Beine stellt, heißt *Dimensionen – Ich sehe nicht so aus, wie ich mich fühle.*

Steffi teilt auf der Bühne das, was uns als Familie täglich bewusst wird. Und doch sieht man es durch die Inszenierung noch einmal mit anderen Augen. Steffi steht für etwas, und mit der Darstellung der Situation von Menschen mit einer Behinderung auch für andere. Ob sie will oder nicht. Man sieht, während sie auf der Bühne unterwegs ist, welche Mühen das Gehen machen kann und dass ihr Körper ihr oft nicht gehorcht. Doch die Missempfindungen, die sie währenddessen hat, kann man nicht sehen. Das Kribbeln, das Brennen, die Taubheitsgefühle. Sie spricht darüber. Und darüber, dass sie lange traurig war, weil sie nie mehr durch die Gegend rennen kann. Doch obwohl das alles traurig ist – nicht nur für sie –, ist da auch etwas anderes: Die Art, wie sie das alles schildert, annimmt, damit umgeht, macht Mut, gibt anderen Menschen, die ebenfalls in schwierigen Situationen stecken, Zuversicht. Steffi kann singen, auf die Bühne gehen – und sie nimmt ihre Krankheit dabei einfach mit.

Wenn sie ihre Erfahrungen in ihrer Kunst teilt, dann ohne jemandem ein schlechtes Gewissen zu machen. Sie will vermitteln, dass das Leben lebenswert ist. Dass man es genießen kann, dass es schöne Momente gibt. Zum Beispiel durch und in der Musik – und nicht nur mit Elvis. Ihr Stück beinhaltet ihre eigenen Songs, die sie als Taika singt. Steffi sagt: »Wenn ich Musik mache und singe, dann sind Missempfindungen und Schmerzen egal.«

Bei allem Mut und dem Blick nach vorne sagt sie aber auch: »Jede Bewegung ist schwer und kostet mich unendlich mehr Kraft als früher.« Sie hat vor einiger Zeit ihre Ernährung komplett umgestellt. Viele MS-Kranke reden nicht darüber, dass auch die Verdauung und die Blase nicht mehr richtig funktionieren. Die Ernährungsumstellung hat ihr gutgetan. Einfacher ist der Tag dadurch nicht geworden.

Und natürlich gibt es die schwierigen Momente. Steffi hat sich von vielen Dingen verabschieden müssen. Und wenn wir recht arglos über Aktivitäten reden, bei denen sie nicht mehr mitmachen kann, dann tut ihr das schon ein bisschen weh. Je nach Tagesform merkt man ihr das mehr oder weniger deutlich an. Manchmal liegen ihre Nerven blank. Sie selbst beschäftigt sich damit und sagt: »Man kann nicht jahrelang darüber trauern. Man muss das loslassen, sonst geht man kaputt.«

Ob Theaterstück oder Musik: Steffi sucht immer wieder neue Wege, um anderen begreiflich zu machen, was es heißt, mit einer Krankheit wie der Multiple Sklerose zu leben. Nicht aufdringlich, nicht effekthaschend durch Lautstärke oder Sentimentalität, auch wenn man das zum Beispiel in den sozialen Netzwerken gebrauchen könnte, um Aufmerksamkeit für ein bestimmtes Thema zu erhalten und Menschen dafür zu sensibilisieren. Manchmal denke ich, dass es schade ist, dass die leiseren Stimmen weniger gehört werden. Denn Steffis Geschichte kann Mut machen. Und ihr Mut ist so groß, dass sie davon etwas abgeben kann. Deshalb teile ich ihre Geschichte in diesem Buch.

Ich gebe zu: Nicht alles, was ich hier aufgeschrieben habe, war mir vorher so bewusst. Vielleicht habe ich auch vieles für selbstverständlich oder normal gehalten. Aber was ist schon normal? Steffis »normal« ist ein anderes geworden in den letzten 13 Jahren. Nach dem Duschen muss sie sich erst mal ausruhen. Wie es weitergeht, weiß sie nicht. Jeder Krankheitsverlauf ist anders. Deswegen macht Steffi keine Pläne. Ziele hat sie trotzdem.

Ein größeres Ziel war es für sie, nach Memphis zu fahren, der Heimat von Elvis. Diesen Traum hat sie sich mittlerweile erfüllt. Unser Bruder war dabei. Ohne ihn hätte Steffi die Reise nicht machen können, das steht fest.

Für Steffi war es sehr berührend, im selben Tonstudio wie Elvis Presley, in den berühmten »Sun Studios«, eine eigene Schallplatte aufzunehmen und dann vor den Toren Gracelands zu stehen und ein Erinnerungsfoto zu machen.

Nicht nur die Aufnahme, sondern die Produktion und das Abmischen der Songs mit dem Tontechniker in den USA hat dann noch ein ganzes Jahr gebraucht. Mit vielen Gesprächen digital und fernmündlich über den großen Teich. Die Schallplatte gibt es übrigens in jedem gut sortierten Vinylladen zu kaufen. Und das Foto, das Steffi von ihrer Reise in die USA mitgebracht hat, bekam bei meinen Eltern zu Hause einen prominenten Platz. Jedes Mal, wenn meine Eltern, mein Bruder, Steffi oder ich es anschauen, müssen wir lächeln – weil es ein Sinnbild dafür ist, was alles geht.

3
BÄRENHERZ

FRANK DIETER

Wenn man Frank Dieter beschreiben soll, dann beginnt man am besten mit der Frisur. Er sieht ein bisschen aus wie ein Actionheld aus einer Fernsehserie der 1980er-Jahre. Vielleicht wie MacGyver. Haare hinten lang, vorne kürzer, leicht gewellt. Aber das ist natürlich nicht das, was ihn so besonders macht – obwohl er schon etwas von einem Actionhelden hat. Wenn man ein wenig Zeit mit ihm verbringt, dann spürt man: Es geht eine große Ruhe und Gelassenheit von ihm aus – und Wärme. Man fühlt sich ihm sofort verbunden. Mit diesem Mann Streit zu haben, ist bestimmt nicht leicht. Er strahlt Zufriedenheit aus. Das Gefühl, dass alles gut werden wird, ergreift mich jedes Mal, wenn ich ihm begegne. Und so geht es nicht nur mir, sondern jedem, der ihn kennenlernt. Frank Dieter ist ein besonderer Mensch – und ein bisschen verrückt.

Im Jahr 2021 erfüllte er sich einen Traum: Er nahm am 50. New-York-City-Marathon teil und lief zugleich seinen 100. Marathon. Obwohl es bei einem Marathonlauf normalerweise keine Hürden gibt, gab es diesmal welche: Wegen der Pandemie konnten statt der üblichen 50 000 Läuferinnen und Läufer nur halb so viele an den Start gehen. Und dann gab es auch noch einen Einreisestopp. Frank sah die Erfüllung seines großen Traumes schon in Gefahr. Ausländer benötigten für die Einreise in die Vereinigten Staaten eine Sondergenehmigung. Er bekam eine – doch in der Nacht vor dem Flug gab es noch ein technisches Problem mit dem Visum. Erst, als er im Flugzeug saß, war klar, dass sein Traum nun Wirklichkeit wird.

Franks Lauf in New York wurde natürlich auch zur Schlagzeile in der Lokalzeitung, denn in seiner Heimatstadt ist er kein Unbekannter. Der Zeitungsredaktion berichtete er von seinen Begegnungen und der Stimmung rund um den Lauf. Der Artikel ist mit einigen Bildern versehen: Sie zeigen Frank und die vielen anderen Menschen mit guter Laune, die verschiedenen Stadtteile, 42,195 Kilometer auf der blauen Linie, dem idealen Streckenverlauf, durch den Big Apple.

Beim Marathon passierte etwas Außergewöhnliches, das Frank sehr unmittelbar berührte. Überall am Rand der Strecke standen Spendenboxen. Da es zur Startzeit meist noch recht kühl ist und dann nicht nur die Temperaturen steigen, sondern man sich auch warm läuft, müssen die Läuferinnen und Läufer sich ihrer Kleidung entledigen. Und damit die Jacken, Handschuhe und Schals nicht im Straßengraben landen, werden sie gespendet. Der Gedanke, etwas Gutes zu tun, prägte diesen Lauf aber auch darüber hinaus – Charity wurde großgeschrieben. Da war Frank natürlich sofort dabei. Denn er läuft nicht mehr nur für sich selbst, er läuft vor allem für diejenigen, die das derzeit nicht können und vielleicht nie können werden: Er läuft für krebskranke Kinder und für die Stiftung Bärenherz.

Doch noch einmal zurück an die Startlinie. Frank läuft seit fast 20 Jahren. Er ist jetzt Ende fünfzig. Früher saß er in einem Büro im Innendienst bei der Deutschen Bahn. Das Büro, drei auf fünf Meter groß, teilte er sich mit einem Kettenraucher. Der Zigarettenrauch hing in den Gardinen, den Möbeln und natürlich in der Luft. Im Winter waren die Fenster geschlossen. Sein Kollege war älter, aus Respekt sagte Frank nichts zu dem Qualm. Atmen musste er trotzdem. Und das Passivrauchen machte ihn krank. Er bekam immer schlechter Luft, konnte keine zwei Stufen mehr die Treppe hinaufgehen, hatte das Gefühl, vor die Hunde zu gehen. Es musste sich etwas ändern.

Eines Tages fuhr er in den Wald und versuchte, an der frischen Luft einige Schritte zu gehen. Aus drei, vier Metern wurden 50, dann 100 Meter.

Und Frank kümmerte sich weiter um seine Gesundheit. Der Wildpark in Bad Soden war der Ort, an dem er seine Füße und Beine und auch seine Lunge neu kennenlernte. Schließlich wurden aus den Straßenschuhen Turnschuhe. Er machte beim Spazierengehen längere Pausen, aber die Strecke wurde immer weiter. Irgendwann lief er den Berg Richtung Neudorf hoch. Und da fiel ihm auf: Ich habe mich enorm gesteigert. So, wie er andere begeistern kann, begeisterte er sich damals selbst. Aus dem Gehen entwickelten sich die ersten Laufversuche. Seine Laune stieg, während die Pfunde purzelten. Fast 20 Kilo brachte er nun weniger auf die Waage.

Wenn man ihm damals gesagt hätte, er würde irgendwann einmal einen Marathon laufen, dann hätte Frank das für verrückt gehalten. Doch manchmal kommt es schneller, als man denkt.

*

Im Jahr 2002 steht Frank an der Startlinie beim Frankfurt-Marathon. Das Wetter ist schlecht, ein Sturm tobt. Außerdem hat er zu viel trainiert, ist wenige Tage vorher sechsmal um den Stausee bei Ahl gelaufen. Erfahrene Läufer wissen, dass das nicht klug ist, aber Frank ist kein erfahrener Läufer – noch nicht. Als er dann mit Ach und Krach ins Ziel kommt, soll es vorerst sein einziger Marathon bleiben. Doch er kann nicht vom Laufen lassen. Zunächst konzentriert er sich auf die halbe Distanz, den Halbmarathon, immerhin 21 Kilometer.

Gemeinsam mit seinem Schwiegersohn Dominik meldet er sich zu einem Duomarathon an. Man läuft zu zweit, jeder die halbe Strecke. Doch kurz vor dem Termin muss Dominik aufgrund seines Dienstes als Polizist absagen. Was macht Frank? Er startet allein und läuft die ganze Distanz. Im Ziel fühlt er sich gut. Von diesem Zeitpunkt an läuft er nur noch Marathon.

Oft verbindet er den Marathon mit einer Reise und einem Urlaub. Und häufig begleitet ihn seine Frau Anja. Frank trainiert weiter. Er hat auch einen gewissen Ehrgeiz. Es soll schon eine Zeit unter vier Stunden sein. Doch es ist auch eine Unruhe in ihm.

Bei einem Trainingslauf stellt er sich die Frage: Kann man aus dem Laufen auch eine positive Sache machen, die nicht nur mich selbst weiterbringt? Kann man die schönen Momente beim Laufen teilen? Frank hat noch keine Idee, wie, aber der Gedanke lässt ihn nicht mehr los.

Wir haben Frank schon ein wenig kennengelernt: Er ist ein Mensch, der das Positive in allem sieht. Er ist nie schlecht gelaunt. Das ist ihm wohl in die Wiege gelegt worden. Er schaut fröhlich und mutig auf die Welt und sieht keinen Grund zu verzagen. »Ich bin halt so«, sagt er kurz und knapp, wenn man ihn darauf anspricht. Für ihn macht es das Leben aus, optimistisch auf die Welt zu schauen. Und das ist ja manchmal gar nicht so leicht. Freunde und Bekannte, aber auch seine Arbeitskollegen schätzen das an ihm. Es gibt nur wenige, die nicht mit ihm klarkommen oder er nicht mit ihnen. Und wenn man mal nicht dieselbe Wellenlänge hat, dann hat Frank kein Problem damit, sich zurückzunehmen. Er sagt: »Wenn jeder sich ein bisschen Mühe gibt und nicht alles so negativ sieht, dann kommt man doch viel besser durchs Leben und über Krisen hinweg – auch in Zeiten wie diesen.« Ein einfacher Satz, der so wahr ist.

Frank hat die Erfahrung gemacht, dass gute Laune und Freundlichkeit ansteckend sein können. Er muss sich nicht verstellen, um diese unbefangene Fröhlichkeit auszustrahlen.

Es springt dann oft unbewusst ein Funke über, auch wenn das dem Gegenüber nicht gleich bewusst wird.

Beim Laufen verarbeitet Frank Erlebnisse, denkt über seine Sorgen nach, von denen auch er nicht ganz frei ist. Und dann kommt ihm der Gedanke: Ich habe zwei Kinder und sechs Enkelkinder – und alle sind gesund. Er will etwas für diejenigen tun, die das nicht sind, er will richtig helfen. Schließlich stößt er auf die Stiftung Bärenherz. Die Stiftung kümmert sich um schwerstkranke Kinder und betreibt auch ein Hospiz in Wiesbaden. Er fährt dorthin, schaut sich die Einrichtung an, spricht mit den Mitarbeiterinnen und Mitarbeitern. Sie nehmen sich Zeit, erklären ihm alles und zeigen ihm das Kinderhospiz. Dann steht Frank vor einem Foto. Es zeigt ein kleines Mädchen: Lara. Sie läuft, eingepackt in eine Winterjacke mit einer Mütze auf dem Kopf, einen Waldweg entlang, es geht leicht bergauf. Man sieht das Kind nur von hinten. Und unter dem Bild steht: »Ich gehe jetzt alleine weiter.« Lara starb im Kinderhospiz an Krebs.

Frank ist wie vom Donner gerührt. Er kann den Blick kaum von dem Bild abwenden. Aber er weiß jetzt: Hier ist er richtig. Und er will etwas tun. So entsteht die Idee, pro gelaufenen Kilometer einen Euro für Bärenherz zu spenden. Das sind pro Marathon immerhin 42 Euro. Und da Frank keine halben Sachen macht, merkt er schnell, dass die Summe noch ausbaufähig ist. Er will mehr tun.

Andere würden sich wahrscheinlich überlegen, statt des einen Euro pro Kilometer einfach den Betrag auf zwei, fünf oder sogar zehn Euro zu erhöhen. Nicht so Frank. Einen Euro pro Kilometer, das gilt. Also bleibt nur eins: Er muss mehr laufen. Und so kommt es, dass er inzwischen mindestens zehnmal im Jahr an der Startlinie steht. Und immer läuft er für Bärenherz. In manchen Jahren waren es auch schon zwölf oder 13 Marathonläufe. In Berlin und Frankfurt startet er regelmäßig, dazu kommen außergewöhnliche Strecken rund um den Globus.

Sein Reisepass ist voller Stempel: Curaçao, Malta, Mauritius, aber auch Paris, Wien und Salzburg. Ganz besonders gerne erinnert er sich an den Marathon in Athen und an die Atmosphäre beim Einlauf in das Stadion. Da hatten fast alle – er auch – Tränen in den Augen. Fremde Menschen fielen sich in die Arme. Es war eine Stimmung, als liefe die ganze Welt mit. In Havanna stand er neben dem Sänger und Schauspieler Will Smith an der Startlinie, beide machten ein Foto zusammen. Solche Geschichten von seinen Marathonläufen kann Frank am laufenden Band erzählen.

Anfangs erklärte ihn der eine oder andere für verrückt, doch bald kamen Arbeitskollegen und wollten teilhaben. Sie erhöhten den erlaufenen Betrag. Betriebe spenden; Kindergärten sammeln für ihn, auch aus der Familie kommt der eine oder andere Euro, den er an Bärenherz weitergeben soll. Ein örtlicher Unternehmer sagte ihm 500 Euro als Spende zu, wenn er bereit sei, dafür seine Geschichte im Rotary Club zu erzählen. Ein Schöffe bei Gericht wurde auf ihn aufmerksam und entdeckte so Bärenherz. Künftig fließt das eine oder andere verhängte Bußgeld an die Stiftung. Manchmal wird Frank auch gebeten, einen Scheck weiterzugeben. Dann fragt er, warum die Spender nicht einfach direkt etwas geben. Die Antwort: Die Menschen seien inspiriert von ihm, wollten gerne Teil seiner Geschichte sein. Er ist eben der Läufer mit dem Bärenherz, der anderen Mut macht, an das Gute in der Welt zu glauben – auch dann, wenn man mit viel Leid und Not konfrontiert ist.

Ab und an gibt es auch Sponsorenangebote. Die lehnt Frank immer ab. Die Reisen, das Startgeld und natürlich die 42 Euro, die er selbst pro Marathon spendet: Das kommt alles aus seiner eigenen Tasche. Jeder Euro, der ihm angeboten wird, geht direkt an Bärenherz. Und er achtet akribisch darauf, dass alles nachvollziehbar ist. Noch nie hat er einen Cent für sich behalten. Inzwischen sind so weit über 40 000 Euro für Bärenherz zusammengekommen.

Frank und ich sind auch schon zusammen gelaufen. Wir standen mehrfach beim Brüder-Grimm-Lauf an der Startlinie. Der Lauf führt von Hanau bis nach Steinau an der Straße. In fünf Etappen absolviert man an einem Wochenende 82 Kilometer. Auf der Strecke haben wir uns hin und wieder unterhalten. Frank läuft, er rennt nicht. So ist immer Zeit, die Landschaft zu genießen, Freunde zu treffen und sich auszutauschen. Wenn man neben Frank läuft, hat man das Gefühl, alle kennen ihn. Für jeden, den er überholt, und sogar für die, die ihn überholen, hat er ein freundliches Wort.

*

Auf einer gemeinsamen Laufetappe reden wir über seine Leidenschaft für Bärenherz. Und natürlich rührt er die Werbetrommel. Die Art, wie Frank erzählt, trägt mich durch den Büdinger Wald hoch zu den Vier Fichten, eine der höchsten Erhebungen mit über 406 Metern. Ich bin über jeden Kilometer froh, den wir so gemeinsam hinter uns bringen. Als es dann wieder leicht bergab geht, sage ich ihm, wie sehr mich seine Geschichte begeistert, und verspreche, für jeden gelaufenen Kilometer ebenfalls einen Euro an Bärenherz zu überweisen. Und er sagt: »Ich finde das, was ich tue, gar nicht so besonders. Ich mache eigentlich nichts.«

Liegt es daran, dass es wieder bergauf geht oder an diesem Satz, dass mir die Luft wegbleibt? Sieht Frank nicht, was er da Großartiges tut? Wie vielen Menschen er Mut macht, ein Vorbild ist? Vielleicht sieht er es, aber er macht nicht viel Aufhebens darum. Dazu ist er zu bescheiden.

Es gibt Gott sei Dank ganz viele Menschen wie ihn, die Gutes tun, sagt er. Vielleicht hat er recht. Es gibt tatsächlich viele Menschen, die an einer bestimmten Stelle helfen und andere stark machen. Doch es gibt noch nicht genug.

*

2017 wird auch sein Arbeitgeber darauf aufmerksam, dass Frank sich für eine gute Sache engagiert. Er bekommt den Sonderpreis »Gesellschaftliches Engagement« des DB-Awards. Das ist eine Auszeichnung der Deutschen Bahn für verdiente und engagierte Mitarbeiterinnen und Mitarbeiter. Seine Chefin faszinieren seine Reiseberichte und Erzählungen über Bärenherz vermutlich genauso wie mich, sodass sie Frank für diese Auszeichnung vorschlägt. Das kommt für ihn unerwartet. Nun darf er Ende des Jahres nach Berlin, wo der Preis im Bahn-Tower am Potsdamer Platz verliehen wird. Das Preisgeld beträgt 3000 Euro, die Frank natürlich sofort an Bärenherz überweist.

Am Abend vor der Verleihung findet eine Schifffahrt auf der Spree statt. Dort werden auch die Preisträger der anderen Kategorien vorgestellt. Alle haben sich in Schale geschmissen: Schlips und Anzug. Die Präsentationen werden auf Englisch gehalten. Franks Englisch reicht für die Anmeldung bei einem Marathon, aber nicht für einen Vortrag in dieser Runde. Darauf hat er sich nicht vorbereitet. Doch er erzählt seine Geschichte unverdrossen auf Deutsch, und die Moderatorin übersetzt für ihn. Am Ende stehen alle auf und applaudieren ihm. Er fängt an zu weinen, so sehr berührt ihn dieser Moment.

Zur Preisverleihung am Tag darauf bringt Frank seine Spendendose mit. Eine Dame nimmt ihm die Dose ab und geht für ihn von Tisch zu Tisch. Er muss immer wieder die Geschichte von Bärenherz und von seinen Läufen erzählen. Am Ende ist die Spendendose voll, doch man hört nichts klappern. Es sind nur Scheine darin. Alle wollten an der Idee teilhaben, Gutes zu tun. Neben dem Preisgeld gibt es auch eine dekorative Trophäe, eine Art Pokal. Frank ist der Einzige, der diesen Pokal nicht teilen muss. Er ist in keinem Team.

Bettina Melzer und Manfred Siebert sind ebenfalls Preisträger. Gemeinsam mit anderen Kolleginnen und Kollegen sind sie für die Projektarbeit »Innovative und umweltverträgliche Diensthemden« in der Kategorie »Umwelt« ausgezeichnet worden. Sie sind so berührt von Franks Vortrag, dass sie verabreden, ihr Preisgeld – ebenfalls 3000 Euro – auch an die Stiftung Bärenherz zu spenden. Gemeinsam besuchen sie zur Übergabe der Spende die Stiftung in Wiesbaden.

*

Man sagt ja immer, dass das Laufen Menschen zusammenbringe. Manchmal hat man aber mit Blick auf unsere Gesellschaft auch das Gefühl, dass jeder nur für sich läuft. Frank will davon nichts wissen: Natürlich verbindet das Laufen. Ich frage ihn, ob er eigentlich ein Ziel hat, ob er irgendwo ankommen will. Da ist er bescheiden. Wenn seine Zeit beim Marathonlauf ab und an noch unter vier Stunden liegt, freut er sich. Doch eigentlich ist es egal, wie lange er läuft – Hauptsache, er kommt an. Ehrgeizig ist er trotzdem, doch der Ehrgeiz fokussiert sich eher auf die für Bärenherz erlaufene Summe. Frank hat erkannt, was ihm wirklich wichtig ist. Damit hat er vielen Menschen etwas voraus.

Viele Sportmediziner und Ärzte würden Frank raten, weniger zu laufen. Ein Marathon ist für den Körper eine enorme Belastung. Ich mache mir Gedanken um ihn. Vielleicht ist er da zu unbekümmert. Aber er sagt, ich solle mir keine Sorgen machen.

Er würde auf sich aufpassen. Er ist zweifelsohne ein achtsamer Mensch. Und ich glaube ihm, dass er so klug ist, diese Achtsamkeit auch sich selbst zu schenken und nicht nur anderen.

Für Bärenherz ist Frank ein wahres Geschenk, denn neben der finanziellen Unterstützung trägt er das Anliegen der Stiftung auch in die Welt und hilft, die Bedeutung der Kinderhospizarbeit bekannter zu machen. Anja Eli-Klein, die Geschäftsführerin der Bärenherz Stiftung, sagt über ihn: »Frank Dieters Leidenschaft ist so ansteckend, der Funke springt sofort über, authentischer geht es gar nicht. Mit seinem vielfältigen Engagement konnte er in den vergangenen Jahren ›Bärenherz‹ zahlreichen Menschen näherbringen und somit weitere Unterstützer gewinnen. Ich bin sehr froh und dankbar dafür, dass wir ihn an unserer Seite haben.«

Frank ist ein Kämpfer. Er kämpft für schwerstkranke Kinder und auch dafür, ihnen und ihrem Schicksal mehr Aufmerksamkeit zu verschaffen. Er ist kein großer Redner oder Schriftsteller. Er ist auch kein Influencer. Aber er ist einer dieser mutigen Männer in unserem Land, die sich entschieden haben, dass sie etwas tun wollen. Er wartet nicht darauf, dass andere den Job machen.

*

Frank hat einmal in einem Interview mit dem Journalisten Mike Kleiss gesagt: »Ich möchte jedem klarmachen, dass es nicht selbstverständlich ist, dass es uns so gut geht, dass unsere Kinder gesund sind. Ich habe erfahren, dass in einem Hospiz gelacht wird, echte Freundschaften entstehen, auch über den Tod eines Kindes hinaus. Wer in unserer Gesellschaft hiermit konfrontiert wird, der versteht, wie unwichtig die täglichen Streitereien um nichtige Dinge wirklich sind.« Es wäre ein großer Schritt nach vorne, wenn wir uns an diese Einsicht alle öfter erinnerten.

Inzwischen ist Frank mehr als 100-mal Marathon gelaufen. Die Actionserie MacGyver hat übrigens 139 Folgen. Mac Gyver war nicht nur ein Actionheld, sondern er hat oft Menschen in schwierigen Situationen geholfen. Man wünscht sich, dass die Serie mit Frank Dieter deutlich mehr als 139 Folgen haben wird.

4
MUTIG »FLÜGELFLATTERSCHLAGEN«

MICHELLE N.

Schon früh will Michelle N. Soldatin werden, so wie ihr Onkel, der mehrfach in Afghanistan im Einsatz war. In den ersten Jahren des Einsatzes waren die Soldaten viel draußen im Land unterwegs. Ihr Onkel berichtet von den Begegnungen, und die junge Frau, die sich bei UNICEF ehrenamtlich engagiert, ist begeistert. Sie will etwas bewegen in der Welt. Und sie hat das Gefühl, das könnte sie in der Bundeswehr. »Ich allein kann natürlich nicht die Welt retten«, sagt sie. »Aber wenn jeder ein kleines bisschen macht, dann ist es trotzdem viel.«

Mit der Bundeswehr in den Auslandseinsatz zu gehen, das ist ein wichtiges Ziel für sie. Ihr heimlicher Traum gilt dem Fliegen, sie möchte Pilotin werden. Aber man sagt ihr, dass sie sich den Traum vom Fliegen aus dem Kopf schlagen müsse. Denn mit einer Körpergröße von 1,56 Metern und dem sprichwörtlichen Fliegengewicht ist sie zu klein. Man rät ihr stattdessen zu einer technischen Ausbildung. Auch Offizierin kann Michelle nicht werden, denn aufgrund ihrer Statur, so heißt es, bringe sie nicht die Voraussetzungen mit, um Menschen zu führen. Es fehle ihr an Autorität im Auftreten. Wenn Michelle N. darüber spricht, bemerkt man jedoch keine Verbitterung oder Ärger. Sie geht ihren Weg trotzdem. Niemand konnte sie aufhalten.

Die Welt besser zu machen, das ist das eine. Allen zu beweisen, dass auch sie mit ihrer zierlichen Statur Soldatin sein kann, das ist das andere. Sie landet im Heer, in Munster. Das ist nicht das, was sie sich erhofft hat. Und in der Grundausbildung geht es rau zu. Michelle fragt sich manchmal: Passt sie doch nicht in diese Welt?

Als sie nach längerem Überlegen ein Schreiben aufsetzte, um aus dem Dienst entlassen zu werden, heulte sie Rotz und Wasser. Sie will ihren Traum zwar noch nicht ganz aufgeben, entscheidet sich aber zunächst für eine Ausbildung, um Selbstbewusstsein zu sammeln. Am Flughafen Tegel lernt sie Speditionskauffrau. Danach stellte sie erneut einen Antrag auf Einstellung in die Bundeswehr. Diesmal klappt es. Sie kommt zur Luftwaffe.

Seit Herbst 2017 ist Michelle zwischen den vielen Lehrgängen für ihren Dienstposten im Geschwader oft als Projektunteroffizierin eingesetzt. Veranstaltungen wie die Internationale Militärische Segelflugmeisterschaft liegen in ihrem Verantwortungsbereich. Ihre eigentliche Aufgabe ist aber die eines Flugbetriebsfeldwebels. Sie ist verantwortlich für die Planung, Vorbereitung, organisatorische Durchführung und Nachbereitung des militärischen Flugbetriebes unter Berücksichtigung aller Vorschriften. Dass Michelles Nachname nicht genannt werden darf, hängt übrigens auch damit zusammen, dass sie Soldatin ist. Soldatinnen und Soldaten sind angehalten, nicht mehr mit Klarnamen in der Öffentlichkeit aufzutreten. Das liegt an der veränderten Sicherheitslage in Europa, am Krieg in der Ukraine.

*

Irgendwann ist es dann so weit: Sie ist auf ihrem Dienstposten fertig ausgebildet und will mit ihrem Geschwader in den Einsatz. Afghanistan ist das Ziel. Sie möchte unbedingt dabei sein und hat sich freiwillig gemeldet. Aber dann kommt es ganz anders. Ein Kamerad, der das Bundeswehr-Kontingent in Niger ergänzen soll, fällt aus. Michelle N. hat die Vorbereitung für den Auslandseinsatz abgeschlossen und sogar schon alle notwendigen Impfungen. Sie meldet sich für den Einsatz.

Keine fünf Wochen später steigt sie mit anderen in das zivile Flugzeug, das die deutschen Soldatinnen und Soldaten nach Afrika bringt.

Eine Hürde gibt es vorher noch zu nehmen: Die Bundeswehr ist zunächst nicht in der Lage, ihr eine für den Auslandseinsatz passende Uniform bereitzustellen. Sie muss in Afrika den Feldanzug mit Wüstentarndruck und Vektorenschutz tragen. Aber den gibt es nicht in ihrer Größe. In die kleinste vorhandene passt sie immer noch zweimal rein. Das ist der Moment, in dem sie mich anruft. Wir kennen uns schon länger. Michelle will sich damit natürlich keinen dienstlichen Vorteil verschaffen, sie weiß einfach nicht mehr weiter. Und sie schickt mir ein Video, in dem sie in dieser viel zu großen Uniform zu sehen ist. Ich zeige den kleinen Film meinem Büroleiter. Der Marineoffizier schüttelt den Kopf und nimmt sich der Sache an. Erst nach vielen Anrufen und Unterstützung »von oben« klappt es. Michelle ist zu Reisebeginn vollständig ausgestattet. Im Gegenzug wünschen wir uns von ihr eine Feldpostkarte aus Niger.

*

Am Flughafen in Bamako stehen malische Soldaten, schwer bewaffnet. Sie begleiten die Deutschen im Transitbereich sogar, wenn sie zur Toilette gehen. Für Michelle N. ist das ein komisches Gefühl. Und sie spürt sofort, dass das Klima in der Sahelzone eine Herausforderung für sie sein wird. Der rote Sand durchdringt alles, die Luft ist trocken.

Von Mali geht es mit einer Transall C-160 weiter nach Niamey. In der nigrischen Hauptstadt ist der deutsche Lufttransportstützpunkt, das Drehkreuz in der Wüste. Nach einer kurzen Nacht beginnt die Einweisung in den Dienstposten. Der Spieß und der Chef nehmen sie in Empfang. Die Soldatinnen und Soldaten schlafen in Containern, meist zu zweit. Beeindruckend ist die internationale Atmosphäre im Camp. Auch außerhalb des Camps ist Michelle unterwegs, um Kameraden vom zivilen Teil des Flughafens abzuholen. Dort sieht sie Kinder, viele Kinder. Man hat ihr eingeschärft, dass sie ihnen nichts schenken darf, das sei verboten. Für Michelle ist das nicht einfach. Einer der Gründe, warum sie Soldatin werden wollte, war ja, dass sie Menschen helfen wollte, vor allem Kindern. Aber natürlich hält sie sich an den Befehl.

Und die junge Soldatin ist neugierig. Sie lernt den Sprachmittler kennen, der bei den Franzosen ein und aus geht. Er nimmt sie immer mal auf eine Crêpe mit rüber ins französische Camp. Dort ist alles ein bisschen anders. Man ist zwar gemeinsam hier in Afrika im Einsatz, aber die Einstellung und Haltung der Franzosen unterscheidet sich doch von der der Deutschen. Nicht besser, nicht schlechter. Anders. Mit ihrem Schulfranzösisch kommt Michelle gut klar. Man verständigt sich im Zweifel auch auf Englisch oder mit Händen und Füßen.

Langsam wird der Einsatz zur Routine. Jeden Tag sitzt sie in der »Ops«, der Operationszentrale. Michelle N. ist eingesetzt in der Koordinierungszelle für die Flüge. »Opsi« nennen die Soldaten sie in ihrer Rolle als Flugbetriebsfeldwebel.

Die Zeit vergeht wie im Flug. Nur noch wenige Tage, dann soll es schon zurück in die Heimat gehen. Der erste Einsatz ist fast geschafft. Michelle hat ihren Traum wahr gemacht. Wer kann das von sich schon behaupten?

Doch dann kommt der Tag, der alles verändert. Wie jeden Morgen ist Michelle unterwegs, um die Verpflegung für die Crew aus dem französischen Camp abzuholen. Mittags geht man dort gemeinsam zum Essen.

Einer der Kameraden hat Geburtstag. Sie beschließen, ihm im Laden im französischen Camp ein Geschenk zu kaufen. Etwas, das er sich gewünscht hat. Um sich für einen Moment aus der Gruppe zu verabschieden, braucht es eine Ausrede, denn der Mann ist beim Mittagessen dabei. Michelle N. und ein Kamerad nutzen die Gelegenheit, um ihre Wäsche abzuholen. Mit Wäschekörben bewaffnet, ziehen sie los. Beide gehen auf der Straße, nicht weit entfernt sehen sie einen Transporter. Michelle erinnert sich später, dass sie in diesem Moment feststellte: »Der fährt ja genau auf uns zu!«

Sie dreht sich um und gibt dem Kameraden dabei noch einen Schubs, doch der Wagen erfasst sie – 40 km/h schnell –, rollt über sie hinweg und kommt mitten über ihr zum Stehen. Sie hört es laut knacken und denkt, das sind die Wäschekörbe. Aber es sind ihre Knochen. Allein ihr Becken ist sechsmal gebrochen. Die Ärzte stellen später fest: instabile Beckenfrakturen, Kreuzbeinfraktur, komplexe Fraktur des zweiten Halswirbels, offenes Schädel-Hirn-Trauma, Felsenbeinfraktur, Kalottenfraktur, Schlüsselbeinfraktur, komplexe Mittelgesichtsfraktur mit Nasenbeinfraktur, Orbitabodenfraktur und eine beidseitige Lungenembolie.

Als sie unter dem Fahrzeug liegt, ist Michelle bei vollem Bewusstsein, nur bewegen kann sie sich nicht. Jeder Muskel ihres Körpers ist angespannt. Später erklären ihr die Ärzte, dass ihr genau dies das Leben gerettet hat. Wäre sie bewusstlos geworden, dann hätte der Körper jede Anspannung verloren. Nur durch die Anspannung, das Adrenalin, hat sie überlebt.

Über eine Stunde lang verfolgt sie mit, was um sie herum geschieht. Sie verdrängt das Ereignis nicht. Und Michelle redet später mit allen, die dabei waren, weil sie wissen will, was genau passiert ist. Sie stellt sich dem Schrecklichen.

*

Die Ersten, die ihr helfen, sind Franzosen. Sie kümmern sich intensiv und gut um sie. Die deutschen Rettungskräfte sind alarmiert und treffen nach zehn Minuten ein.

Alle reden auf sie ein, Michelle N. versteht jedoch kein Wort. Sie sagt auf Englisch: »Everything hurts.« Ihr läuft Blut aus dem Ohr. Auf einem Auge kann sie nichts mehr sehen. Durch eine Orbitabodenfraktur ist das Auge nach hinten gerutscht. Ihr Kiefer ist gebrochen. Mit der Zunge fährt sie sich über die Lippe und spürt ihre Zähne nicht mehr. Ihre größte Angst ist es, das Augenlicht zu verlieren. Die Helfer schneiden ihre Uniform auf. Sie hat das Gefühl, völlig entblößt mitten auf der Straße zu liegen. Sie möchte nicht, dass jemand sie so sieht. Schließlich kommen die Sanitäter mit einer Foliendecke, die nicht nur vor Blicken schützt, sondern die Wärme im Körper halten soll. Und das alles bei deutlich über 40 Grad im Schatten. Immer wieder reden die Helfer auf sie ein, inzwischen sind auch die Deutschen da. »Keine Sorge, wir retten dein Auge, und deine schiefe Nase kriegen wir auch wieder hin«, hört sie.

»Opsi, was ist denn passiert?« »Alles wird gut!« Die deutschen Stimmen sind so beruhigend. Jemand streichelt sie am Arm. Der Kamerad, dem sie noch einen Schubs gegeben hatte, ist leicht verletzt. Er erzählt ihr fast zwei Jahre später beim Einsatznachbereitungsseminar, dass die Helfer um sie herum mit Decken und Laken eine Art Zelt gebaut haben.

Ihr Körper wird auf eine Trage geschoben. Man fährt sie ins zivile Krankenhaus in der Stadt, um sie zu röntgen. Auf dem Rückweg beobachtet sie sich selbst von außen, schaut auf sich, als sei sie eine andere Person. Man sagt ihr beim Erreichen des deutschen Camps: »Wir legen dich jetzt schlafen. Wenn du wieder aufwachst, dann bist du zu Hause in Deutschland.« Der Rettungsflieger, der sie nach Deutschland zurückfliegen soll, ist schon angefordert.

Doch so einfach ist das nicht. Das vorgesehene Flugzeug, der A400M, eignet sich letztlich nicht. Ihr Körper würde den Start nicht aushalten. Außerdem muss sichergestellt sein, dass der Kabinendruck während des Fluges auf Meeresniveau bleibt. Die Crew des A310, der in Deutschland bereitsteht, hat bereits viele Notfälle geflogen und macht routiniert ihren Job.

Dann geht es los. Sechs Stunden Flug nach Afrika. In Deutschland soll Michelle in einer Klinik weiterversorgt werden.

Der Kabinendruck wird manuell geregelt. Einer im Cockpit muss immer die Anzeige im Auge behalten. Die Fliegerärztin macht eine deutliche Ansage: Wenn das nicht klappt, dann wird die Patientin sterben. Der Mann im Cockpit schaut wahrscheinlich häufiger auf das Chronometer als auf alle anderen Instrumente. Das Ganze ist eine riesige Herausforderung für alle Beteiligten. Doch alles geht gut. Die Crew ist nach der geglückten Ladung stolz und froh. Und für Michelle N. geht es weiter auf die Intensivstation des Bundeswehrkrankenhauses nach Koblenz.

*

Nach dem Unfall am 26. November 2019 und der Verlegung einen Tag später wacht sie am 28. November um 20:30 Uhr auf. In den kommenden Monaten werden die Bundeswehrkrankenhäuser quasi ihr neues Zuhause. Vier Operationen sind zunächst geplant – letztlich wird sie zehnmal operiert. Dabei gibt es auch Rückschläge.

Auf dem linken Ohr hört sie nicht mehr so gut wie früher, und beim Blick nach unten sieht sie Doppelbilder. Auch mit dem Schlüsselbein gibt es Probleme. Es sind bleibende Schäden. Doch Michelle hat ein Ziel: Sie will wieder in den Dienst.

Ihr begegnen heute immer wieder Menschen, die in dieser Zeit an ihrer Seite waren. Als sie die Verabschiedung der letzten Transall in Hohn begleitet, kommen Kameraden, die sie nicht kennt, auf sie zu: »Du bist doch unsere Opsi aus dem Einsatz«, sagen sie, »wie toll, dass es dir wieder gut geht.«

Bei einer Kontrolluntersuchung trifft sie die Ärztin, die ihr Gesicht rekonstruiert hat. Sie sagt zu ihr: »Ich bin ganz stolz auf meine Arbeit. Gut sehen die Narben im Gesicht aus.« Michelle erlebt Fürsorge und Kameradschaft. Viele machen ihr Mut. Manche Ärzte kommen auch in ihrer Freizeit und am Wochenende in ihrem Krankenzimmer vorbei, um sie bestmöglich zu unterstützen. Der Chirurg, der ihren Kiefer operiert, verzichtet auf freie Zeit mit seinen Kindern, weil ihm seine Patientin wichtig ist. Die Pflegerinnen und Pfleger kennen sie inzwischen und begrüßen sie jedes Mal herzlich mit Komplimenten zu all den Fortschritten, die ihre Genesung macht. Einer von ihnen nimmt sich die Zeit, ihr das Zimmer auf der Intensivstation zu zeigen, um ihr zu helfen, ihre Erinnerungen zu vervollständigen. Eine Ärztin der HNO-Abteilung begrüßt sie zum nächsten stationären Aufenthalt mit einem kleinen Glücksbringer. So viele Mutmacher.

Zur Linderung ihrer Atembeschwerden, aber auch zur Wiederherstellung des Gesichts, soll ihre Nase operiert werden. Doch vor diesem Eingriff gibt es erstmals ein Problem mit der Bürokratie. Die Bundeswehr will die Kosten für die Operation nicht übernehmen, da es zu einer Schönheitsoperation zählt. Als ob eine junge Frau keinen Anspruch darauf hat, möglichst wieder so auszusehen wie vor dem Unfall.

Nicht nur wegen solcher Erlebnisse fühlt Michelle sich irgendwie schuldig. Sie hat ein schlechtes Gewissen, weil andere ihretwegen nun so viel Arbeit haben. Und, weil sie sie in diesem schrecklichen Zustand sehen mussten. Erst am Ende ihrer Psychotherapie wird ihr klar, wie verrückt solche Gedanken sind. Verrückt ist ein gutes Wort. Denn im eigentlichen Sinne des Wortes ist auch in ihrem Kopf etwas »ver-rückt«. Erst als der Körper nahezu geheilt ist, wird ihr das bewusst.

Sie will so schnell wie möglich zurück in den Dienst. Ganz soldatisch ist ihre größte Sorge, dass sie nicht mehr in den Einsatz kann. Sie wollte doch noch nach Afghanistan. Daraus wird vorerst nichts, denn noch liegt sie ja auf der Intensivstation in Koblenz. Und auch hier wird ihr erst viel später klar, dass gar nicht der Wunsch, wieder ein normales Leben führen zu können, sie antreibt. Sie will wieder das tun, wofür sie damals bei der Bundeswehr unterschrieben hat.

Es kündigt sich Besuch an. Noch unangenehmer als ihr körperlicher Zustand ist für sie die Vorstellung, den Besuch mit ungewaschenen Haaren zu empfangen. Sie bittet die Pflegekräfte sogar auf der Intensivstation darum, ihr die Haare zu waschen. Doch wie macht man das bei jemandem, der sich nicht bewegen darf? Keiner sagt: »Mädchen, du hast andere Sorgen.« Die Pfleger finden eine Lösung. Alle zwei Tage bekommt Michelle die Haare gewaschen. Und wenn sie auf eine andere Station kommt, dann wissen die Pflegerinnen dort schon Bescheid. Man tut alles, damit es ihr besser geht und der Heilungsprozess vorankommt.

*

Die Zeit im Krankenhaus ist nicht nur lang. Michelle ist auch oft allein. Auch später noch, als sie wieder zu Hause ist. Und sie merkt: Etwas stimmt nicht. Als sie abends auf der Couch sitzt, kann sie sich nicht ausstrecken. Alles erinnert sie an den Moment nach dem Unfall. Als sie da auf dem Boden lag, hingestreckt von dem Transporter, der sie überrollt hatte. Solche Flashbacks hat sie auch, wenn sie Sirenen von Rettungsfahrzeugen hört. Die Ärzte und Psychologen kennen so etwas. Michelle hat Symptome einer posttraumatischen Belastungsstörung (PTBS).

Wieder erlebt sie viel Fürsorge und Verständnis – aber auch das Gegenteil. Ein Offizier fragt ungläubig, ob sie ernsthaft eine PTBS hätte. Sie sei doch gar nicht im Gefecht gewesen und solle sich nicht so anstellen. Das ist ein Schlag ins Gesicht. In ein Gesicht, dem man die Folgen des Unfalls immer noch deutlich ansieht. Und auch ein Schlag ins Gesicht der Kameradinnen und Kameraden, die ebenfalls mit den Erlebnissen des Einsatzes nicht klarkommen und die doch meist nur eins wollen: normal leben und wieder zum Dienst gehen können.

Das ist der Moment, in dem Michelle sich entscheidet, ihre Geschichte mit anderen zu teilen. Dabei achtet sie penibel darauf, nur positive Dinge zu beschreiben. Klar benennt sie auch schwache Momente und Rückschläge, aber am Ende beschreibt sie immer eine Perspektive für sich – und damit auch für andere. Wieder erfährt sie viel Rückhalt, Bewunderung und Zuspruch. Diese zierliche junge Frau macht anderen Mut, manche davon sind gestandene Kerle.

Michelle N. mag – durchaus ungewöhnlich für eine Frau in ihrem Alter – Goethe, »den alten Haudegen«, wie sie den Dichterfürsten einmal in einem sozialen Netzwerk nannte. Wer ihr auf Instagram folgt – und das tun fast 7000 Menschen –, der liest dort den Satz: »You can't always be strong; but you can always be brave.« Damit meint sie sicherlich auch sich selbst. Ihr Name dort lautet *fluegelflatterschlagen*. Das hat sie von besagtem Haudegen Goethe. Der schreibt im Faust: »Mordgeschrei und Sterbeklagen! Ängstlich Flügelflatterschlagen!« Mit Blick auf Michelle muss man das »Ängstlich« wohl streichen. Wer ihre Geschichte kennt, der wird feststellen: Diese junge Frau hat Mut.

*

Es ist schon manchmal schwierig genug, Mut für sich selbst aufzubringen. Aber Michelles Geschichte wird unverhofft zu einer Mutgeschichte für andere. Nachdem einige Freunde und Kameraden nach dem Unfall in Sorge waren, weil es um sie auf ihren Profilen in sozialen Netzwerken so ruhig geworden war, kam immer häufiger die Frage: »Du bist doch nicht etwa die in Mali verunglückte Soldatin?!« Sie hatte vorher stolz davon berichtet, in diesen Einsatz nach Afrika zu gehen. Als sie auf der Intensivstation ihr Mobiltelefon wieder in die Hand nimmt, findet sie fast 200 ungelesene Nachrichten. Viele Freunde und Kameraden haben gehört, was ihr passiert ist, und schreiben ihr. Darunter auch Menschen, die sie überhaupt nicht kennt. Am längsten überlegt sie, ob sie auch über ihre PTBS berichten soll. Sie entscheidet sich dafür. Auch, damit endlich bei den Verantwortlichen ankommt, dass hier trotz vieler neuer Maßnahmen und Hilfen noch längst nicht alles perfekt ist.

In der Bundeswehr gibt es eine Fülle von Dienststellen und Zuständigkeiten. Das gilt auch für das sogenannte Netzwerk der Hilfen. Es ist beeindruckend, welche Initiativen es inzwischen gibt, um Soldatinnen und Soldaten nach dem Einsatz zu helfen. Doch es fehlt eine Anlaufstelle, die Betroffene wie Michelle ganz konkret und dauerhaft unterstützt. Und es kostet Menschen wie Michelle viel Kraft, immer die richtige Anlaufstelle für ihr Problem zu finden. Andere Nationen wie die Niederlande haben ein Veteranenheim. So etwas braucht es auch in Deutschland.

*

Auch ihren Geburtstag muss Michelle im Krankenhaus verbringen. Sie schreibt auf Instagram: »Heute ist mein 25. Geburtstag. Und ihr glaubt gar nicht, wie ich mich freue, diesen überhaupt erleben zu dürfen, wenn auch im Krankenhaus! Ich war die letzten Monate im Einsatz, wie viele von euch ahnten. Es war eine superschöne Zeit, in der ich sehr viel gelernt habe. Über mich, aber noch viel mehr über all das andere, was es auf dieser Welt so zu entdecken gibt. Ich kann gar nicht in Worte fassen, wie stolz ich über die Erfahrung bin, die wundervollen Menschen, die ich während der Zeit kennengelernt habe, und die Erlebnisse, die ich mit diesem Einsatz verbinde. Bis zu diesem einen Tag. Gemütlich sitze ich mit Kameraden beim Mittag und möchte danach motiviert und gestärkt meine Aufgabe weiter erfüllen – Zack – Unfall. Polytrauma. Ein Fahrzeug hat mich mit 40 km/h überrollt. Ich liege am Boden. Blut läuft mir aus den Ohren. Diese Schmerzen und oh – überall nur noch Blut und der Puls, den ich in jeder Zelle meines Körpers stark schlagen spüre. Verrückt, was einem durch den Kopf geht, wenn man so auf dem Boden liegt und nichts mehr tun kann als alles einfach passieren lassen und fest daran glauben, es zu überleben.

Ich verdanke den Kameraden, die sofort meine Wunden versorgt haben und mich so schnell es ging nach Deutschland geholt haben, mein Leben. Auch all den Ärzten in den folgenden Operationen. Verrückt, wie Dinge manchmal einfach so passieren. Becken gebrochen. Genick gebrochen. Offenes Schädel-Hirn-Trauma. Kaputtes Gehör. Schlüsselbein gebrochen. Das halbe Gesicht zertrümmert und eine Lungenembolie waren die wesentlichen Folgen des Unfalls. Warum erzähle ich euch davon? Bitte, bitte tut mir einen Gefallen. Sagt euren Liebsten, so oft es geht, was sie euch bedeuten. Seid nicht nachtragend. Ihr wisst nie, was das Schicksal als Nächstes geplant hat und wann ihr das nächste Mal Gelegenheit dazu bekommt, sie in den Arm zu nehmen. Verliert niemals euer Lächeln. Auch wenn alles anders kommt, als ihr euch das vorgestellt habt. Manchen Menschen rettet genau das nämlich den Tag.«

Mit ihren traurigen Gedanken, die sie natürlich auch hat, will sie andere nicht belasten. Aber Michelle bekommt nach solchen Postings viele tragische Geschichten erzählt. Viele trauen sich dank ihr auch, über ihre eigenen Sorgen zu reden.

Woher Michelle N. die Kraft nimmt, das fragt man sich manchmal. Geweint hat sie am Anfang gar nicht. Doch nach der zehnten Operation ist es so, als ob eine Last von ihren Schultern fällt. Zwischendurch hat sie ein Video gepostet, in dem zu sehen ist, wie sie mit Krücken erstmals wieder stehen und gehen kann. Zaghaft und vorsichtig, aber sie steht. Sie lässt andere teilhaben an ihrer Rehabilitation. Doch jetzt muss sie sich auch einmal eine Schwäche erlauben. Sie weint. Und sie weint viel. Besonders bei den Sitzungen mit ihrer Psychotherapeutin. Es hat sich so viel aufgestaut, dass sie kaum aufhören kann zu weinen. In Momenten, in denen es angebracht gewesen wäre, hat sie es sich verboten. Jetzt muss es raus.

*

Wenn sie einen schlechten Tag hat, dann liest sie die vielen aufmunternden Kommentare in den sozialen Netzwerken. Das hilft ihr. Als Corona noch kein Thema in Deutschland war, bekam sie viel Besuch in der Klinik. Manchmal auch Post. Menschen schicken ihr auch Kuscheltiere. Am Ende sieht das Krankenzimmer fast aus wie ein Spielzeugladen. Über 40 Plüschtiere unterschiedlicher Art und Größe reihen sich auf der Fensterbank, auf dem Sideboard und dem Tisch aneinander. Sie selbst nennt das ihren »Streichelzoo«. Und Michelle macht daraus gleich wieder ein Projekt. Sie erinnert sich an die Kinder am Flughafen in Niamey, auf die sie doch so gerne zugegangen wäre – und es nicht durfte, weil das den Soldatinnen und Soldaten verboten war. Jetzt sollen sich Kinder in Niger wenigstens an den Kuscheltieren erfreuen. Mit dem Verein »Die Bundeswehr hilft Kindern weltweit« organisiert sie den Transport. Eine Hilfsorganisation vor Ort sorgt dafür, dass schwer kranke Kinder die Kuscheltiere bekommen. Es ist ein gutes Gefühl, sie auf die Reise zu schicken – in den Einsatz sozusagen.

*

Ihre Wiedereingliederung ins Berufsleben beginnt am 31. Mai 2021. Viele Monate sind seit dem Unfall vergangen. Erst die Operationen, immer wieder Physiotherapie und dann die PTBS und die psychologische Behandlung. Am Bundeswehrkrankenhaus gibt es eine eigene Abteilung für die Betroffenen. Wer sich mit dem Thema etwas auskennt, der weiß sofort, was gemeint ist, wenn von der FU 6 die Rede ist. So lautet die Abkürzung für die Fachärztliche Untersuchungsstelle der Klinik VI Psychiatrie und Psychotherapie. Auch Michelle N. ist hier zur Begutachtung. Sie will von den Ärzten hören, dass nichts dagegenspricht, irgendwann wieder in den Einsatz zu gehen. Das wäre für sie die Bestätigung dafür, dass sie es geschafft hat. Manche reagieren mit Unverständnis auf diesen Wunsch, andere bewundern sie. Einer der behandelnden Ärzte sagt ihr sehr deutlich, dass er kein Freund davon ist, Soldaten, die einmal an PTBS erkrankt waren, wieder in den Einsatz zu schicken. Doch bei ihr macht sich der Oberarzt der Station nach der vollständigen Integrierung in den Dienst und der abgeschlossenen ambulanten Psychotherapie keine Gedanken.

Kurz nach Beginn ihrer Wiedereingliederung merkt Michelle, wie anstrengend das noch für sie ist. Aber sie ist glücklich. Ihre Gedanken teilt sie erneut mit ihren Followern:

»Auch wenn ich fertig aussehe im Vergleich zum zuvor schön geschminkten, hergerichteten Foto: Glaubt mir, ich wäre nirgends lieber als dort, wo ich grade stehe. Meine Arbeit macht mir Spaß, und die Menschen in meinem Umfeld tun mir unfassbar gut. Voller Tatendrang könnte ich einfach den ganzen Tag dortbleiben, denke ich mir und ärgere mich, dass ich nur sechs Stunden für drei Tage in der Woche aktuell da sein darf. Bis sich die Müdigkeit meldet, sobald ich zu Hause auf dem Sofa angekommen bin. Seht ihr diese Augenringe bis nach Timbuktu? Ja, ich bin manchmal noch echt erschöpft. Meinem Körper sei verziehen, er hatte die letzten Monate viel zu ertragen. Aber er gewöhnt sich langsam an die Arbeit, und ich bin dankbar, dass mich alle in meinem Umfeld dabei unterstützen, zurückzukommen.«

Am 8. September 2021 ist Michelle wieder »Vollzeit verwendungsfähig«, wie es offiziell heißt. Kurze Zeit später steht sie auf einer Liste für den Einsatz. Es ist nicht unwahrscheinlich, dass es wieder nach Afrika geht. Michelle N. sagt: »Ich bin nicht Soldatin geworden, um Geld zu verdienen, sondern weil das meine Leidenschaft ist.« Aber sie hat auch Verständnis für die Kameraden, die nach schlimmen Erfahrungen nicht mehr in den Einsatz wollen und teilweise nicht einmal mehr dienstfähig im Heimatbetrieb sind.

Michelle ist wieder voll im Dienst und im Leben angekommen. Aber als wir uns das letzte Mal begegnet sind, zeigte sie mir ihren Schwerbehindertenausweis. Da verdunkelte sich die Stimmung. Michelle hat bleibende Schäden davongetragen. Wer sie kennt, weiß allerdings, dass sie stets nach vorne schaut. Und ich bin davon überzeugt: Wenn man wie sie nach vielen schlimmen Erfahrungen nie den Mut verliert, immer an das Gute glaubt und daran, dass gelingen kann, was man sich erträumt, dann kommt man ganz sicher weiter.

5
WARUM DIE WELT EINE MUTIGE KIRCHE BRAUCHT

JÖRG NIESNER

Über die Nachricht hat er sich im ersten Moment richtig gefreut. Eine Frau schrieb ihm, sie wolle gerne am kommenden Sonntag seinen Gottesdienst besuchen und dann in die Kirche eintreten. Doch leider musste Jörg Niesner ihr mitteilen, dass sie beim Gottesdienst zwar hochwillkommen sei und man gerne im Anschluss noch einen Kaffee trinken könne, aber bei ihm in die Kirche einzutreten, das sei für sie nicht möglich. Die Frau kam nämlich gar nicht aus der kleinen hessischen Stadt Laubach, in der Jörg evangelischer Pfarrer ist, sondern aus einem Städtchen in Baden-Württemberg. Sie hatte sich per Internet und über soziale Netzwerke von ihm für die Frohe Botschaft begeistern lassen. Bei sich vor Ort hatte sie nicht so recht Zugang zu ihrer Gemeinde gefunden. In solchen Momenten merkt Jörg Niesner, dass die Kirche irgendwie den Anschluss an die moderne Zeit verpasst hat.

Der Kirchturm begrenzt nicht mehr den Horizont des Denkens. Längst nicht mehr. Wir leben in einer mobilen Gesellschaft, viel wichtiger als der Heimatort werden bestimmte Menschen, die einem das Gefühl geben, eine Heimat zu haben. Es ist ja etwas Urchristliches, dass Menschen Gemeinschaft suchen und deshalb als Gemeinde zusammenkommen. Natürlich gibt es Kircheneintrittsstellen, die für bestimmte Regionen zuständig sind, aber das klingt nicht nur bürokratisch, das ist es oft auch. Jörg ärgert sich jedenfalls und spricht seine Kirchenleitung sofort auf das Problem an.

Er ist ein junger Pfarrer voller Elan. In Marburg und Frankfurt hat er Theologie studiert, später an der Philipps-Universität in Marburg, am Religionspädagogischen Institut und im Schuldienst gearbeitet. Die Pfarrstelle in Laubach mit einer Gemeinde von 2600 Seelen ist seine erste nach dem Vikariat. Doch seine Gemeinde ist in Wahrheit viel größer. Allein auf Instagram folgen ihm mehr als 8500 Menschen. Auch auf Twitter und in anderen Netzwerken ist er aktiv. Inzwischen teilen viele junge Pfarrerinnen und Pfarrer dort ihre Erfahrungen und sprechen über Gott und die Welt. »Sinnfluencer« nennen sie sich. Und Jörg ist einer von ihnen.

Man findet ihn unter dem Namen @wasistdermensch. Der Satz ist einer Textstelle aus dem 8. Psalm entlehnt. Dort heißt es: »Was ist der Mensch, dass du seiner gedenkst, und des Menschen Kind, dass du dich seiner annimmst?« Als Antwort auf diese Frage sind unzählige Bücher geschrieben worden. Und auch Martin Luther hat sich 1536 in einer akademischen Disputation mit dieser Frage ausführlich beschäftigt. Ganz schön mutig, einen solchen Namen für einen Internetauftritt zu wählen. Als Jörg in den sozialen Netzwerken noch ausschließlich private Inhalte wie seine Leidenschaft für die Oper teilte, aber auf sein Theologiestudium hinwies, kamen direkt die ersten Fragen: »Glaubst du wirklich an Gott?«, oder »Hast du wirklich vor, Pfarrer zu werden?«. Ja, das hatte er.

Entgegen dem Klischee über diejenigen, die soziale Netzwerke intensiv nutzen, ist Jörg alles, nur nicht oberflächlich. Er hat einen feinen Humor. In einer Kurzbiografie beschreibt er sich mit folgendem Satz selbst: »Ich sage ja immer: Augen auf bei der Berufswahl! Ich z. B. esse beruflich Kuchen. Jörg, 38, evangelischer Pfarrer«. Das klingt nach lutherischer Fröhlichkeit.

*

Im Netz erzählt er von seinem Leben als Pfarrer. Aber er hilft dort auch Menschen in seelischen Notlagen. Neben neugierigen Fragen begegnen ihm dort auch Menschen, für die der Schritt durch die Kirchentür eine zu hohe Hürde ist. Und er trifft jene, denen noch nie jemand die Geschichte mit Jesus richtig erklärt hat.

Seine Sicht auf die Kirche in unserer Gesellschaft hat es Jörg wahrscheinlich leichter gemacht, diesen Weg zu gehen. Er gehört zu denen, die sich eine Kirche wünschen, die Menschen ermutigt. Die Dystopien und Untergangsszenarien unserer Zeit sind seine Sache nicht. Er möchte Glaube, Liebe, Hoffnung teilen. So wünscht er sich auch seine Kirche.

Christen sollten eine Gegenbewegung bilden zu der Verzagtheit und der Angst vor dem Morgen, die unsere Welt zunehmend erfasst. Jörg ärgert sich, wenn die Kirche durch ihre Worte die dystopische Stimmung noch verstärkt, statt ihr entgegenzuwirken. Für ihn ist das Christentum per se das Gegenteil.

Er denkt an die Jünger, diejenigen, die Jesus nachfolgten. Sie standen vor dem Kreuz, und alles, woran sie geglaubt hatten, war vermeintlich am Ende. Jesus, der Sohn Gottes, ans Kreuz genagelt. Alles, wofür sie eingestanden waren, ist vorbei. Der totale Nullpunkt. Und dann die Auferstehung. Mehr geht nicht.

Jörg, der junge Pfarrer mit der sanften, warmen Stimme, ist sich sicher: Es steht uns auch heute noch gut an, über die Hoffnung, die Zuversicht und den Mut, an die Zukunft zu glauben, der in der Geschichte Jesu ganz tief angelegt ist, zu sprechen. Er wählt dafür eine Sprache, wie wir sie auch im Alltag sprechen, direkt und klar. So, wie auch in den sozialen Netzwerken kommuniziert wird. Er hat erkannt, dass der Kulturprotestantismus mit seiner teilweise altmodischen Sprache die Menschen nicht mehr berührt. Deswegen muss sich auch da etwas ändern.

Die Kirche muss den Gegenentwurf zu einer Schreckensvision der Zukunft erzählen. Dabei hat sie nicht nur mit dem Neuen Testament eine wunderbare Geschichte zur Hand, sondern es gibt auch Geschichten vor Ort. Da ist so viel Gutes, da sind so viele Geschichten, die es sich lohnt weiterzutragen – davon ist Jörg überzeugt. Darum teilt er sie auch in den sozialen Netzwerken. Und seine Geschichten kommen an, sie berühren die Hörerinnen und Hörer.

Die Bibel ist voll von Erzählungen, die Menschen versöhnen, die von einem guten Leben berichten, von Freiheit, und die eine Theologie der Hoffnung beschreiben. Auch diese Geschichten müssen erzählt werden. Das sei ja der große Vorteil der Kirche, meint Jörg: Sie ist vor Ort. Darum ist er trotz aller Begeisterung für das Digitale der Überzeugung, dass man die Kirche im Dorf lassen muss.

Jörg ist klar in seinen Vorstellungen und tritt dafür ein. Das habe ich selbst erlebt, als wir einmal gemeinsam einen Gottesdienst gestaltet haben. Doch auch in der Diskussion oder im Streit mit ihm entsteht eine Verbindlichkeit, eine Vertrautheit, die erklärt, warum Pfarrer genau der richtige Beruf für ihn ist.

*

Neulich haben Jörg und ich überlegt, wie wir uns eigentlich kennengelernt haben. So richtig konnten wir das nicht mehr auflösen, aber wir sind uns in den sozialen Netzwerken begegnet. Doch beim digitalen Kontakt ist es nicht geblieben. Ich folgte Jörg aufmerksam. Er war sozusagen mein »Internetvikar«. Irgendwann lud er mich ein, gemeinsam mit ihm einen Gottesdienst in Ober-Ohmen, in der Gemeinde, in der er sein Vikariat absolvierte, zu gestalten. Da habe ich natürlich sofort zugesagt. Im Gottesdienst ging es um das Verhältnis von Christen zur Obrigkeit. Das Bibelwort »Jedermann sei untertan der Obrigkeit« stand im Mittelpunkt. Das sei keineswegs so zu verstehen, dass der Christ als Bürger unkritisch Gehorsam schulde, schrieb Jörg seiner Gemeinde ins Stammbuch. Er will keine »lauen Christen«. Vielmehr sei Paulus so zu verstehen, dass Christen sich einmischen sollen. Paulus sei entschieden dagegen gewesen, dass Christen sich nur als Bürger des Reiches Gottes verstehen und irdische Obrigkeit ablehnen und verachten.

Das entspricht auch dem Verständnis einer politischen Kirche, die in der Gesellschaft die Stimme erhebt, wie es Jörg vorschwebt. Blinden Gehorsam oder Schweigen bei Unrecht dürfe es nicht geben. Christsein bedeutet, da sind wir uns schnell einig, dass man Verantwortung übernehmen muss. Dazu ist Mut gefragt. Und das Engagement birgt die Gefahr, dass man an anderen schuldig wird. Menschen machen Fehler. »Der Mensch ist erlösungsbedürftig«, sagt ein Freund von mir immer. Für Jörg ist klar: In der Welt nicht zu handeln und sich nur ins Private zurückzuziehen, das führt genauso in die Schuld. Wir sind uns nicht immer einig, aber wir fühlen uns verbunden. Der Gottesdienst hat ein neues Band zwischen uns geknüpft.

Man sieht, dass alles, was Jörg digital teilt, einen Ursprung in der Begegnung von Menschen hat. Auf seinem Weg hat er auch Widerstand, Skepsis und Zweifel erlebt. Aber in der Ausbildung hat er gelernt, dass man als Pfarrer auch Seelsorger für sich selbst ist. Denn erst, wenn man Verantwortung für sich selbst übernimmt, kann man das auch für andere tun. Das Gebot der Nächstenliebe meint nämlich genau das, wenn es im zweiten Teil darauf verweist, dass man den Nächsten »wie sich selbst« lieben solle.

Deswegen nimmt Jörg sich eine Auszeit, wenn er nachdenken muss, wenn er müde ist oder »das Evangelium nicht mehr in seinen Alltag schwingt«, wie er es formuliert. Dann muss er auch mal raus aus Laubach, will neue Menschen kennenlernen, genießt den Besuch einer Oper oder reist umher. So findet er nebenbei auch wieder gute Erzählungen, die er mit anderen teilen kann.

*

Als er sich entschieden hat, seine Gedanken zum Evangelium in den sozialen Netzwerken zu teilen, da waren es noch wenige, die es ihm gleichtaten. Er wurde kritisch beäugt. Im Predigerseminar riet man ihm: »Lassen Sie das mal lieber.« »Das Netz« sei gefährlich. Die Skepsis war groß. Warum, das konnte man ihm nicht so richtig erklären. Heute wird er ständig eingeladen, in Predigerseminaren und kirchlichen Institutionen über seine Erfahrungen zu referieren. Ein Internetpfarrer ist er trotzdem nicht. Für ihn funktioniert es nur, weil es da ja die Gemeinde gibt, in der er die Geschichten erlebt, die er teilt.

Während es nahezu wöchentlich traurige Nachrichten gibt über sinkende Mitgliederzahlen, immer weniger Gottesdienstbesucher und schrumpfende Kirchensteuereinnahmen, wächst die christliche Gemeinde im Netz. Pfarrerinnen und Pfarrer, Theologiestudierende, Kirchenmusikerinnen und Kirchenmusiker, Gemeindemitarbeiter, Diakone, Religionslehrerinnen, die Mutter, die den Kindergottesdienst gestaltet: Sie alle teilen ihre Geschichten online und lassen ein Bild von der Vielfalt und der Lebendigkeit der Kirche im Netz entstehen. Kirche ist eben nicht nur der Pfarrer.

Noch etwas fasziniert Jörg am Internet als Ort der Verkündigung. Wenn er auf der Kanzel steht, dann hören alle andächtig zu. Manchmal kommt nach dem Gottesdienst jemand zu ihm und bedankt sich. Aber man kommt nicht ins Gespräch. Im

Netz ist das anders. Hier wird gefragt, hier erfährt er Widerrede. Da geht es sogar um sogenannte hermeneutische Fragen. Wie kann man die Geschichte von der Schöpfung der Welt in sieben Tagen verstehen? Das ist doch nicht wörtlich zu nehmen, oder etwa doch? Und auch die Gebetsgemeinschaft im Netz berührt ihn. Wie oft hat er da schon gehört: Ich bete für dich!

*

Im Internet gibt es Foren zu Tod und Trauer. Menschen auf Sinnsuche sind im Netz unterwegs. Deswegen muss er da hin, muss Kirche da hin. Jörg gibt zu, dass der Geist, der im dort begegnet ist, die Fröhlichkeit, die Begeisterung und der Mut ihm Kraft gegeben haben, den Kopf über Wasser zu halten bei so mancher kircheneigenen Dystopie. Wie die Kirche der Zukunft aussehen wird, das bleibt offen. Dass aber die Geschichte Jesu eine Zukunft hat, daran hat Jörg keinen Zweifel. Er sagt: »Ich habe gemerkt: Die Welt braucht uns noch als Kirche. Wir erzählen die Geschichten von Gott, der Schöpfung, von Jesus. Aber wir müssen sie so erzählen, dass sie auch heute verstanden werden.«

Theresa Brückner, die im Internet »Theresaliebt« heißt, hat ein ähnliches Anliegen wie Jörg. Auf YouTube erklärt sie, warum man auch als evangelischer Christ Halloween feiern kann, so wie sie es mit ihrem Nachwuchs tut. Sie spricht darüber, welche Ausgabe der Bibel geeignet ist, wenn man sich erstmals mit der Heiligen Schrift beschäftigen will, erzählt von ihrer ersten Beerdigung und auch von ihrer Fehlgeburt. Bei Jörgs Postings geht es ähnlich zu. Auch er verbindet theologische Fragen mit eigenen Geschichten. Beide kannten sich eine ganze Weile lang nur online, waren aber früh vernetzt und lange Zeit so etwas wie die Pioniere. Zu Beginn waren die Themen im Netz auch völlig andere: Es gab theologische Debatten über Karl Barth oder andere Fachfragen. Wenn sich heute dagegen Glaubensfragen mit Alltagsproblemen verbinden, dann erreicht das nicht nur mehr Menschen, es ist auch lebensnah. Jörg freut sich über diese Entwicklung, erinnert sich aber auch gerne an die Anfänge. In dieser Zeit lernte er auch Josefine Teske kennen, die im Internet »Seligkeitsdinge« heißt. Sie ist so etwas wie der heimliche Star, hat fast 40 000 Follower und wurde Ende des Jahres 2021 in den 15-köpfigen Rat der Evangelischen Kirche Deutschlands (EKD) gewählt. Hat die Kirche verstanden, dass sie nicht ihre Botschaft hinterfragen muss, wohl aber sich selbst in ihrer Verfasstheit?

Für die Kirche wünscht sich Jörg neben den bewährten Strukturen, die er durchaus schätzt, mehr Agilität und Flexibilität, wenn es darum geht, auf die Sorgen der Menschen zu reagieren. Er hat verstanden, dass die Menschen ihren Kirchturm schätzen, aber ihr Denken nicht mehr von diesem Kirchturm ausgeht. Wir sind eine mobile Gesellschaft, Milieus lösen sich auf, verbinden sich neu, alles ist in Bewegung. Menschen brauchen einander, und sie wollen nicht von der Kirche hören, warum die Welt dem Untergang geweiht ist. Sie wollen Hoffnung, Utopie statt Dystopie. Wenn die Kirche das nicht versteht, dann werden die Kirchenbänke leer bleiben.

Wahrscheinlich hat jede Generation von Pfarrerinnen und Pfarrern, vor allem in der evangelischen Kirche, den reformatorischen Anspruch, die Kirche zu erneuern. Manch ein älterer Pfarrer hadert vielleicht damit, dass die Jungen so viel Aufmerksamkeit bekommen. Er schreibt doch auch kluge Predigten und hat vor allem so viel Erfahrung. Und vielleicht ist die Generation von Jörg mit den sozialen Netzwerken auf einmal mit einem Instrument gesegnet, das dieses Ziel umsetzbar macht, wo andere noch gescheitert sind. Das wäre auch deswegen toll, weil dann die sozialen Netzwerke ihrem Namen eher wieder gerecht werden würden. Wenn man an den Hass und die Wut dort denkt, sind sie oft eher asoziale Netzwerke. Da ist das Licht, das Jörg und andere anzünden, ein gutes Zeichen. Ein Zeichen, das Menschen Mut macht.

*

In der digitalen Welt ist Jörgs Gemeinde jünger als die Gemeinde vor Ort. Er kennt die Online-Gemeindeglieder auch besser als manchen regelmäßigen Gottesdienstbesucher. Das klingt wie ein Widerspruch, aber es ist logisch. Auf Instagram schreiben ihm die Menschen, er kann antworten. Manchmal tiefgründig, oder auch so, dass beide Seiten lachen. Wer in den Gottesdienst kommt, der sagt oft nicht viel. Wenn er Gedanken aus der Predigt mit in die neue Woche nimmt, dann ist das gut.

Wie sehr ihm Laubach ans Herz gewachsen ist, das spürt man Jörg ab. Vor Ort ist er »der Herr Pfarrer«. Und im Netz ein wichtiger Ansprechpartner auf @wasistdermensch. Beide Welten vermischen sich. Rund 400 seiner Follower auf Instagram kommen aus Laubach. In ihrem Alltag spielt er eine Rolle. Sie folgen ihm. Und er folgt vielen von ihnen. Manchmal kommt es vor, dass er im Supermarkt angesprochen wird. Da ist er dann oft nicht der »Herr Pfarrer«, sondern gleich »Jörg«. Das Internet verbindet und schafft auch eine Nähe, die dazu führt, dass man ihm gegenüber gleich ins vertraute Du verfällt. Ihn stört das nicht – im Gegenteil.

Wenn er ein Bild aus seinem Lieblingscafé in Laubach teilt und darunter schreibt, dass er bei einem guten Kaffee und einem Müsli über die nächste Predigt nachdenkt, dann mag es Leute geben, die das für Selbstdarstellung halten. Ihn stört das nicht.

Er zeigt seiner Gemeinde eben auch diesen Teil seines Lebens und nimmt sie mit. Und er interessiert sich ehrlich dafür, was die Menschen, die ihm folgen, so tun.

*

In der Zeit der Pandemie hat sich vieles verändert. Als Jörg nach Laubach kam, hat ihm seine Kollegin einen Kalender präsentiert, der schon mehr als voll war. Sein erster Gedanke: »Wo ist da Raum für Neues und meine Ideen?« Dann kam Corona, und alle Pläne sind wie ein Kartenhaus in sich zusammengefallen. Der Mensch denkt und Gott lenkt. Auch vor Ort musste die Kirche neu erfunden werden. Da war das Netzwerk, das Jörg online geknüpft hatte, erneut ein Segen. Alle Gemeinden standen plötzlich vor ähnlichen Problemen. Man tauschte sich aus. Was gefiel, wurde übernommen und adaptiert. Plötzlich spürten auch andere, welche Lebendigkeit aus der digitalen Kirche in die Gemeinden vor Ort kommen kann. Es entstand ein neuer Geist, die Kirche anders zu denken. Eine echte Bewegung in der Kirche. Wachsen statt schrumpfen. Jörg mag daran glauben.

*

Eine der Aktionen, die Jörg auf den Weg bringt, ist ein »Instawalk«. Da geht eine Gruppe von Nutzern des Netzwerkes Instagram an Orte, die sonst nicht jedem zugänglich sind, macht Fotos und teilt sie mit der Welt. Ein gutes Dutzend Personen dafür zu begeistern, einen Ort vorzustellen, das hat Jörg sich vorgenommen. Und er hat besondere Orte aufgetan. Natürlich gehört der Blick vom Laubacher Kirchturm dazu. Auch der Graf von Solms-Laubach öffnet die Tore seines Schlosses. Das Interesse aus ganz Deutschland ist so groß, dass Jörg vielen Menschen absagen muss. Rund 30 Personen sind am Ende bei der kurzfristig geplanten Veranstaltung dabei. Und das kleine beschauliche Laubach ist auf einmal im Netz in aller Munde. Ein Riesenerfolg.

*

Als Gemeinde miteinander Weihnachten zu feiern, auch das ist in der Pandemie eine Herausforderung. Die Kirche in Laubach ziert in der Weihnachtszeit ein großer Herrnhuter Stern. Er ist zu groß, um durch das Kirchenportal zu passen. Deshalb muss der Stern jedes Jahr neu zusammengesteckt werden. Zwei Laubacher, die seit einigen Jahren in Berlin und München leben, engagieren sich regelmäßig dafür. Nun können sie wegen der Pandemie nicht kommen. Doch die Laubacher wollen auf ihren Stern nicht verzichten. Mittels Videotelefonie und hin- und hergeschickter Bauanleitungen kann der Stern letztlich dann doch noch fertiggestellt werden. Die beiden »Experten« stehen digital Rede und Antwort und sind so doch irgendwie dabei. Und die Gemeinde hat an Weihnachten ihren Stern, der dieses Mal mehr ist als die Fortführung einer lieb gewonnenen Tradition. Er ist auch ein Zeichen dafür, dass die Gemeinde der Pandemie getrotzt hat. Das gelingt eben, wenn man zusammenhält.

Es sind Geschichten wie diese, die Kirche aufgreifen und groß machen muss, meint Jörg. Geschichten, die erzählen, wie sich Menschen füreinander einsetzen im Namen Jesu. Und man sollte diese kleinen Geschichten in eine große Erzählung einbetten. Aber ist das nicht ein bisschen viel verlangt? Ein Bischof und ein Bundeskanzler haben die Reichweite und die Aufmerksamkeit für eine solch positive, Mut machende Erzählung. Eine von denen, die es dringend braucht, damit in unserem Land die Menschen Mut fassen, an das Gute glauben und an eine Zukunft, für die es sich lohnt, sich auch mal anzustrengen. Wie soll das ein kleiner Pfarrer auf dem Land leisten?

*

Als die Pandemie Deutschland zum ersten Mal fest im Griff hat, bleiben die Kirchen auch am Sonntag zu. Lockdown. Doch gerade jetzt brauchen die Menschen das Wort Gottes. Davon ist nicht nur Jörg überzeugt. Die Evangelische Kirche in Deutschland hat die Idee, das aus Italien stammende Balkonsingen zu adaptieren. Das tröstliche und wunderschöne Lied »Der Mond ist aufgegangen« soll Menschen zusammenbringen. Eine schöne Idee. Das findet auch Pfarrer Niesner. Gemeinsam mit der Organistin setzt er sie in die Tat um: Kirchenfenster auf, Blasebalg der Orgel an, und er selbst singt mit lauter Stimme am Kirchenfenster.

Am dritten Abend stehen auf einmal Menschen auf dem Platz vor der Kirche und singen mit. Zunächst macht ihm das Sorgen. Ist das nicht verboten? Aber es sind Menschen, die sehr achtsam miteinander umgehen, die Abstand halten und trotzdem das Miteinander suchen. An den nächsten Abenden spricht er noch einen Segen aus dem offenen Kirchenfenster. Und jeden Abend kommen mehr Menschen, der Kirchplatz füllt sich.

Als es wieder erlaubt ist, sich zu begegnen, verlegt Jörg die Andacht auf den Platz. Er will nicht mehr vom hohen Kirchenfenster singen und beten. Er will mitten unter den Menschen sein. Nun sprechen alle noch ein gemeinsames Vaterunser. Es entsteht so etwas wie eine kleine Liturgie. Immer werden zwei Lieder gesungen, es wird gebetet, und dann folgt der Segen.

Für Jörg ist das Projekt ein ultimatives Beispiel für das Priestertum aller Gläubigen, denn die Abendandacht funktioniert auch mal ohne Pfarrer. Einmal die Woche übernimmt die Pfarrerin aus der Nachbargemeinde, seine Kollegin oder einfach ein Gemeindemitglied. Ganz Laubach kennt nun diese Abendandacht, und wer abends durch die Altstadt läuft – zufällig oder geplant –, der hört den Gesang und das Gebet. Oft sind es Eltern mit ihren Kindern, die dann Mama und Papa an der Hand halten und neugierig näher kommen. Manch ein Spaziergänger kommt zaghaft näher. Meistens ist dann schon ein Gemeindemitglied unterwegs, drückt dem Vorbeikommenden einen Liedzettel in die Hand und lädt dazu ein, mitzumachen. So kommt man ins Gespräch.

Ob das Projekt das Licht der Welt erblickt hätte, wenn man es zunächst auf die Tagesordnung der Sitzung des Kirchenvorstands gesetzt hätte, um darüber zu beraten und eine Arbeitsgruppe zu bilden?

In Laubach macht der Kirchenvorstand sicherlich eine gute Arbeit, aber er muss nicht alles anschieben. Oft entwickelt sich auch einiges wie von selbst, geschieht »Kirche von unten«. Vielleicht ist das der Grund für den Erfolg. Jörg und die Frauen und Männer an seiner Seite haben sich vorgenommen, so lange weiterzumachen, wie es ihnen Freude macht. Wenn es nicht mehr funktioniert, dann machen sie eben etwas anderes. Sie trägt der Mut und die Hoffnung. Während andere Nudeln und Klopapier gehamstert haben, öffneten sie die Kirchenfenster, um zu singen und zu beten. Sie haben von Hoffnung gesungen und von Nächstenliebe. Im Text eines altvertrauten Liedes heißt es: »Verschon uns Gott mit Strafen, und lass uns ruhig schlafen und unseren kranken Nachbarn auch.«

Jörg denkt an morgen, weil er an ein Morgen glaubt. Derzeit schmiedet er Pläne für die Zeit nach der Pandemie. Laubach ist nicht nur ein schönes Städtchen, sondern liegt auch mitten in Deutschland. Es gibt vor Ort eine Jugendherberge, mehrere günstige Hotels und einen Gemeindesaal. Jörg stellt sich vor, wie es wäre, wenn viele, die sich bisher nur durch das Internet kennen, zusammenkommen. Gemeinsam lachen, singen, beten und über Gott und die Welt reden. Und wenn sie wieder auseinandergehen, dann nehmen sie etwas mit aus Laubach. Mut, Hoffnung, den Glauben an eine gute Zukunft und etwas von Jörgs ansteckender Art, Menschen zusammenzubringen.

6
WENN MUT AUS FREMDEN FREUNDE MACHT

JULES AUGUST SCHRÖDER

Wenn wir diese Geschichte damit beginnen würden, die Auszeichnungen und Ehrungen von Jules August Schröder aufzulisten, dann würde es nicht nur eine lange Liste, sondern vielleicht auch ein bisschen langweilig. Andererseits könnte man entlang der Urkunden die Geschichte eines beeindruckenden Lebens erzählen. Belassen wir es bei dem Hinweis, dass Jules Ehrenbürger von Büdingen ist, der Stadt, die vor vielen Jahren zu seiner neuen Heimat wurde. Das Bundesverdienstkreuz trägt er ebenso wie den hessischen Verdienstorden, der wesentlich seltener verliehen wird. Er ist Mitglied der Rotarier, aber er ignoriert es, wenn man ihn einen feinen älteren Herrn nennt. Dabei ist er dies im wahrsten Sinne des Wortes. Wenn man einen Rat braucht, wenn es etwas zu tun gibt und jemand gesucht wird, der mit anpackt, dann ist er zur Stelle.

Auch als im Jahr 2015 fast eine Million Flüchtlinge nach Deutschland kommen, ist er da. Er will helfen, Kontakte vermitteln, bei Behördengängen unterstützen, sich einzelner junger Leute persönlich annehmen. Eigentlich hatte er sich gerade entschieden, dass es mit seinem 80. Geburtstag für ihn nun auch einmal gut sein sollte. Gut 50 Jahre Engagement in der Kommunalpolitik lagen hinter ihm. Er war Stadtverordneter und 20 Jahre lang Fraktionsvorsitzender der CDU. Jetzt sollte mehr Zeit sein für die Familie, für seine Frau. Die hatte ihn schließlich in all den Jahrzehnten gewähren lassen. Doch da ist etwas in seiner eigenen Geschichte, er kann nicht anders, als jetzt zu helfen.

Jules August Schröder ist ein echter Hamburger Junge, kurz nach Weihnachten 1934 geboren. Nachdem 1943 Bomber der Allierten die Hansestadt in Schutt und Asche legten, kommt er mit seinem Bruder und seiner Mutter zu entfernten Verwandten in die Wetterau, nach Büdingen. Den Feuersturm hat er miterlebt, wollte noch sein Spielzeug aus dem brennenden Haus retten, doch alles wurde ein Raub der Flammen. Nun waren sie Geflüchtete im eigenen Land. Er lernt das Gefühl kennen, dass einem alles fremd und unbekannt ist. Er versteht anfangs den hessischen Dialekt nicht. Und der Vater fehlt. Der kommt erst kurz vor dem Kriegsende, Ostern 1945, auf abenteuerliche Weise nach Büdingen. Weil Jules schon als Kind neugierig und offen ist, gelingt es ihm jedoch recht schnell, sich in der neuen Situation zurechtzufinden, Gleichaltrige kennenzulernen und mit ihnen »uff de Gass« zu spielen. Man könnte auch sagen: sich zu integrieren.

Kurz bevor die US-Truppen Büdingen erreichten, brachte sich der Nazi-Kreisleiter um. Als die Panzer mit aufgesessenen GIs die Mühltorstraße entlangrollten, war der kleine Knabe einer der Ersten, der sie sah. Die Amerikaner bezogen vorerst Wohnhäuser in seiner Nachbarschaft, denn die ehemalige Kaserne der Wehrmacht war durch Bomben beschädigt worden. Später zog dort eine Einheit der US Army ein. In Büdingen blieben die Amerikaner 62 Jahre. Als der Abzug anstand, kam der Kommandeur auf Jules August Schröder zu. Er hatte für die Stadt und für die Stadtgesellschaft immer einen guten Kontakt gepflegt. Weil der US-Offizier wusste, dass Jules die Befreiung Büdingens miterlebt hatte, sollte er die Soldaten verabschieden und beim letzten Antreten symbolisch die eingeholte US-Flagge überreicht bekommen. Eine große Ehre, die beschreibt, wie man in Büdingen auf ihn schaut.

*

Wenn Dinge geschehen, die das ganze Land bewegen, dann fühlt sich nicht jeder verantwortlich. Manche sagen: »Was geht mich das an?« Nicht so Jules. Wenn die Geschichte an die Tür klopft, dann überlegt er, was das denn nun für Büdingen bedeutet. So war es auch nach dem Fall der Mauer. Er hatte schon vor dem Ende des Kalten Krieges Kontakte in die DDR und nach Ostberlin gepflegt. Jetzt war die Mauer auf einmal nicht mehr da. Nun konnten die Landsleute aus dem Osten auch nach Hessen fahren. Viele kamen nach Büdingen. Dort gab es auch das festgelegte Begrüßungsgeld in Höhe von 100 Mark. In Büdingen waren es sogar 40 mehr, also 140 »West«-Mark. Nicht wenige DDR-Bürger gaben das Geld gleich im städtischen Kaufhaus Joh aus. Doch Jules dachte weiter und wünschte sich mehr. Er mietete einen Bus, und am 15. November, einem Samstag, ging es in den frühen Stunden des Tages ins osthessische Philippsthal an die thüringische Grenze, um Menschen zu einem Tagesausflug nach Büdingen einzuladen. Schon früh um 7 Uhr wurden vor Ort Handzettel verteilt und meist regungslos entgegengenommen. Als die darüber enttäuschten Verteiler zum Bus zurückkamen, drängten sich plötzlich 80 Menschen hinein. Was tun? Wer sollte wieder aussteigen? Der Bus hatte schließlich nur 50 Plätze. Der Busfahrer, selbst ein ehemaliger DDR-Bürger, nahm Jules und seinen Mitstreitern die Entscheidung ab: »Hier braucht keiner wieder aussteigen«, meinte er. So fuhren 80 Menschen in Begleitung von Jules und seinen Freunden zurück nach Büdingen.

Auch bei der kurz danach etablierten Städtepartnerschaft mit dem brandenburgischen Städtchen Herzberg hatte Jules seine Finger mit im Spiel. Bereits vor der Wende gab es Kontakte zwischen den beiden evangelischen Kirchengemeinden. Im September 1990, also noch vor der Deutschen Einheit, wurde die Partnerschaft offiziell besiegelt. Jules erlebte den 3. Oktober 1990 in Herzberg, half beim demokratischen Aufbau und vermittelte jungen Leuten aus Herzberg Lehrstellen und die dafür notwendige Unterkunft in Büdingen. Heute ist er in der ostdeutschen Partnerstadt Ehrenbürger.

Die deutsche Einheit war Jules immer ein Herzensanliegen. Wenn heute im Westen belehrend über die Entwicklung in Ostdeutschland gesprochen wird, ärgert er sich. Die Ostdeutschen waren alle schon mal im Westen der Republik, davon ist er überzeugt. Die Neugier im Westen sei jedoch nicht so ausgeprägt. Dabei gebe es in Ostdeutschland so viel zu entdecken. Es bleibt also noch genug zu tun auf dem Weg zur inneren Einheit. Das Ringen um das Gemeinsame und die Suche nach dem Verbindenden ist wohl so etwas wie der rote Faden im Leben von Jules August Schröder.

*

Zu seinem Engagement für Flüchtlinge kam er, wie er selbst sagt »wie die Jungfrau zum Kinde«. Nach seiner Pensionierung erklärte er Jugendlichen an der örtlichen Mittelpunktschule, wie man eine Bewerbung schreibt, sich in einem Vorstellungsgespräch verhält oder bei einer Behörde oder einem Unternehmen anruft. Bei dieser Gelegenheit lernte er auch seine türkischen »Enkelkinder«, wie er sie nennt, kennen. Ein junges Mädchen mit türkischen Wurzeln hörte ihm aufmerksam zu, wenn er etwas erklärte. Immer wieder stellte sie neue Fragen, immer wieder erklärte er ihr geduldig, was sie wissen wollte. Nachdem sie die Schule erfolgreich absolviert hatte, vermittelte Jules ihr eine Stelle in einem Versicherungsbüro.

Eine Weile hörte er nichts mehr von ihr, doch dann war sie wieder da. Sie berichtete, dass sie nun an der Fachhochschule in Friedberg studiere und einen netten Freund habe, dessen Familie wie die ihre aus der Türkei kommt. Inzwischen arbeitet sie beim Finanzamt, und der Freund beendet gerade sein Studium. Man trifft sich regelmäßig. Eines Tages wurden Jules und seine Frau Sigrid mit einer ungewöhnlichen Idee konfrontiert: Das Mädchen und ihr Freund erklärten den beiden, dass sie ja keine Großeltern in Deutschland hätten. Die beiden hatten sich überlegt, dass doch Jules und seine Frau ihre neuen Großeltern werden könnten. So schnell kommt man zu neuen Enkelkindern. Inzwischen haben beide geheiratet.

In Büdingen gibt es einen Verein, der sich »Helping Hands« nennt. Entstanden ist er durch die Arbeit der städtischen Ehrenamtsagentur. Dort engagieren sich Bürgerinnen und Bürger für Geflüchtete. Jules kennt die Akteure natürlich. Schon 2014 kamen über 200 000 Asylbewerber und Flüchtlinge nach Deutschland, einige auch nach Büdingen. Um diese Menschen kümmert sich der Verein. Als Jules mal wieder in der Schule war, wurde er angesprochen. Am kommenden Wochenende würden die ersten Flüchtlinge in größerer Zahl in Büdingen eintreffen. Es gebe noch das eine oder andere zu organisieren. Ob er nicht dazukommen könne. Keine Frage. Natürlich war er vor Ort und engagierte sich im Verein. Er war neugierig auf die Menschen aus Syrien.

Schnell war seine Aufgabe klar: Er war derjenige, der die Geflüchteten bei Behördengängen unterstützte. Sein großes Netzwerk ist eine enorme Hilfe, wenn es darum geht, den richtigen Ansprechpartner zu finden, Probleme zu lösen und auch den einen oder anderen Konflikt beizulegen. Er ist einer der »Paten« für die Menschen, die nach Büdingen gekommen sind und nicht mehr in ihre Heimat zurückkönnen. Sie sollen in Büdingen als »neue Nachbarn« eine Heimat finden. Der wichtigste Schlüssel dafür ist die deutsche Sprache. Das Engagement des Vereins und der Ehrenamtsagentur in der Stadt ist beeindruckend. Viele bringen nicht nur Zeit ein, sondern auch

Geld, denn es gibt kaum Fördermittel. Unternehmen aus Büdingen unterstützen zusätzlich mit Spenden oder stellen Praktikumsplätze für junge Flüchtlinge zur Verfügung.

Im Jahr 2015 stiegen die Flüchtlingszahlen enorm an. Der Krieg in Syrien und der Terror des IS im Irak waren die Hauptursachen. Auch in Büdingen wurde eine größere Zahl an Menschen aufgenommen. Es galt, Unterkünfte zu organisieren und dafür zu sorgen, dass die Dinge des täglichen Bedarfs bereitstanden. Darüber hinaus entstand in der leeren Kaserne später eine Erstaufnahmeeinrichtung. Damit waren Ängste und Sorgen verbunden, und Rechtsextreme versuchten, diese für ihre Zwecke zu instrumentalisieren. Doch erst einmal ging es um die konkrete Hilfe. Im kleinen Sitzungssaal des Rathauses kam man zusammen, um die Möglichkeiten zu besprechen. Ein örtlicher Lebensmittelhändler spendete Verpflegung. Alle packten an. Man war sich einig: »Wir schaffen das.«

*

Manche der Menschen, die Jules betreut, wachsen ihm regelrecht ans Herz. Ein Mann aus Syrien besuchte einen Integrationskurs und lernte schnell die deutsche Sprache. Den Sprachkurs bestand er mit links. Er war von Beruf Baggerfahrer. Jules kannte einen örtlichen Bauunternehmer und bat ihn, dem Geflüchteten doch ein Praktikum zu ermöglichen. Der Unternehmer sagte spontan zu und stellte den kurdischen Mann aus Nordsyrien sogar fest ein. Heute ist er einer seiner besten Leute. Er ist immer pünktlich, höflich, spricht inzwischen wirklich sehr gut Deutsch, und auch seine Frau, die als Friseurin Arbeit gefunden hat, ist gut integriert.

Zu Jules pflegt der Mann weiter einen engen Kontakt. So erzählte er ihm auch, er habe sich jetzt ein Auto gekauft. Stolz wollte er es Jules zeigen. Der interessierte sich jedoch weniger für das Auto als für das Nummernschild. Darauf stand »Büd« für Büdingen, dann die Initialen der Vornamen des Mannes und seiner Frau sowie die Zahl 212 – der Geburtstag der Tochter. »Er wird immer deutscher«, meint Jules mit einem Augenzwinkern. Als nächstes Projekt stand der Traum von einem Eigenheim an. Auch hier half Jules, den Kauf mit allem Drum und Dran abzuwickeln. In Büdingen waren die Preise zu hoch, also suchte man in einem der umliegenden Dörfer. In Merkenfritz wurde man fündig, der Traum vom Eigenheim wurde wahr. Was für eine Geschichte am Ende einer Flucht.

*

Ein anderer junger Mann aus Syrien kam mit seiner Frau aus Cottbus, wo sie nach der Flucht zunächst untergekommen waren, nach Büdingen. Er hatte in Moldawien Pharmazie studiert und in Syrien als Apotheker gearbeitet. In Deutschland sah er nun keine Möglichkeit, seinen Beruf wieder aufzunehmen. Die Anerkennung seiner Ausbildung war kompliziert. Damit er hierzulande als Apotheker arbeiten konnte, musste seine Approbation bestätigt werden. Er hatte einen Freund, der in Büdingen lebte. Der erzählt Jules von dem Fall, und schließlich kam der Mann mit seiner Frau in die Wetterau. Jules nahm sich der Sache an. Das zuständige Landesprüfungsamt gab Auskunft: Wenn der Mann zwei Jahre lang unter Aufsicht eines approbierten Apothekers in Deutschland ein Praktikum mache und dann eine Prüfung bestehe, würde seine Approbation anerkannt, und er könne danach selbstständig als Apotheker arbeiten. Jules rief in der Stadtapotheke in Büdingen an. Der Apotheker, dem er die Lage schilderte, war sofort bereit zu helfen. Jules setzte sein Vertrauen in den Mann aus Syrien und wurde nicht enttäuscht. Schnell wurde auch eine Wohnung für den Mann und seine Frau gefunden. Der Apotheker war begeistert von seinem »Lehrjungen«. Doch auf einmal gab es dann doch noch ein Problem. Das Prüfungsamt machte Stress. Es folgte eine juristische Auseinandersetzung. Jules ärgerte sich. Alle halfen, der Mann gab sich Mühe, arbeitete fleißig und wollte sich integrieren. Und nun legte ihm die Behörde Steine in den Weg. Manchmal versteht er die Welt nicht.

*

Jules hat die Fähigkeit, Brücken zu bauen. Wenn er jemanden um etwas bittet, ist es ziemlich schwer, Nein zu sagen. Eines Tages kam ein Mann zu ihm, der seine Unterstützung brauchte. Seine Frau war in der Türkei, er in Deutschland. Nun wollte er sie zu sich holen. Sie brauchte ein Visum für Deutschland, das beim Generalkonsulat Istanbul beantragt werden musste. Leichter gesagt als getan, denn sie saß im Osten der Türkei fest. Jules nahm Kontakt zum Generalkonsulat auf und fand eine Mitarbeiterin, die ihm zuhörte. Nebenbei erwähnte er, dass er vor 65 Jahren mal als Pfadfinder den damaligen Generalkonsul besucht habe. Er erinnerte sich genau, schilderte den Blick vom Konsulat auf den Bosporus. So entstand eine Verbindung zwischen der Botschaftsmitarbeiterin und dem älteren Herrn im fernen Büdingen. Im weiteren elektronischen Schriftwechsel schrieb er auch einmal einen Gruß auf Türkisch unter die E-Mail.

Und der Wunsch wurde Wirklichkeit! Die Frau konnte schließlich im Konsulat das Visum abholen und ihrem Mann im Rahmen des Familiennachzugs folgen. Mithilfe von Verwandten buchte sie einen Flug nach Frankfurt. Bei der Landung an einem Freitag stellte der Zollbeamte allerdings fest, dass das Visum erst ab dem folgenden Montag gültig war. Darauf hatte in der Vorfreude auf das Wiedersehen niemand geachtet. Diesmal konnte auch Jules nicht helfen. Am Wochenende war niemand erreichbar, und so musste die Frau bis

Montag früh um 00:00 Uhr warten, bis sie von ihrem Mann in die Arme geschlossen werden konnte.

Natürlich läuft nicht immer alles glatt. Oft sind die Geflüchteten jung und fit, aber wegen fehlender Sprachkenntnisse zum Nichtstun verurteilt. Wohin mit der überschüssigen Energie? Es kommt vor, dass sie sich nicht an die Regeln halten, nichts mit sich anzufangen wissen. Natürlich gibt es auch einmal Streit. Jules versteht nicht, warum man den jungen Leuten nichts Sinnvolles zu tun gibt. Das würde verhindern, dass sie auf dumme Gedanken kommen. Natürlich wünscht er sich auch, dass die Menschen, die zu uns kommen, verstehen, welche Chancen sie hier erhalten. Aber er ist auch kritisch mit Blick auf unsere Gesellschaft. Setzen wir die falschen Anreize und Signale? Manchmal schon. Schließlich muss man sich bewusst machen, dass vieles, was für uns selbstverständlich scheint, für jemanden, der fremd ist, erklärungsbedürftig ist. Und Jules will erklären.

Er ist auch ein Mann klarer Worte. Als am symbolträchtigen 30. Januar, dem Tag der Machtergreifung Hitlers, im Jahr 2016 ein rechtsextremes Bündnis Büdingen zum Schauplatz eines Aufmarsches machen will, steht er auf der Seite der Gegendemonstranten. Während die Nazis aus der halben Republik anreisen, schließen sich im Bündnis »Gesicht zeigen – Büdingen ist weltoffen« die Parteien, Kirchen, Vereine und viele engagierte Bürgerinnen und Bürger der Stadt zusammen. Den juristischen Streit um die Demo gewinnen die Rechtsextremen, aber der Hessische Verwaltungsgerichtshof untersagt einen Fackelmarsch, der an einem Flüchtlingsheim vorbeiführen soll.

Am Tag der Demonstration ist die Altstadt wie ausgestorben. Mancher Ladenbesitzer hat die Schaufenster mit Holzplatten vernagelt und die Rollläden heruntergelassen. Die Polizei ist aufmarschiert. Fast 1000 Einsatzkräfte stehen bereit, dazu zwei Wasserwerfer, ein Räumpanzer und auch ein Gefangenentransporter. Beamte in Zivil sind in der Stadt unterwegs.

Es regnet und ist kalt, ein unangenehmer Tag im Winter. Da will man am liebsten zu Hause bleiben und es sich gemütlich machen. Doch gut 1000 Bürgerinnen und Bürger sind gekommen und stellen sich den Neonazis entgegen. Für 16 Uhr ist eine Kundgebung geplant, Jules ist natürlich auch mit dabei. Er spricht als Ehrenbürger und Zeitzeuge, der den braunen Mob noch erlebt hat, zu den versammelten Menschen. In seiner Rede zieht er Vergleiche, die den Rechtspopulisten immer wieder den Puls in die Höhe treiben. Er erzählte nicht nur von den marschierenden Kolonnen der SA, sondern auch vom Bombenangriff, den er als Kind erlebt hat. Davon, wie er nach Büdingen kam. Er sagt: »Freundliche Menschen haben uns aufgenommen und uns eine neue Heimat beschert.« Seine Botschaft: Der junge Flüchtling aus Syrien und er, der alte Herr aus Büdingen, teilen eine Geschichte: die Geschichte der Flucht und der Suche nach einer neuen Heimat.

Jules geht es als Christ immer um die menschliche Perspektive. Natürlich ist er nicht naiv. Er weiß, dass es Herausforderungen gibt, wenn Menschen mit unterschiedlichem kulturellem Hintergrund zusammenleben und zusammenfinden müssen. Doch Jules sucht immer nach dem, was verbindet. In seiner Rede betont er, er habe sich gerade wegen seiner Erfahrungen als Kind jahrzehntelang in der Politik engagiert und sei heute in der Ehrenamtsagentur und bei »Helping Hands« dabei. Willkommenskultur ist für ihn mehr als nur ein Wort. Nach ihm sprechen zwei junge Frauen für die Jugend der Stadt. Sie greifen auf, was Jules gesagt hat, und appellieren an die Gesellschaft, mehr Toleranz und Offenheit gegenüber Menschen in Not zu zeigen. Jules ist stolz, dass die jungen Leute seine Überzeugungen teilen. Er hat das Gefühl, dass sich sein Einsatz all die Jahre gelohnt hat. Doch lange verweilt er nicht bei solchen

Überlegungen. In Gedanken ist er immer schon beim nächsten Projekt.

Auf den Plakaten der Rechtsextremen stehen Sätze wie »Alles für Volk, Rasse und Nation« oder »Nationaler Sozialismus jetzt« sowie »Ali, Mehmet, Mustafa, geht zurück nach Ankara«. Die Stimmung, die von diesen Menschen ausgeht, ist aggressiv. Man hat das Gefühl, dass ein Funke reicht, damit die Gewalt sich Bahn bricht. Der Hass spricht aus den Gesichtern der Neonazis. Sie skandieren »Merkel muss weg« und »Lügenpresse auf die Fresse«. Am Ende müssen sie ihre Banner einrollen, steigen in ihre Autos und verschwinden. Ihr Ziel haben sie nicht erreicht. Die Menschen in Büdingen haben zusammengehalten. Büdingen bleibt bunt. Und Jules macht einfach weiter.

*

Er hätte sich all die Jahre nicht so einsetzen können, wenn es da nicht eine stille und tolerante Unterstützerin im Hintergrund gäbe: seine Frau. Sie erträgt, dass er weiter so engagiert ist und nicht wie andere »nur zu Hause rumsitzt«. Schon während seiner beruflichen Tätigkeit und als er noch mehr Ehrenämter ausübte, hat sie ihm immer den Rücken freigehalten und ihn gewähren lassen. Das tut sie weiterhin. Und so sitzt Jules tagsüber oft an seinem Schreibtisch, telefoniert, organisiert, hört zu, löst Probleme mit Behörden und hilft, wenn andere nicht weiterwissen. Inzwischen sind Flüchtlinge aus der Ukraine in Büdingen angekommen, denen er helfen will. Wenn bei einem seiner »Schäfchen« ein Handwerker gebraucht wird, kennt er jemanden, den man anrufen kann. Aber wenn bei ihnen zu Hause mal die Heizung ausfällt, seufzt seine Frau, denn dann hat Jules dafür keine Zeit. Er wird anderswo gebraucht. Den Job übernimmt sie selbst.

7
UNGERECHTIGKEITEN AUF DEN ZAHN FÜHLEN

AYLIN SELÇUK

Man muss ein bisschen Glück haben, wenn man Aylin erwischen will. Wenn sie dann aber ans Telefon geht, wird man von einer Welle guter Laune erfasst. Sie plaudert drauflos, erzählt dies und das, kommt dennoch recht schnell auf den Punkt. Denn da wartet ja auch schon das nächste Projekt, der gute Freund, die neue Idee oder ein Berg an Arbeit auf sie. Aylin Selçuk ist Zahnärztin. Sie hat eine eigene Praxis in der Nähe des Charlottenburger Schlosses in Berlin, ihrer Heimatstadt.

Aylin ist eine junge Frau mit Überzeugungen und Haltung. Und die vertritt sie sowohl gegenüber dem Bundespräsidenten als auch gegenüber jemandem, den sie gerade erst kennengelernt hat. Unverblümt, verbindlich, wortstark und geistreich. Man könnte auch sagen: mutig. Obwohl sie das selbst wahrscheinlich gar nicht so empfindet. Es ist wie so oft: Wenn man von einer Sache wirklich überzeugt ist, dann tritt man dafür ein, auch wenn es einen etwas kostet. Aylin sagt: »Ich will, dass die Welt ein bisschen gerechter wird.« Das ist der rote Faden, der sich durch ihr Leben zieht. Wenn sie sich für eine Sache einsetzt, dann ganz.

Weil sie wohl auch ein wenig ungeduldig ist, fängt sie selbst damit an, die Welt ein »bisschen gerechter« zu machen, anstatt auf andere zu warten. Ihre Großeltern stammen aus der Türkei. Die Eltern sind in Deutschland aufgewachsen und haben beide studiert. Der Vater ist Journalist, die Mutter Filialleiterin einer Bank. Aylin ist in Deutschland geboren. Sie fühlt sich als Deutsche und ist zugleich stolz auf ihre Wurzeln. Das ist kein Widerspruch. Manche in unserem Land müssen das noch lernen.

*

Aylin sagt von sich selbst, dass sie die schönen Seiten der türkischen Kultur vermittelt bekommen hat. Ihre Eltern sind gebildet, denken laizistisch. Ihre Mutter ist das, was man eine »Powerfrau« nennt. Sie engagiert sich als Vorsitzende eines Frauenvereins und setzt sich für Ausbildungschancen Jugendlicher in der Bank ein. Außerdem war sie Elternsprecherin und Betreuerin in der Schule und in Sportvereinen. Familie ist ihr trotz ihrer beruflichen Karriere enorm wichtig. Jeden Sonntag kommen alle zusammen, es gibt gutes Essen, es wird erzählt und vor allem gelacht.

Ihren Vater beschreibt Aylin als »den größten Feministen«, den sie kennt. Er hat ihr von Anfang an klargemacht, was wichtig ist: Bildung, Bildung, Bildung. Die Eltern wollten, dass zu Hause Türkisch gesprochen wurde. Da seine Kinder besser Deutsch sprachen, war es durchaus anstrengend, die Zweisprachigkeit durchzuhalten. Zu Hause stand eine Spardose. Wenn Deutsch gesprochen wurde, musste man etwas hineinwerfen.

Oft wird ja das Klischee bemüht, dass in den Familien mit Einwanderungsgeschichte kein Interesse an der deutschen Sprache bestehen würde. Bei Aylin war es anders. Zweisprachigkeit ist von Vorteil, auch wenn man an die Perspektiven auf dem Arbeitsmarkt denkt.

Aylin wuchs im bürgerlichen Berliner Bezirk Charlottenburg-Wilmersdorf auf und weiß darum, dass andere Kinder und Jugendliche mit Migrationshintergrund deutlich schlechtere Startchancen haben als sie. In Neukölln oder auch in Offenbach oder Duisburg geht es eben anderes zu als in Charlottenburg. Auch das ist ein Aspekt, wenn man über Chancengerechtigkeit spricht.

In der Schule wurde Aylin in Diskussionen mit dem Bild konfrontiert, Deutschtürken seien Integrationsverweigerer, aggressiv, oft arbeitslos, und die Frauen trügen allesamt Kopftuch. Wenn es etwas gibt, was Aylin gar nicht leiden kann, dann sind es Vorurteile. Sie hatte das Gefühl, sie müsse diesen Klischees entgegentreten. Das war anstrengend, aber sie tat es. Wenn ihr Klassenkameraden sagten: »Aylin, du bist ja anders«, fragte sie sich: War das ein Kompliment oder genau das Gegenteil?

*

An einem Samstag saßen mal wieder alle beieinander – Eltern, Freunde, die ganze Familie. Bis in den Abend hinein wurde geredet. Dann lief im Fernsehen ein Film, in dem es um einen türkischen Jungen mit einer deutschen Freundin ging. Als sich das Paar trennte, terrorisierte der Junge danach die Familie des Mädchens. Ein Film voller gruseliger Klischees. Aylin fand das unerträglich. An einige Freunde schrieb sie daraufhin eine E-Mail. Sie plante einen Verein zu gründen, der solche Klischees aufbrechen, Begegnungsmöglichkeiten schaffen und zugleich benachteiligten Kindern und Jugendlichen helfen sollte. Und sie fragte, ob jemand Lust hätte mitzumachen.

Aylin will Aufklärungsarbeit leisten. Die Gesellschaft soll verstehen, dass alle zusammengehören. Gleichzeitig möchte sie aber auch Betroffene auffordern, sich nicht hinter der »Opferrolle« zu verstecken, sondern aktiv ihre Pflichten in der Gesellschaft zu erfüllen. Offensichtlich trifft sie damit einen Nerv bei vielen jungen Deutschen mit Migrationshintergrund. Ein komplizierter Ausdruck. Darum machen es sich viele leicht, wenn sie darüber sprechen: Dann sind es eben »die Türken«.

Schon da konstruiert Sprache eine Grenze, die dringend eingerissen werden muss, wenn ein neues »Gemeinsam« entstehen soll.

Da Aylin in ihrer E-Mail damals einen Ton traf, der gut ankam, erschienen zu einem ersten Treffen 50 junge Männer und Frauen. Auch einige, in deren Familie es keine Einwanderungsgeschichte gab. Den Verein, den sie gründeten, nannten sie »DeuKische Generation«. Und dann ging es auch sofort los.

Mit Gegenwind hatte Aylin gerechnet, aber dann kam er von unerwarteter Seite. Ihr Traum davon, dass junge Leute künftig mitentscheiden könnten, wie es in diesem Land weitergeht, traf auf Verlustängste, Befindlichkeiten und Machtinteressen bei der älteren Generation. Aber ihr Verein erfuhr dennoch enorme Unterstützung – auch, weil sie authentisch auftraten, niemanden angriffen, Verantwortung übernehmen wollten und Lösungsvorschläge machten. Die »DeuKische Generation« stieß auf Neugier und Interesse. Sie wurden sogar eingeladen, am Integrationsgipfel der Bundesregierung teilzunehmen. Als es jedoch im Vorfeld zu Unstimmigkeiten kam, dachten einige der teilnehmenden Gruppen über einen Boykott nach. Aylin wurde aufgefordert, sich diesem Protest mit ihrem Verein anzuschließen. Das verstand sie nicht. Denn auch wenn nicht alles reibungslos läuft, wenn es Missverständnisse und Probleme gibt, kann das für sie kein Grund dafür sein, sich nicht mehr mit anderen Menschen auszutauschen. Sie widersprach dem Ansinnen und forderte im Gegenzug die Boykottbefürworter auf, groß zu denken. Die einmalige Chance, im Kanzleramt mitzureden, musste man doch nutzen.

Natürlich fehlte ihnen im Vergleich zu den etablierten Verbandsvertretern manchmal die Erfahrung, vielleicht auch etwas Schlitzohrigkeit. Aber das machten sie mit Elan und Begeisterung wett. Aylin hörte auf ihr Bauchgefühl, und damit lag sie richtig. Es folgte eine Einladung der Kanzlerin. Angela Merkel wollte wissen, wie die jungen Deutschen, deren Eltern oder Großeltern einst als Gastarbeiter kamen, auf das Land schauen und was ihre Erwartungen sind. Sie nahmen am Integrationsgipfel teil und wurden zur Islamkonferenz eingeladen.

Schnell wurde Aylin klar, dass die bestehenden Migrantenverbände ihr Anliegen nicht repräsentierten. Dort ging es meist um die Herkunft, die Kultur, die Sprache oder um Glaubensfragen. Für die jungen Leute rund um Aylin ging es aber um die Fragen von morgen. Ihr Lebensmittelpunkt würde Deutschland bleiben, die Heimat der Eltern oder Großeltern besuchte man höchstens in den Ferien. Sie waren hier aufgewachsen und zur Schule gegangen, wollten darüber reden, wie sie hier ihren Platz finden konnten. Und sie wollten selbst Verantwortung übernehmen, statt sich von Altvorderen sagen lassen, was gilt.

Während dieser Zeit studierte Aylin, gab Interviews, konzipierte Programme für den Verein und vertrat ihre Interessen im politischen Raum. Sport, die besten Freundinnen, Abendessen mit der Familie – dafür blieb deshalb kaum Zeit, obwohl ihr das immer wichtig war. Das Arbeitspensum war atemberaubend, aber die Erfolge und die Zeit mit Familie und Freunden gaben ihr genug Kraft, alles zu stemmen. Anstrengend war es trotzdem. Aber es war das, was man auch als positiven Stress beschreibt. Aylin hat hart gearbeitet für ihre Ziele und kann jetzt ein Leben leben, wie sie es sich immer vorgestellt hat. Wer kann das schon von sich behaupten?

Schon während des Abiturs beschäftigte Aylin sich mit dem Lebensweg junger Menschen mit türkischen Wurzeln. Für ihre Abiturarbeit zum Thema »Integration von türkischen Immigranten« sprach sie mit denjenigen, die auf die Hauptschule gingen und denen dadurch schon ein Schild umgehängt wurde. Sie spürte, dass hinter den coolen Fassaden der Kids oft Verzweiflung und der Wunsch nach Anerkennung steckten und dass diese jungen Menschen sich auch wegen ihrer schlechten Bildung wenig zutrauten.

Die Startchancen junger Menschen sind unterschiedlich. Das liegt nicht nur an der Herkunft. Viel entscheidender sind eine gute Unterstützung durch die Eltern, finanzielle Sicherheit, die Lehrer, die Mitschüler und das sonstige Umfeld. Die Kinder, denen es an Unterstützung fehlt, können nichts dafür.

Aylin hat eine scharfe Beobachtungsgabe für Ungerechtigkeiten. Damit ist der Grundstein für ihr künftiges Engagement gelegt. Denn wenn sie etwas nicht ertragen kann, dann ist es Ungerechtigkeit – und da geht es nicht nur um soziale Fragen. Wenn ihr etwas wichtig ist, kann sie keine falsche Rücksicht nehmen. Nur indem man die wichtigen Themen angeht und auch heiße Eisen anpackt, wird die Welt besser. Dabei geht es Aylin nicht darum, perfekt zu sein und immer moralisch einwandfrei zu handeln. Niemand ist perfekt, aber jeder kann einen Beitrag leisten.

Aylin spricht nicht nur mit ihren Freunden und der Familie über diese Themen, sondern auch mit den »hohen Tieren« in Politik und Wirtschaft. Einmal fragte ich sie, ob sie sich dabei als mutig empfindet. Nein, so würde sie das nicht beschreiben. Wahrscheinlich liegt es an ihrer Erziehung. Als sie Angela Merkel damals erklärte, was ihre Generation denkt und fühlt, hat ihre Stimme sicher ein wenig gezittert, aber nicht lange, denn es war für sie entscheidend, der Kanzlerin diese Dinge mit auf den Weg zu geben. Sie wollte die Chance nutzen.

*

Es ist ihr wichtig, Deutsche und Einwanderer zusammenzubringen. Nur wenn man miteinander spricht, können Verständnis, Respekt, Aufmerksamkeit und Wertschätzung wachsen.

Der von Aylin initiierte Verein bietet deshalb auch Seminare für Lehrerinnen und Lehrer an, macht Hilfsangebote für Schülerinnen und Schüler und organisiert Informationstage für türkische Eltern. Immer geht es vor allem um ein Thema: Bildung. Denn ohne Bildung kann man die Chancen, die die deutsche Gesellschaft allen bietet, nicht ergreifen. Aylin sagt, sie will, dass »alle, die ihre Wurzeln in der Türkei, ihre Heimat aber in Deutschland haben, die Chance bekommen, in diesem wunderbaren Land glücklich zu werden«. So positiv reden Deutsche selten über ihr Land. Auch da können viele Landsleute noch etwas von Aylin lernen.

Aylin möchte Brücken bauen. Sie geht auf Menschen zu. Anfängliche Ablehnung und Distanz beruhen oft auf Unsicherheit, die verschwindet, wenn man sich kennenlernt. Oft ist das dann schon eine große Hilfe und Unterstützung. Viele Projekte der »DeuKischen Generation« setzten genau hier an. »Zukunft. Gemeinsam. Jetzt!« ist das Motto des Vereins. Wichtig ist, wo man gemeinsam hinwill, und nicht, wo man herkommt.

Die Arbeit an Schulen liegt Aylin besonders am Herzen. Unzählige Schulen hat sie im Laufe der Jahre besucht. Manche der Schülerinnen und Schüler schreiben ihr heute noch Nachrichten über soziale Netzwerke. Das berührt und bestätigt sie. Schon ein Tag, ein gutes Wort kann etwas bewegen.

Vielleicht funktionierte das Ganze auch, weil Aylin so etwas wie ein Vorbild für die Kids aus der deutschtürkischen Community ist und zeigt, dass es geht. Es braucht Vorbilder: Ärzte, Lehrer, Polizisten, Soldaten, aber auch Fußballspieler und Rapper – junge Deutsche mit Einwanderungsgeschichte, die in der Gesellschaft ihren Weg gehen und damit Jungen und Mädchen vor Augen führen, dass es zwar anstrengend sein mag und man es vielleicht schwerer hat als andere – aber dass man alles schaffen kann. Wenn man für etwas gekämpft hat und dann erfolgreich ist, wird die Freude umso größer sein. Und der Stolz. Wenn ihr junge Mädchen schreiben, dass sie sie als Vorbild sehen, bekommt Aylin Gänsehaut. Es macht sie glücklich. Wenn sie es schafft, nur eine Handvoll Menschen zu inspirieren und diese dann wieder andere begeistern, werden aus einigen wenigen ganz schnell sehr viele.

Die »DeuKische Generation« gibt es inzwischen nicht mehr. Aylin hat mit ihren Mitstreiterinnen und Mitstreitern wirklich etwas bewegt. Heute engagiert sie sich weiter gegen Alltagsrassismus, auch für Tiere und Umweltschutz. Aktuell setzt sie sich für die Geflüchteten aus der Ukraine ein. Sie glaubt daran, dass jeder an seinem Platz etwas tun kann.

*

Was sie gar nicht leiden kann, ist Jammern, es bringt ja nichts. Wenn etwas unerträglich ist, dann gibt es nur zwei Möglichkeiten. Entweder ist es so schlimm, dass man dringend etwas ändern muss, oder man kann es nicht ändern, dann muss man seine Sichtweise hinterfragen. Natürlich braucht man manchmal Hilfe, aber am Ende muss man selbst bereit sein, etwas zum Besseren zu wenden.

*

Neulich traf sich Aylin mit Freunden und deren Familie zum Grillen. Alle saßen draußen, die Sonne schien, sie waren gut gelaunt. Stimmen schwirrten durcheinander, jemand tischte die Getränke auf, andere kümmerten sich um den Grill. Und natürlich wurde erzählt und diskutiert. Jeder hatte eine Geschichte auf Lager. Dann kam das Gespräch auf den Rassismus im Alltag, vor allem in den USA. Gerade berichteten die Medien unter der Überschrift »Black Lives Matter« wieder über Polizeigewalt gegenüber Farbigen.

Aylin erzählte, dass sie vorhatte, zu einer der großen Demos zu gehen, die auch in Berlin stattfanden. Jemand aus der Runde meinte, die Debatte sei doch zugespitzt, die »Opferhaltung« der Schwarzen in den USA sei überzogen. Da könne man die Polizisten, die hart durchgreifen, verstehen, ebenso das Bedürfnis vieler Amerikaner, Waffen zu besitzen, um sich vor »schwarzen Gangs« zu schützen. Die Bezeichnung »Neger« für Schwarze – da würde auch zu viel Aufhebens gemacht. Eine Frau sagte: Ich möchte Schokoschaumküsse weiterhin »Negerküsse« nennen. Und sie hätte – auch wenn ihr das noch nie passiert ist – auch kein Problem damit, wenn sie jemand »Kartoffel« nennen würde.

Da wurde es Aylin zu viel. Sie versteht nicht, wie man als gebildete Frau mit freiem Zugang zu Medien den Mord einer unschuldigen Person durch die Polizei, die eigentlich Menschen schützen sollte, so verharmlosen kann. Sie verweist darauf, dass man als Teil der Mehrheitsgesellschaft gut reden hätte. Die Perspektive der Minderheit sei nun mal eine andere. Es ist dann viel schwerer, Anerkennung zu erhalten. Die Debatte schaukelt sich hoch. Irgendwann reicht es Aylin. Sie kann nicht mehr so tun, als ob alles wunderbar sei. Die Sonne hat sich für sie verdunkelt, und sie erklärt, dass sie nun gehen werde. Der Frau, die das Thema ins Lächerliche gezogen hat, sagt sie: »Was du da gesagt hast, ist extrem rassistisch. Überdenke deine Haltung. Ich habe keine Lust mehr, hier mit dir zu sitzen, auch wenn ich dich grundsätzlich mag. Noch erstaunter bin ich über alle anderen, die dazu nichts sagen und diese absurden Thesen so im Raum stehen lassen.«

Manche versuchen zu beschwichtigen: Das sei doch nicht so gemeint gewesen. Aber das kann Aylin nicht gelten lassen. Es war vielleicht nicht so gemeint, aber es wurde so gesagt. Wenn selbst unter gebildeten und aufgeklärten Menschen so gesprochen wird, dann ist es nicht verwunderlich, dass die Welt so ist, wie sie ist.

*

Nachdem sie sich ihren Traum von der eigenen Zahnarztpraxis erfüllt hat, ist Aylin nun auch ein Vorbild für junge Unternehmensgründerinnen. Übrigens hat inzwischen fast jeder zweite Gründer beziehungsweise jede zweite Gründerin eine Einwanderungsgeschichte. »Migrant Founders« spielen in der Start-up-Szene eine entscheidende Rolle. Die Köpfe des Impfstoffherstellers BioNTech gehören beispielsweise dazu.

Wer in Deutschland ein Unternehmen gründen will, der muss mit der einen oder anderen bürokratischen Hürde kämpfen. Aylin hat sich davon nicht beeindrucken lassen. Die Selbstständigkeit hat sie gereizt. Sie ist ihr eigener Chef und von der Personalführung über die Unternehmensentwicklung bis hin zum Marketing für alles verantwortlich. Anderen möchte sie Mut machen, es ihr gleichzutun.

Ihre Praxis befindet sich in Charlottenburg. Sie hat in die modernste Technik investiert, unterstützt Jugendliche, indem sie ausbildet, und stellt auch Geflüchtete ein. Immer wieder berät sie junge Studienabsolventen auf dem Weg in die Selbstständigkeit als Zahnmediziner. Gerade jungen Frauen will sie Mut machen. Sie arbeitete auch eine Weile an der Gründung eines Start-ups mit, entscheidet sich dann aber, sich auf die eigene Praxis zu konzentrieren.

Vielleicht ist es genau das Mindset, das nach dem Krieg das Wirtschaftswunder ermöglicht hat und das nun viele junge

Deutsche mit ausländischen Wurzeln mitbringen: sich beweisen wollen, etwas aufbauen, Träume verwirklichen. Aylin gibt Tipps. Sie kann glaubwürdig über das Thema sprechen. Und das ist auch die Konstante in ihrem Leben: Sie will etwas bewegen, manches besser machen. Sie lebt den Wunsch nach Bildung, nach lebenslangem Lernen.

Dazu gehört auch, dass sie sich auch auf Sportzahnmedizin spezialisiert hat. Die Spieler der Basketballmannschaft von Alba Berlin kommen zu ihr in die Praxis. Sie ist ein offizieller Partner des Teams. Das macht ihr Spaß, und sie geht auch gerne zu den Spielen.

*

Wie geht es bei Aylin weiter? Die Frage ist nur folgerichtig. Ihre Praxis hat sie so organisiert, dass sie freitags nicht arbeiten geht und montags erst später beginnt. So hat sie Zeit für neue Ideen und Menschen, die ihr wichtig sind. Sie will ihre Arbeit mit Leidenschaft und Ausdauer erledigen und nebenher Dinge tun können, die sie inspirieren. Die freie Zeit, so viel steht fest, wird sie nutzen, um an anderen Projekten zu arbeiten.

Eine Sache hat sie gelernt: Sie trifft sich nicht mehr mit Menschen, mit denen es nicht vorangeht, die nur Probleme beschreiben oder ihre Kraft rauben. Sie sucht nach Begegnungen mit Menschen, die sie inspirieren, ihr Freude bereiten, sie weiterbringen. Zeit ist ein kostbares Gut. Wenn man so viele Ideen hat wie sie, muss man mit seinen Ressourcen bewusst umgehen und sich die Kräfte gut einteilen.

Bisweilen liebäugelt sie auch mit einer Karriere in der Politik. Vielleicht wäre sie aber zu ungeduldig für die üblichen stundenlangen Gremiensitzungen. Und wahrscheinlich könnten da nur wenige ihr Tempo mitgehen. Deswegen kommt ein

Engagement an dieser Stelle für sie auch nur infrage, wenn klar ist, dass sich etwas bewegen lässt. Und damit niemand überrascht ist, wenn Aylin irgendwann in einem politischen Amt »auftaucht«: Die britische Tageszeitung *The Guardian* hat bereits vor Jahren die Frage gestellt, ob diese junge Frau vielleicht die erste Bundeskanzlerin mit einer Einwanderungsgeschichte in Deutschland werden könne.

Aktuell beschäftigt sich Aylin mit nachhaltigen Dentalprodukten. Wie kann man Zahnseide und Zahnbürsten nachhaltig produzieren? Bambus, Seide und Maisstärke sind Materialien, mit denen experimentiert wird. Aber sie ist sich noch nicht sicher, ob sie da tiefer einsteigt. Auf jeden Fall ist sie gerade dabei, ein Kinderbuch übers Zähneputzen zu schreiben. Warum soll man die Zähne putzen? Was ist Karies? Warum muss man zum Zahnarzt gehen und braucht dabei keine Angst zu haben? Und was sind Zähne überhaupt? Viele Fragen, die im Buch von einem Krokodil und einem Pandabären beantwortet werden.

Egal, wo wir Aylin künftig begegnen werden: Ziemlich sicher ist, dass sie die Dinge nicht so hinnehmen wird, wie sie sind, wenn sie daran Anstoß nimmt. Den Mut, den man dafür braucht, etwas zu verändern und die Welt ein bisschen besser zu machen, hat sie schon oft genug bewiesen. Er scheint ihr in die Wiege gelegt zu sein.

8
SICH DEN DÄMONEN STELLEN

DENNIS HASSELMANN

Eigentlich müsste diese Geschichte mit Madita, der Verlobten von Dennis Hasselmann, beginnen. Ihretwegen ist er nicht vom Balkon im zwölften Stockwerk gesprungen. Sie hat ihn zurückgezogen, als er für sich keinen anderen Ausweg mehr gesehen hat. So weit kann einen eine Depression treiben. Dennis Hasselmann hatte Glück, so komisch das klingen mag. Viele Menschen, die an einer Depression leiden, haben das nicht. Nur wenige sind so bekannt wie der ehemalige Fußballtorwart Robert Enke, der mit seinem Selbstmord für kurze Zeit die öffentliche Aufmerksamkeit auf das Thema lenkte. Für viele Betroffene und all diejenigen, die sich dem Kampf gegen die Krankheit verschrieben haben, war damit die Hoffnung verbunden, dass sich in der Gesellschaft etwas ändert. Es ist bei der Hoffnung geblieben. Auch Dennis Hasselmann ist enttäuscht. Er hat selbst erlebt, mit wie vielen Vorurteilen Menschen, die an einer Depression leiden, immer noch konfrontiert werden.

Seine Geschichte hat Höhen und Tiefen wie viele andere auch. Wenn er sie erzählt, hört man oft Sätze wie »Ich habe ja richtig Glück gehabt« oder »Wer kann schon von sich sagen, dass er so tolle Dinge erleben durfte?«. Er meint damit die Begegnungen mit Spitzenpolitikern, das Zusammentreffen mit Angela Merkel. Und wenn er in diesen Erinnerungen schwelgt, dann gerät schnell aus dem Blick, dass er es in seinem Leben nicht leicht gehabt hat. Aber dem Dennis Hasselmann, den ich damals im Wahlkampf kennenlernen durfte, hat man das nicht angemerkt.

Er war einer dieser Wahlkämpfer, wie man sie sich als CDU-Generalsekretär wünscht: zupackend, freundlich, immer einsatzbereit. Wenn man ihn nachts um drei Uhr geweckt hätte, um mit ihm Plakate aufzuhängen, wäre er sofort losgefahren. Und er hätte im Halbschlaf noch die drei Kernforderungen des Wahlprogramms aufsagen können. Mit solchen Leuten gewinnt man Wahlen. Wir sind uns dann immer wieder begegnet. Mir ist er aufgefallen, weil er den Menschen zugewandt und immer gut gelaunt war. Das hat mich beeindruckt.

*

Dass es eine ganz andere Seite an Dennis Hasselmann gibt, ist mir erst viel später bewusst geworden. Und das hat etwas mit dem Mut zu tun, der in diesem jungen Mann steckt. Als ich mein Buch *Du musst kein Held sein* veröffentlichte, hat er es nicht nur gelesen, sondern mir danach auch geschrieben. Mich hat das berührt. Ich habe mich gefreut über die Resonanz und die guten Worte. Das Teilen meiner Erfahrungen, auch der schwierigen und dunklen, hat sich als richtig herausgestellt, weil es danach so viel an Zuspruch gab, dass mir klar geworden ist: Wer etwas Schlimmes erlebt hat, muss das nicht mit sich allein ausmachen. Es zu teilen, kann Kraft geben. Geteiltes Leid ist halbes Leid – das Sprichwort stimmt. Und vieles von dem, was man an Reaktionen erfährt, macht Mut.

Dennis Hasselmann habe ich zu einer Diskussion eingeladen, die wir online geführt haben.

Über das Buch habe ich oft geredet, auch mit Leserinnen und Lesern. Digitale Formate waren mir ebenfalls nicht neu. Und auch diesmal lief es wie am Schnürchen. Dennis Hasselmann war gut drauf. Er stellte kluge Fragen und wies mich auf einige Stellen in meinem Buch hin, die für ihn besonders bedeutsam waren. Er erzählte auch, dass ihm das Buch sehr geholfen habe.

Und dann kam es: »Meine Mutter ist vor Kurzem gestorben, ich leide seit einiger Zeit an Depressionen. Ich habe überlegt, ob ich das hier erzählen soll. Aber jetzt war ich so mutig. Und es fühlt sich gut an.«

Sein öffentliches Eingeständnis traf mich völlig unvorbereitet. Ich saß vor meinem Bildschirm, und mir fiel erst mal nichts dazu ein. Dennis Hasselmann hatte bislang noch nie darüber gesprochen. Später erzählte er mir, dass er sich das durchaus vorher überlegt hatte, dass es aber kein fester Plan war, darüber zu sprechen. Er hatte sich selbst gesagt: »Wenn du es machst, dann machst du es. Eigentlich ist es Peters Bühne, aber er wird schon Verständnis haben.«

Seit diesem Tag spricht Dennis immer wieder öffentlich über seine Krankheit. Der Weg dahin war lang.

*

Dennis Hasselmann wuchs im Heim auf. Mit 14 Jahren kam er in eine betreute Einrichtung. Heute sagt er, dass das für ihn genau das Richtige war – mit vielen guten Erziehern und Sozialpädagogen. Auch eine Therapeutin hat er damals ab und an in Anspruch genommen. Viele Gespräche waren das in seiner Jugend. Viele blieben erfolglos. So verweigerte eine Versicherung ihm beispielsweise eine Berufsunfähigkeitsversicherung. Wenn er darüber nachdenkt, ärgert er sich.

Unsere Gesellschaft bestraft diejenigen, die sich Hilfe suchen und die präventiv etwas tun, um mit ihren Problemen klarzukommen. Bei einer Lebensversicherung ist es übrigens ähnlich. Da bekommt man auch nicht so ohne Weiteres einen Vertrag, wenn man einmal in psychotherapeutischer Behandlung war. Das ist einer der Punkte, an denen sich dringend etwas ändern muss.

*

Seit seinem 13. Lebensjahr verfolgt Dennis eifrig die *Tagesschau.* Politik ist schon in der Schule sein Lieblingsfach. Die Leidenschaft dafür wird durch eine Klassenfahrt nach Berlin geweckt. Auf dem Programm steht auch ein Besuch im Deutschen Bundestag. Dort diskutiert seine Schulklasse eine Stunde lang mit einem Abgeordneten. Dennis fragt ihn Löcher in den Bauch. Der Rest seiner Klasse teilt seine Begeisterung nur bedingt, aber sie lassen Dennis machen. Keiner stellt so viele Fragen wie er. Er will alles genau wissen, hakt nach, und nach der Diskussion kommt der Abgeordnete, Andreas Mattfeldt, auf ihn zu. Der junge Mann hat ihn beeindruckt. Kurze Zeit später trifft Dennis den damaligen niedersächsischen Ministerpräsidenten David McAllister persönlich auf einer Veranstaltung. Die Rede des Politikers begeistert ihn. Dennis tritt in die Junge Union ein.

Später schreibt eine Journalistin die Geschichte von Dennis Hasselmann auf. Noch heute findet man den Artikel über ihn auf der Seite des Goethe-Instituts. An seinem Beispiel wird erzählt, wie politisches Engagement in der parlamentarischen Demokratie und in den Parteien in der Bundesrepublik funktioniert und was junge Leute heute an der Politik begeistert. Die Überschrift lautete: »Traumjob im Bundestag«.

Es ist genau diese Überschrift, an die er immer wieder denkt, die ihm buchstäblich im Weg steht, als seine Kraft nachlässt und er eigentlich aufhören will mit der Tretmühle, in der er gefangen ist. »Traumjob im Bundestag« – er war doch auf einem guten Weg, er hatte schon so viel erreicht. Doch innerlich weiß er längst, dass alles über seine Kräfte geht. Was werden seine Familie und seine Freunde sagen, wenn er das alles hinter sich ließe?

*

Politik ist nicht alles in seinem Leben. Eine weitere Leidenschaft gehört dem Fußball. Dennis spielt nicht nur selbst in einem Verein, er trainiert auch eine Jugendmannschaft. Von der Kreisliga geht es in ein paar Jahren bis in die Landesliga, sie spielen sogar Turniere im Ausland, in Polen und den Niederlanden. Der Zusammenhalt in der Mannschaft, neben dem spielerischen Talent eine Grundlage für den Erfolg, beeindruckt ihn. Als Trainer hat er daran auch maßgeblich Anteil. Seine Erfahrungen aus dem Kinderheim kommen ihm zugute. Dort hat er gelernt, mit vielen sehr verschiedenen Menschen klarzukommen und eine Gemeinschaft zu bilden. Darüber hinaus ist er »Stadionsprecher« in der Oberliga Niedersachsen beim TSV Ottersberg. Doch irgendwann sind Fußball und Politik nicht mehr miteinander vereinbar – Dennis Hasselmann muss sich entscheiden. Und er entscheidet sich für die Politik. Ein treuer Fan des SV Werder Bremen ist er dennoch bis heute.

Sein berufliches Fundament ist eine Ausbildung zum Versicherungskaufmann. Als er volljährig wird, zieht er aus der Jugendeinrichtung aus. Nun steht er auf eigenen Beinen. Seine freie Zeit steckt er ab einem bestimmten Zeitpunkt nur noch in die Politik. Er will mitbestimmen, irgendwann ganz vorne mitmischen und etwas für sein Land tun.

Dennis weiß, dass man ihm nicht den roten Teppich ausrollen wird und dass niemand auf ihn wartet, dass viel Arbeit und ein langer Weg vor ihm liegen. Aber er will seiner Generation eine Stimme geben. Das treibt ihn an. Ihn ärgert es, wenn pauschal behauptet wird, dass die Jugend sich nicht für Politik interessiert und keine Ideen hat. Oft fehlt es einfach an jemandem, der den Mund aufmacht.

Sein Ziel hat er seit dem Besuch im Bundestag fest vor Augen. Damals sind ihm auch Peer Steinbrück und Thomas Oppermann einfach so über den Weg gelaufen. Aufregend. Und das

Arbeitspensum, die 60 bis 80 Stunden, die ein Abgeordneter in der Woche unterwegs ist, schrecken ihn nicht. Dennis sagt der Journalistin, die ihn interviewt: »Man muss einfach vorher wissen, worauf man sich einlässt, und sich überlegen, ob man das wirklich will.« Und er will unbedingt, allerdings ohne wirklich zu wissen, worauf er sich einlässt. Und ehrgeizig ist er auch: »Wenn alles so klappt, wie ich mir das vorstelle, dann bin ich in etwa zwanzig Jahren da, wo ich hinmöchte«, sagt er ins Mikrofon.

Als ihn das Fieber für die Politik packt, gründet er in seiner Heimatgemeinde Ottersberg eine Gruppe der Jungen Union und wird deren Vorsitzender. Wenig später wird er stellvertretender Kreisvorsitzender und engagiert sich bald auch in der CDU. Im Sommer 2016 macht er die Politik zum Beruf und wird Landesgeschäftsführer der Jungen Union in Niedersachsen. Im Landtagswahlkampf folgt dann der Wechsel ins Wahlkampfteam von Bernd Althusmann, der die CDU in einer großen Koalition wieder in die Regierungsverantwortung führt. Dennis Hasselmann schwimmt auf der Erfolgswelle mit, wird zunächst Büroleiter eines Landtagsabgeordneten und im Mai 2019 Kreisgeschäftsführer der CDU Hannover. Dabei ist er praktisch im Dauerwahlkampf, denn in der Landeshauptstadt stehen gleich wieder Oberbürgermeisterwahlen an.

Im Winter 2019 merkt er, dass er nicht mehr kann. Aber er ist noch weit davon entfernt, sich das einzugestehen.

Zu diesem Zeitpunkt ist er bereits krank. Doch wie nähert man sich dieser Einsicht? Da ist niemand, der ihm die innere Leere anmerkt, der ihn anspricht oder fragt, ob er Hilfe braucht. Außerdem hat er gerade noch andere Sorgen: Seine Mutter ist schwer an Krebs erkrankt. Als er mit Freunden auf einem Musikfestival ist, teilt ihm seine Schwester mit, dass die Mutter auf die Palliativstation verlegt worden sei. Am Wochenende vorher hat er sie noch zu Hause besucht. Allein hat er keine Möglichkeit, vom Festival nach Hause zu kommen. Er muss warten, bis die anderen zurückfahren und ihn mitnehmen. Da betet Dennis zum ersten Mal in seinem Leben ganz bewusst: »Lieber Gott! Lass mich meine Mutter noch einmal sehen!« Seitdem hat Gott einen festen Platz in seinem Leben.

Sein Gebet wird erhört. Er kann sich noch von seiner Mutter verabschieden. Am Montag schläft sie ein und wacht nicht mehr auf. Dennis trauert. Aber dann drückt er die Trauer weg und stürzt sich regelrecht in die Arbeit. Das wird auch von ihm erwartet. Und so kann er die innere Leere, die der Tod seiner Mutter hinterlässt, füllen. Doch das gelingt ihm nur kurzfristig.

Dennis ist zwar kein gewählter Politiker, aber diejenigen, die in der ersten Reihe stehen, verlassen sich auf ihn. Das gibt ihm ein gutes Gefühl. Darum gönnt er sich keine Pause. In diesem System muss man funktionieren. Und Dennis funktioniert. Außerdem ist gerade wieder Wahlkampf.

Sein Körper sendet deutliche Warnsignale. Dennis leidet häufig an Durchfall, Bauchschmerzen und Magenkrämpfen. Ständig ist er müde – egal, wie lange er schläft. Als der Wahlkampf vorbei ist, geht es gesundheitlich für ihn rapide bergab. Dennis hat starke Gefühlsausbrüche, muss immer wieder weinen und weiß nicht, warum. Meist kann er das vor anderen verbergen, aber nicht mehr vor sich selbst. Er sucht nach einem Ausweg und findet vermeintlich einen.

*

Ein Freund bietet ihm an, bei ihm im Unternehmen anzufangen. Dazu muss er nach Bremerhaven umziehen. Dennis soll ihn als Assistent unterstützen. Das Gehalt ist vergleichbar, die Arbeitsbelastung angeblich deutlich niedriger. Dennis Hasselmann hofft, dass ihm das helfen wird, sein inneres Gleichgewicht wiederzufinden. Er teilt seine Entscheidung Freunden und Familie mit. Doch kaum einer hat Verständnis dafür. Niemand spricht es offen aus, aber Dennis hört zwischen den Zeilen die Fragen: War es nicht sein Traum, irgendwann einmal im Bundestag zu sitzen? Warum schmeißt er jetzt einfach alles hin?

Bisher war es immer so, dass sich für ihn das Hamsterrad weitergedreht hat. Es gab immer wieder eine Stufe, die es zu erklimmen galt. Das war jeden Einsatz wert – auch wenn es bedeutete, dass man manchmal bis 22 Uhr noch im Büro saß, um die Einladung zur nächsten Kreisvorstandssitzung noch rechtzeitig zu versenden. Und diesen jahrelangen Einsatz wirft er nun weg? Als er seinem Kreisvorsitzenden und anderen in der Partei eröffnete, dass er kündigen wird, bricht Dennis dabei in Tränen aus.

Hätte er vielleicht vorher eine Auszeit nehmen sollen? Krankschreiben geht in der Politik nicht. Klar, wenn man eine Grippe hat, bleibt man mal drei Tage zu Hause. Aber jemand, der wochenlang oder gar mehrere Monate gesundheitsbedingt ausfällt, ist schnell weg vom Fenster. Da stehen sofort andere parat. Als Dennis Hasselmann sich entschieden hat, zu gehen, bemüht er sich, die Dinge nicht mehr an sich heranzulassen, die ihn krank gemacht haben. Er stellt sich vor, er sei im Inneren eines großen Gummiballs, an dem alles abprallt. Er hat vor allem das Ziel, im Guten zu gehen. Noch immer denkt er mehr an die anderen als an sich selbst.

Dennis weiß natürlich nicht genau, was ihn in Bremerhaven erwartet. Er lässt sich auf das Abenteuer dennoch ein. Doch die neue Arbeit gab ihm nicht den erhofften Halt, auch jetzt kommt er nicht zum Aufatmen. Es stimmt zwar: Das Umfeld ist ein anderes, er hat nun reguläre Arbeitszeiten und entsprechend mehr freie Zeit für sich. Aber vielleicht ist es gerade das, was die mühsam bewahrte Fassade endgültig zum Einsturz bringt. Dennis schafft es nicht mehr, aufzustehen, und meidet den Kontakt mit anderen Menschen. Zu stark sind inzwischen die Symptome seiner Depression. Er kann auch nicht mehr einkaufen gehen und scheut große Menschenansammlungen. Angstzustände und Müdigkeit sind seine ständigen Wegbegleiter. Selbst nach 14 Stunden Schlaf ist er noch erschöpft.

Eines Nachts fällt er aus dem Bett – auf den Kopf. Er geht zum Arzt. Und der stellt die Diagnose, die das Kartenhaus, das er aufgestellt hatte, endgültig zusammenbrechen lässt. Dennis nimmt nun endlich professionelle Hilfe in Anspruch und sucht Rat bei einem Psychologen. Er hat Glück und kommt schnell in eine Klinik. Die meisten Menschen müssen wochenlang warten. Der schwerste Schritt folgt dann dort – sich eingestehen, dass man ein großes Problem hat und krank ist. Bis zu dieser Einsicht vergehen noch einmal mehrere Wochen.

Seine Schwiegereltern schenken ihm mein Buch *Du musst kein Held sein*. Dennis liest es dreimal und erkennt sich an vielen Stellen wieder. Und ja, das, was mir widerfahren ist, was ich in dem Buch offen erzähle, ist keine einmalige Geschichte. Viele Menschen ignorieren ihre Grenzen, gehen nicht achtsam mit sich um, wollen funktionieren, weil andere es von ihnen erwarten. Es geht gar nicht mehr um das eigene Ziel oder den Traum. Sondern es geht darum, was die anderen denken. Und dabei kann man sich verlieren. An der Stelle meines Buches, an der ich den Stress beschreibe, in dem ich damals gefangen war, merkt Dennis: Das kennt er, das ist er selbst. Wenn er heute noch einmal davon erzählt, dann wird seine Stimme schneller. Man merkt immer noch, wie sehr ihn das bewegt. Dass er überhaupt so lange durchgehalten hat, liegt an den vielen guten und beeindruckenden Erlebnissen, die es auch gegeben hat – davon ist er überzeugt. Dennis betrachtet Fotos, eines zeigt, wie er neben Angela Merkel steht und ein Selfie mit ihr macht. Ein anderes Mal, und das Foto bedeutet ihm mehr als das Selfie, fotografiert er ein Brautpaar mit der Kanzlerin. Dieses Bild, das zwei Menschen so glücklich zeigt, das macht etwas mit ihm.

Auch für solche Momente hat er die anstrengenden, die nervigen, die schlechten Tage in Kauf genommen. Wenn er zu Hause oder im Freundeskreis von seinen Begegnungen erzählt, sagen alle: »Wow, was du in deinem Alter schon alles erlebt hast.« Da wird ihm bewusst, wie besonders das alles ist. Bernd Althusmann, der Spitzenkandidat der CDU Niedersachsen, mag Dennis und bittet ihn persönlich, in seinem Team mitzuarbeiten. Das gibt ihm unheimlich viel Kraft. Später fragt er sich, wie Menschen ohne solche Glücksmomente mit einer Depression klarkommen. Ihm helfen sie jedenfalls, die ganz schlimmen Gedanken nicht zuzulassen.

*

Aber eines Tages kippt die Situation. In seiner Verzweiflung steht er auf dem Balkon und will springen. Zum Glück ist seine Lebensgefährtin Madita da und zieht ihn zurück. Was für ein Segen, einen Menschen an seiner Seite zu wissen, der einen nicht im Stich lässt, obwohl es schwierig ist und man sich selbst kaum ertragen kann. Madita kann es offensichtlich. Es kommt ihm so vor, als hätte Gott sie geschickt.

Nachdem Madita ihn verzweifelt auf dem Balkon fand und zurückhielt, fahren sie beide zu ihren Eltern aufs Land. Dort kommt Dennis endlich zur Ruhe.

Weil er ein großer Fußballfan ist, weil er ebenfalls aus Hannover kommt und an derselben Krankheit leidet, denkt Dennis oft an das Schicksal von Robert Enke. Die Trauerfeier im Stadion hat er damals mitverfolgt. Heute beklagt er, wie schnell in Vergessenheit geraten ist, was damals geschah. Seit er wieder die Kraft dafür hat, beschäftigt ihn das.

Heute sagt er: »Es geht vielen wie mir. Aber nicht alle haben so einen starken Hintergrund.«

Selbstmordgedanken sind oft Teil einer Depression. Mehr als 9000 Menschen nehmen sich jedes Jahr das Leben. Zwei Drittel von ihnen sind Männer. Die Zahl der versuchten Selbsttötungen ist schätzungsweise bis zu zwanzigmal so hoch. Bei mehr als der Hälfte ist eine Depression der Grund für den Selbstmord. Doch darüber wird nicht gesprochen.

In unserer Gesellschaft macht es einen Unterschied, ob jemand körperlich oder psychisch krank ist. Das Gesundheitssystem verfügt nicht über die notwendigen Ressourcen, um alle Betroffenen zeitnah und angemessen zu betreuen. Hinzu kommt: Gerade bei psychischen Erkrankungen gibt es außerdem nach wie vor jede Menge Vorurteile. Wer Schwäche zeigt, der soll sich einfach mal zusammenreißen, andere tun das ja auch, hört man.

Solche Vorurteile erlebt Dennis Hasselmann auch in seiner Partei. Bevor er kündigt, kommt kaum jemand darauf, dass er vielleicht krank sein könnte und Hilfe bräuchte. Ihm wird stattdessen hinterrücks unterstellt, er sei faul oder habe keine Lust zu arbeiten. Er bekommt das mit. Als seine Krankheit bekannt wird, trägt man ihm zu, wie manche Abgeordnete über Depressionen denken. Hanebüchen, was für altbackene Vorstellungen da immer noch herrschen – selbst bei sonst klugen und einfühlsamen Menschen.

*

Wer eine Depression hat oder an einer psychischen Erkrankung leidet, der verschweigt das meistens. Es fällt Menschen generell nicht leicht, über Krankheiten zu sprechen.

Unsere Gesellschaft muss sich mit Blick darauf dringend verändern. Wir haben keine Vorstellung davon, wie schwer es betroffenen Menschen fällt, über ihre Depressionen zu reden. Auch das hat Dennis Hasselmann erlebt. Selbst in der Klinik, auf einer Station für Depressionen und Angstpatienten, auf der nur Menschen mit einem vergleichbaren Krankheitsbild waren – wo jeder wusste, dass der andere aus einem ähnlichen Grund hier war –, gab es Betroffene, die versuchten, den Schein der »Normalität« zu wahren. Und diese Abteilungen in den Kliniken sind voll. Oft sind drei Menschen in einem Zimmer untergebracht. Und man muss lange warten, bis man einen Platz bekommt. Wenn man dann endlich in Behandlung ist, ruft die Krankenkasse alle zwei Wochen an und fragt, wann man eigentlich wieder arbeiten gehen wird. Als ob eine Depression planbar zu behandeln wäre!

Alles, was er sich mühsam an seelischer Stabilität aufgebaut hat, ist nach so einem Anruf für Dennis wieder zerschlagen. Er verbittet sich deshalb direkt weitere Anrufe dieser Art.

Wie gesagt: Es ist generell in unserer Gesellschaft ein Problem, Schwäche zu zeigen. Wenn diese Schwäche in Angst übergeht, wenn sie krankhaft wird, wenn jeder Mut fehlt, dann ist es kein Wunder, dass sich dieser Abwehrreflex noch verstärkt. Das ärgert Dennis Hasselmann bis heute maßlos. Eine Depression ist eine Krankheit. Nicht mehr, aber auch nicht weniger. Sie kann durch die unterschiedlichsten Faktoren ausgelöst werden. Und eine Depression kann bei jedem Menschen andere Auswirkungen haben. Nur mit Hinsehen und Empathie merkt man das – nur wenn man auf sich selbst und aufeinander achtet. Wir sollten alle öfter nach links und rechts schauen und fragen, wie es anderen geht.

Dennis Hasselmann hatte Glück. Die Familie hielt zusammen. Viele Freunde unterstützten ihn, aber es gab auch diejenigen, die mit der Erkrankung nicht umgehen konnten. Sie mieden den Kontakt. Bei einem Armbruch weiß jeder, was er machen soll, und man schreibt noch einen lustigen Spruch auf den Gips. Bei psychischen Erkrankungen herrscht oftmals Schweigen.

Dennis sagt heute, dass ihm jede einfühlsame Nachricht geholfen hat und immer noch hilft. Auch wenn er nicht immer die Kraft hatte, um zu antworten.

*

Dennis hat noch jemanden gefunden, der ihm geholfen hat, seine Krankheit zu überwinden. Seit er damals gebetet hat, dass er seine Mutter noch einmal sehen kann, bevor sie starb, lässt ihn Gott nicht mehr los. Sein Weg zum Glauben war lang. Er war getauft und konfirmiert, aber er hatte sich nie richtig mit Gott beschäftigt. Die Eltern seiner Verlobten Madita sind in einer Freikirche engagiert. Er begleitet sie hin und wieder zum Gottesdienst. Das Beten tut ihm gut. Nur mit der Hingabe, mit der dort geglaubt wird, tut er sich bisweilen etwas schwer. Dass da oben aber jemand ist, der auf uns aufpasst, davon ist er überzeugt.

Dennis hat angefangen, die Bibel zu lesen. Wenn er heute allein zu Hause ist – weil Madita arbeitet –, dann redet er bisweilen mit jemandem, der nicht da ist. Und natürlich kommen ihm Fragen. Beispielsweise: Warum hat Gott ihn so krank werden lassen? Er erzählte mir in unserem letzten Gespräch von diesen Gedanken. Ich antwortete: »Aber er hat dir ja Madita geschickt.« Dennis war kurz still. Dann sagte er nur: »Das stimmt.«

*

Inzwischen schaut Dennis Hasselmann wieder nach vorne. Nachdem er seine Erkrankung öffentlich gemacht hat, kamen viele Menschen auf ihn zu – solche aus seinem Umfeld, aber auch Fremde. Sie haben sich ihm geöffnet und von ihren eigenen Erfahrungen mit Depressionen, von Krankheit und Rückschlägen erzählt. Oder sie haben davon gesprochen, dass es auch in ihrer Familie oder im Freundeskreis jemanden gibt, der betroffen ist. Er hat so viele positive Nachrichten bekommen – auch aus seiner Partei und der Politik –, dass ihm das Mut macht. Er hat gemerkt: Es kann sich etwas ändern in unserer Gesellschaft. »Leute haben mir geschrieben, wie mutig sie es finden, dass ich meine Erkrankung öffentlich gemacht habe«, erzählt er. Das habe ihm gutgetan. Noch besser wäre es aber, wenn ein solches Bekenntnis zur Krankheit gar keinen Mut erfordern würde.

Inzwischen weiß Dennis, was er zukünftig machen möchte. Er will mit Menschen arbeiten. Denn er weiß, wie es sich anfühlt, in der Schule »Heimkind« genannt zu werden. Wie es ist, wenn man sich selbst verliert und keinen Weg findet, das auszudrücken oder um Hilfe zu bitten. Er möchte jemand werden, der viel stärker als bisher hinschaut. Und er will anderen etwas von seinem Mut schenken, damit sie Hoffnung schöpfen können.

Gibt es für Dennis einen Weg zurück in die Bundespolitik? Im Moment ist dieser Gedanke für ihn ganz weit weg. Auch weil er weiß, dass er das Pensum, das einem abverlangt wird, nicht schaffen würde. Der Traum ist leider ausgeträumt. In der Jungen Union ist er wieder dabei, inzwischen ist er sogar Bezirksvorsitzender in seiner Heimat. Aber im Landtag oder im Bundestag zu sitzen, das ist für ihn kein Ziel mehr. Doch auch wenn daraus nichts mehr wird, irgendeine gute Aufgabe wird sich finden. Davon ist Dennis überzeugt.

9
WENN EINE UMARMUNG MUT MACHT

MECHTHILD HEIL

Sie waren vom Wasser überrascht worden. Im Bungalow eingeschlossen gab es für die Familie, zwei ältere Menschen und deren Tochter, keine Möglichkeit, das Haus zu verlassen oder aufs Dach zu kommen. Irgendwann stand ihnen das Wasser buchstäblich bis zum Hals. Am Ende konnten die Eltern nicht mehr. Sie ertranken vor den Augen der Tochter, die jetzt vor Mechthild Heil steht und ihr diese Geschichte erzählt. Mechthild Heil hört schweigend zu.

Es dauerte noch eine ganze Weile, gefühlt wahrscheinlich eine Ewigkeit, bis die Frau aus dem Haus gerettet werden konnte. Die toten Eltern trieben die ganze Zeit im Wasser. Die Flut war gnadenlos. Mechthild Heil hat viel erlebt und viele schlimme Geschichten gehört in den Tagen und Wochen nach der Flut im Ahrtal. Bis heute ist sie dort fast jeden Tag unterwegs. Sie geht auf die Menschen zu, versucht, ihnen Mut zu machen, ihre gute Laune ist sprichwörtlich. Doch jetzt fehlen ihr die Worte.

Die Frau, die ihre Eltern verloren hat, ist Unternehmerin, Mechthild Heil hat sie besucht, um zu erfahren, wie es im Unternehmen jetzt nach der Flut weitergeht. Sie war schon öfter vor Ort. Als sie die traurige Schilderung der Katastrophennacht und alles, was danach passiert ist, hört, fragt sie ihr Gegenüber: »Wie haben Sie das nur geschafft?« Die Frau schaut sie einen Moment lang an. Dann sagt sie: »Ach wissen Sie, wir kennen uns schon so lange. Sie sind immer so voller Tatendrang und Zuversicht. Sie machen den Menschen so viel Mut, auch mir. Wir schaffen das schon.«

Als Mechthild Heil mir diese Geschichte erzählt, verändert sich ihre Stimme. Ich kenne sie in der Tat immer lebensfroh. Aber in diesem Moment, als sie mit mir spricht, wird ihre Stimme ganz ruhig und leise.

*

Was Wertschätzung ist, kann auch eine Bürde sein. Mechthild Heil ist seit 2009 Bundestagsabgeordnete für das Ahrtal. Sie vertritt ihre Heimat mit Herzblut. In Berlin würden manche mit überheblichem Unterton sagen, sie sei eine »Hinterbänklerin«. Das ist natürlich dummes Zeug, denn gerade die sogenannten Hinterbänkler machen in den Ausschüssen des Parlaments die eigentliche Arbeit. Diejenigen, die uns mit ihrer Meinung quasi jeden Abend in den Talkshows beglücken, sieht man im Ausschuss hingegen selten. Mechthild Heil ist im besten Sinne des Wortes eine Volksvertreterin. Dass Sie in ihrer Heimat einmal so eine Flutkatastrophe erleben würde, konnte sie sich vorher nicht vorstellen.

*

Mechthild Heil und ich sind vor 14 Jahren gemeinsam in den Deutschen Bundestag gewählt worden. Das verbindet. Ich mochte sie von Beginn an – aufgrund ihrer zupackenden und direkten Art. Wir haben uns nichts vorgespielt, nicht versucht, den anderen zu beeindrucken. Die ersten vier Jahre saßen wir gemeinsam im Ausschuss für Arbeit und Soziales. Ich konnte sie in den Debatten erleben – immer gut vorbereitet, immer leidenschaftlich. Und die Leidenschaft hat sie sich bewahrt.

Die energische Frau mit den braunen Augen, die von vielen Lachfalten umspielt sind, weiß, was sie will. Und sie hat gleichzeitig die Fähigkeit, loszulassen und einer Sache, aus der nichts wird, nicht allzu lange nachzutrauern. »Es geht ja immer weiter«, sagt sie. Ihr Beruf als Architektin helfe ihr dabei. »Wenn es nicht weitergeht, wenn ich keine Lösung finde, fange ich eben noch mal von vorne an nachzudenken. So, wie ich bei einem nicht gelungenen Entwurf das Blatt Papier zerknülle und wegwerfe, um dann auf einem weißen Bogen den Stift noch einmal anzusetzen.«

*

In ihrer Jugend wollte Mechthild Heil Jugendrichterin werden. Dann kam es, wie so oft im Leben, anders. Ihr Vater hatte ein Architekturbüro. Ihr Bruder und sie studierten Architektur. Heute arbeiten sie gemeinsam im Familienunternehmen. Anfangs hatte sie in einem großen Architekturbüro gearbeitet, doch da hat ihr das gefehlt, was ein Familienunternehmen ausmacht: Man hält zusammen. Zu Hause hatte der Vater zunächst eine klare Vorstellung: Der Sohn übernimmt die Firma. Erst als sich ihre Mutter einmischte, öffnete sich für Mechthild eine Tür. »Da bin ich dann einfach durchgegangen«, sagt sie heute.

Damals hatte die junge Mechthild mit Sprüchen zu kämpfen, die sich viele Frauen in ihrer Generation noch anhören mussten. Als der Professor nach einer Klausur die Notengebung mit den Studenten besprach und begründete, bekam Mechthild Heil lediglich ihre Note mitgeteilt. Als sie nach einer Begründung fragte, entgegnete ihr der Professor, sie werde doch sowieso später mal einen Architekten heiraten.

Nach dem Studium musste sie sich öfter die Bemerkung gefallen lassen, sie sei doch sicher Innenarchitektin. Dass die zierliche Frau sich draußen auf einer Baustelle wohlfühlt, wo es laut zugeht und dreckig ist, mochte keiner glauben.

Man möchte meinen, dass Architekten es lieben, an Plänen zu arbeiten, zu gestalten und zu beobachten, wie ein Gebäude nach ihren Vorstellungen entsteht. Für Mechthild Heil geht es aber um etwas ganz anderes. Sie sagt, Architekten hätten ein »Weltverbesserungsgen«. Einer ihrer ersten Jobs war die Planung eines Wohnheims für behinderte Menschen. Ein Haus zu entwerfen, das nicht nur funktional ist und gut aussieht, sondern den Bedürfnissen derer entspricht, die darin wohnen, das kann man nicht, wenn man die Menschen nicht kennt, die darin wohnen sollen, davon ist sie überzeugt. Also setzte sie sich intensiv mit den Bedürfnissen und der Lebensweise von Menschen mit Behinderung auseinander.

*

Mechthild Heil ist das, was man eine erfolgreiche Frau nennt. Verheiratet, ihr Mann ist Arzt, drei Kinder, beruflich als Architektin tätig. Fast 20 Mitarbeiterinnen und Mitarbeiter beschäftigt das Büro, das sie gemeinsam mit ihrem Bruder führt. Draußen auf der Baustelle mit schmutzigen Schuhen – das ist genau ihr Ding. Das klingt nach einem erfüllten Tagesablauf. Dennoch hat sie irgendwann das Gefühl, etwas zurückgeben zu wollen. Sie ist heimatverbunden, und es ist ihr nicht egal, was auf der Welt passiert. Und sie ist katholisch. Darum tritt sie Mitte der 1980er-Jahre in die CDU ein und engagiert sich außerdem im Eine-Welt-Laden vor Ort. Bis heute ist sie im Stadtrat von Andernach, und inzwischen ist sie auch Vorsitzende der Katholischen Frauengemeinschaft Deutschlands.

Als ihre Partei sie fragt, ob sie nicht für den Deutschen Bundestag kandidieren möchte, raten ihr in ihrem Umfeld viele davon ab. Sie überlegt, wägt ab, und dann steht der Entschluss fest: Sie macht es. Ihr Mann und ihre Familie begleiten sie in dieses Abenteuer. Und sie wird gewählt.

Ein neues Leben beginnt. Viele Termine stehen nun an, sie ist ständig unterwegs. In ihrer Heimat wird eine Kirche saniert.

Das 800 Jahre alte Bauwerk braucht mehr als einen frischen Anstrich. Zum Abschluss der Arbeiten findet ein Fest statt. Mechthild Heil ist eingeladen und soll ein paar Worte sagen. Nicht nur, weil sie katholisch ist, fasziniert sie das alte Gotteshaus. In ihrer Rede ist sie eher Architektin als Politikerin. Sie erinnert an die Menschen, die da vor Jahrhunderten in den Wald gegangen sind, um die Bäume auszusuchen, deren Stämme das Dachgebälk bis heute tragen. Sie fragt nach den Handwerkern, die den Bau errichtet haben. Ihre Namen kennt keiner mehr, aber vor ihrem Werk, das uns bis heute begleitet, haben wir Respekt. Wenig später, so erzählt es Mechthild Heil, habe ihr jemand ein kleines Stück von einem der alten Dachbalken geschenkt. Da kamen ihr die Tränen.

An ihren ersten Tag in Berlin erinnert sie sich gut. Sie war so früh im Büro, dass außer ihr noch niemand da war. Mechthild Heil nutzte die Zeit, um sich von den Abläufen und Prozessen ein eigenes Bild zu machen – neugierig und offen. Bei der Verteilung der Aufgaben bekam sie gesagt, sie solle sich mal um das Thema Verbraucherschutz kümmern.

Nun muss man wissen: Was im politischen Apparat wie eine Bitte vorgetragen wird, ist oftmals in Wahrheit eine Ansage. Und auf das Thema »Verbraucherschutz«, um das sie sich heute mit Herzblut kümmert, hatte Mechthild Heil zunächst überhaupt keine Lust. Als sie das äußerte, bekam sie gesagt, dass in diesem Büro schon einige in Tränen ausgebrochen seien. Keine Widerrede also. Um ihr die Aufgabe schmackhaft zu machen, wurde ihr mitgeteilt, dass sie künftig einen Referenten zur Unterstützung ihrer Arbeit bekomme. Ein Referent? In ihrem Architekturbüro arbeiten 18 Menschen. Mechthild Heil wurde klar, dass in Berlin eigene Regeln gelten. Regeln akzeptiert sie. Aber sie hat auch eine klare Vorstellung davon, wann es notwendig ist, diese zu brechen.

Wieder zurück in der Heimat, muss sie Beschlüsse erklären, die in Berlin entschieden werden. Sie hat selbst manchmal Zweifel, aber sie vertraut den Kolleginnen und Kollegen im Parlament, so wie die ihr vertrauen. Ungewohnt ist es für sie, dass von jetzt auf gleich von ihr Antworten erwartet werden. Was sie tut, jeder ihrer Schritte, wird aufmerksam beobachtet. Das hat sie unterschätzt, und es macht etwas mit ihr. Sie nimmt sich vor, so zu bleiben, wie sie ist.

Nicht immer kann sie helfen, wenn Menschen mit ihren Anliegen zu ihr kommen. Das ärgert sie dann. Aber sie muss auch das lernen. Manchmal hilft es ihr, dass sie jemanden kennt, der auf das jeweilige Thema spezialisiert ist und auf den sie verweisen kann. Und manchmal verbeißt sie sich auch in einen Fall. Einmal kommt ein Mann zu ihr, der keinen Führerschein mehr hat. Er braucht die Fahrerlaubnis. Ohne Führerschein keine Arbeit. Der Grund für den Verlust ist Alkohol. Es gab ein Gerichtsverfahren, und Mechthild Heil erfährt, dass der Mann durch den sogenannten Idiotentest gefallen ist. Er ist überfordert mit der ganzen Situation, mit den Ämtern und Behörden, mit denen er sich auseinandersetzen muss. Doch er erzählt auch, dass ihm sein Arbeitgeber versprochen habe, ihn weiterzubeschäftigen, wenn er wieder einen Führerschein habe. Mechthild Heil will das schriftlich sehen. Da ist sie resolut. Und dann vermittelt sie ihm einen Rechtsbeistand, gibt ihm sogar das Geld, damit er den Test wiederholen kann. Der Anwalt begleitet den Mann aufs Amt. Wenn sie die Geschichte erzählt, klingt das ein bisschen wie die Geschichte vom Hauptmann von Köpenick.

Wahrscheinlich kommt der gemeinsame Auftritt auf dem Amt bei dem zuständigen Sachbearbeiter nicht gut an, aber die Akte wird dann aus dem Stapel gezogen und der Vorgang noch einmal aufgerollt. Irgendwann hat der Mann schließlich seinen Führerschein wieder. Mechthild freut sich über den Erfolg –

aber eigentlich müsste das System auch ohne einen derartigen Einsatz funktionieren und jemandem, der guten Willens ist, helfen, einen Fehler, den er gemacht hat, auszubügeln. Wenn der Mann den Mut verloren hätte und nicht zu ihr in die Sprechstunde gekommen wäre, was dann? Und wie vielen Menschen fehlt der Mut? Darüber denkt sie oft nach.

Ein anderes Mal sitzt eine junge Frau aus dem Kosovo vor ihr. Das Mädchen ist in Deutschland zur Welt gekommen, hat die Schule besucht und ein sehr gutes Abitur gemacht. Nun will sie studieren. Aber sie hat keinen deutschen Pass, deshalb kann sie sich an keiner Uni einschreiben. Der Familie droht zudem die Abschiebung. Mechthild Heil versteht die Welt nicht mehr. Sie unterstützt die junge Frau bei den Behördengängen. Doch diesmal stellt sich das Amt quer. Die Eltern hätten keine Aufenthaltsgenehmigung in Deutschland, deswegen stelle man auch den Kindern kein Ausweisdokument aus.

In der Welt von Mechthild Heil darf die Tochter nicht unter dem Fehler der Eltern leiden. Die junge Frau kennt nur Deutschland, war fleißig in der Schule, will sich etwas aufbauen, ist voll integriert. Und dann kommt der deutsche Staat und signalisiert ihr, dass sie unerwünscht ist. Mechthild Heil stellt sich an die Seite des Mädchens. Es wird ein langer Kampf, aber am Ende haben beide Kinder der Familie eine unbegrenzte Aufenthaltsgenehmigung in Deutschland.

Solche Fälle gehören zum Alltag von Abgeordneten. Sie müssen sich mit Behörden, Unternehmen, Verbänden und auch mal mit der eigenen Regierung anlegen, wenn sie die Anliegen von Menschen vertreten. Da braucht es Mut und vor allem Geduld. Es ist oft mühsam, aber wenn die Hilfe gelingt, dann ist das auch sehr befriedigend.

*

Und dann kommt das Ereignis, das nicht vorhersehbar war und das auch Mechthild Heil umwirft: das Jahrhunderthochwasser an der Ahr. Es ist ihre Heimat, ihr Wahlkreis, der in den Fluten versinkt.

Nachmittags war sie noch an der Ahr unterwegs. Eine Straße ist überschwemmt, aber wer dort am Fluss lebt, der kennt so etwas. Wenig später ruft eine Kollegin aus dem Bundestag an. Deren Bekannte sitzen wegen des Hochwassers in ihrem Haus fest. Ob Mechthild Heil helfen könne? Da wundert sie sich das erste Mal. Dort, wo die betroffene Familie wohnt, war sie doch erst vor wenigen Stunden. Sie ruft den Landrat an. Später berichtet der ihr von ersten Rettungsmaßnahmen, die bereits angelaufen sind, bevor der Katastrophenfall ausgerufen wird. Sie telefoniert auch mit der von der Flut betroffenen Familie, von der ihre Kollegin erzählt hat, einem älteren Ehepaar. Sie seien ins Obergeschoss gegangen, berichten die beiden ihr. Wenig später werden sie zum Glück mit einem Boot gerettet. Dann bekommt Mechthild Heil die ersten Bilder von verschiedenen Orten zugeschickt. Die Katastrophe nimmt ihren Lauf, die Ereignisse überschlagen sich. Am Ende sterben 134 Menschen.

*

Am nächsten Tag ist sie früh mit dem Auto unterwegs. Doch die Orientierung fällt schwer. Nichts ist mehr, wie es einmal war. Nicht nur die Häuser sind beschädigt oder ganz weggerissen. Bäume, Wege und Straßen sind nicht mehr da. Mechthild Heil braucht Zeit, um das alles zu begreifen. Dass die Ahr über die Ufer tritt, kam immer mal vor. Aber das, was sie hier sieht, ist unglaublich!

Um von einem Ufer der Ahr zum anderen zu kommen, ist jetzt eine Fahrt von 90 Minuten notwendig. Mechthild Heil und ihre Begleiter halten an und steigen aus. Sie steht am

Straßenrand und macht Fotos, um das Unbegreifliche festzuhalten. Da kommt auf einmal eine junge Frau auf sie zu und fängt direkt an zu schreien: »Verschwindet hier!«. Was macht Mechthild Heil? Sie überlegt nicht lange, nimmt die Frau, die völlig außer sich ist, wortlos in den Arm. Beide weinen gemeinsam. So viel hat sich aufgestaut, für das es keine Worte gibt.

Die junge Frau wohnte bis zur Flutkatastrophe in einem Mehrfamilienhaus, das nun schwer beschädigt ist. Sie selbst ist unversehrt, aber sie hat miterleben müssen, wie Menschen um Hilfe geschrien haben und ertrunken sind. Leichen trieben an ihr vorbei. Mehrfach mussten Mitbewohner sie davon abhalten, selbst ins Wasser zu springen, erzählt sie. Sie habe die schreckliche Situation einfach nicht mehr ertragen können. Ihr Hab und Gut hat sie weitgehend verloren. Mechthild Heil erzählt ihr, wo man Kleiderspenden bekommen kann. Am Ende lachen die beiden sogar einen Moment lang miteinander. Lachen macht Mut.

*

Die Hilfsmaßnahmen laufen sofort an. Ganz Deutschland hält zusammen, die Zahl der ehrenamtlichen Helfer ist riesig. Die Bundeswehr ist mit schwerem Gerät im Einsatz. Und Landesregierung und Bundesregierung beschließen Aufbauhilfen. Die Entscheidungsträger vor Ort werden zu einer Aufbaukonferenz eingeladen, bei der die Hilfsmaßnahmen von Bund und Land vorgestellt werden sollen.

Mechthild Heil ist nicht eingeladen. Sie geht trotzdem hin. Am Eingang wird sie gefragt, ob sie wisse, wo ihr Platz sei. Sie sagt selbstbewusst »Ja« und stiefelt schnurstracks in den Saal. Dort will sie sich hinten zu den Ortsbürgermeistern auf die bereitgestellten Stühle setzen, aber als man sie erkennt, wird sie nach vorne gebeten. Sie will nur zuhören, hofft auf neue Informationen. Die offiziellen Vertreter beginnen mit ihren Vorträgen und erklären, welche Maßnahmen geplant sind. Nach über 90 Minuten platzt Mechthild Heil der Kragen. Bis zu diesem Zeitpunkt ist keiner der Betroffenen zu Wort gekommen. Sie steht auf und redet sich in Rage. In den hinteren Reihen sitzen neben ihr diejenigen, die in den letzten Tagen alles gestemmt und ausgehalten haben. Menschen, die viele Nächte kaum geschlafen haben, selbst der Verzweiflung nahe sind und dennoch anderen Mut machen.

Es ist an der Zeit, dass diese Menschen jetzt auch einmal zu Wort kommen! Mechthild Heil sagt dies deutlich. Zum ersten Mal hört man an diesem Abend Applaus, der immer lauter wird. Mechthild Heil hat vielen Menschen eine Stimme gegeben. Das macht Mut.

*

Marienthal ist ein kleines Dorf mit kaum mehr als 100 Einwohnern. Die Flut hat das Dorf schwer gezeichnet. Der Ort gehört halb zur Kreisstadt, halb zu einer Verbandsgemeinde. So richtig zuständig fühlt sich niemand. Rundherum ist auch genug zu tun. Ein Bundespolizist, der in Marienthal lebt, wird zum Kümmerer und konfrontiert Mechthild Heil mit einem Problem: Der Schienenersatzverkehr hält hier nicht. Der Mann hat sich bereits bis zur zuständigen Stelle bei der Bahn durchtelefoniert. Ohne eine offizielle Bushaltestelle könne der Schienenersatzverkehr Marienthal nicht ansteuern, heißt es da. Was kennzeichnet eine offizielle Bushaltestelle? Eine gute Frage. Mechthild Heil ruft einen Bürgermeister in der Region an und schildert ihm das Problem. Beide kommen auf die Idee, einfach vom Bauhof zwei Schilder mit der Aufschrift »Bushaltestelle« zu organisieren. Die werden nach Marienthal gebracht und aufgestellt. Jetzt hält der Schienenersatzverkehr auch in dem kleinen Dorf im Ahrtal.

Über Wochen funktioniert Mechthild Heil in ihrer Rolle einfach und gönnt sich kaum eine Pause. So wie die meisten Menschen in den von der Flut betroffenen Gebieten. Sie hat mal zu mir gesagt: »Peter, wenn jeder seine eigene Aufgabe erfüllen würde und sich mit vermeintlich guten Ratschlägen für andere zurückhält, dann wären wir alle ein gutes Stück weiter.«

Wer nur funktioniert, wer damit beschäftigt ist, den Kopf über Wasser zu halten, der hat keine Zeit, groß nachzudenken. Erst wenn man wieder Ruhe hat, kommen die Gedanken – auch die dunklen. Die Eindrücke, der Gestank, die Trümmerlandschaften, die im wahrsten Sinne des Wortes verrückten Umstände – das geht auch an ihr nicht spurlos vorbei. Ihre Gesundheit ist angeschlagen. Erst zu Hause merkt Mechthild Heil, wie sie das alles mitnimmt: das Leid, die Not, manchmal auch die eigene Hilflosigkeit. Denn bei allen guten Beispielen: Es ist nie genug, was getan wird. Ständig trifft man Menschen, die dringend Unterstützung brauchen. Für manches hat man nur Tränen.

*

Am 25. August 2021 spricht Mechthild Heil im Deutschen Bundestag. Die sonst so freundliche Frau wird deutlich. Sie kritisiert die überbordende Bürokratie und die Beamten, die trotz der Not vor Ort weiter fleißig ihre Paragrafen reiten. Sie kritisiert Politiker, die von oben herab den Menschen vor Ort gute Ratschläge geben und sie behandeln wie kleine Kinder. Man merkt an ihrer Stimme, wie nahe ihr das geht. Darin unterscheidet sich ihre Rede von allen anderen, die an diesem Tag gehalten werden. Einen großen Teil ihrer Rede widmet sie aber den Menschen, die angepackt haben, den Helferinnen und Helfern aus ganz Deutschland. Angeblich gebe es ja in Deutschland kaum noch Handwerker, sagt sie. Das stimme so nicht. Die Menschen an der Ahr seien so dankbar für die vielen

Menschen aus dem Handwerk, die jetzt vor Ort seien und beim Wiederaufbau helfen. Sie dankt den Soldatinnen und Soldaten der Bundeswehr, und sie wendet sich an die Menschen vor Ort mit ihrem Dank. Und sie spricht über den Mut, den es braucht, in einer derart ausweglosen Lage neu anzufangen und das Zerstörte wieder aufzubauen.

10
DEM INNEREN FEIND ENTGEGENTRETEN

BERNHARD DRESCHER

Inzwischen waren gut 400 000 deutsche Soldatinnen und Soldaten im Auslandseinsatz. »Auslandseinsatz« ist das euphemistische Wort, mit dem die Bundeswehr selbst und auch die Medien in Deutschland das umschreiben, was für viele Männer und Frauen, die in Afghanistan, auf dem Balkan oder in Afrika waren, schlichtweg Krieg ist. Das Wort meiden wir. Nach juristischer Definition – und darauf bezieht sich die Politik – stimmt es ja auch, dass man nicht von einem Krieg im klassischen Sinne sprechen kann. Für die Soldatinnen und Soldaten ist die Sache dennoch klar: Wer täglich mit Anschlägen rechnet, wer Kameraden im Feldlazarett besucht, die durch Sprengfallen oder bei Angriffen verletzt worden sind, wer aus Sicherheitsgründen das Camp nicht verlassen darf und wer täglich am Ehrenmal für die Gefallenen vorbeigeht, der weiß: Hier ist Krieg. Den damit verbundenen Erfahrungen können diese Soldatinnen und Soldaten nicht ausweichen. Tod, Verwundung, Kampf, Leid, Elend und Not sind oft genug Alltag in diesen Einsätzen der Bundeswehr, die vom Bundestag beschlossen worden sind und für die sich viele Deutsche nicht wirklich interessieren.

Einer der Männer, die in Mazedonien und im Kosovo ihre Pflicht erfüllt haben, ist Bernhard Drescher. Er hat dort Dinge erlebt, die ihn fast gebrochen haben. Aber er hatte Glück im Unglück. Er hat Hilfe bekommen, wurde getragen durch eine Familie, die zu ihm gehalten hat, und war, als er erkrankte, noch Soldat, sodass das Hilfesystem in der Bundeswehr ihn auffangen konnte. Eine seelische Erkrankung sieht man nicht. Wer einen

Arm, ein Bein oder das Augenlicht verliert, der ist gezeichnet. Er muss nicht erklären, was er verloren hat im Dienst fürs Vaterland. Wer in der Seele verwundet wurde, der muss sich nicht nur erklären, sondern oft auch rechtfertigen. Er muss mit Unterstellungen leben. Manchmal hört man den mehr oder weniger versteckten Vorwurf, man sei ein Drückeberger. Das kennt Bernhard Drescher. Und obwohl er mit sich selbst genug zu tun hat, kämpft er weiter. Für diejenigen, denen es ähnlich geht wie ihm.

Bernhard Drescher ist Vorsitzender des Bundes Deutscher Einsatzveteranen. Der Verband organisiert die Hilfe für versehrte Soldatinnen und Soldaten. Sogenannte Fallmanager sind für die Männer und Frauen verlässliche Unterstützung.

Über 100 Soldaten sind inzwischen in den Auslandseinsätzen gestorben oder gefallen. Im Vergleich zu den über 3000 Toten der Bundeswehr im Kalten Krieg, die bei Manövern oder in der Ausbildung ums Leben kamen, ist das eine kleine – gleichwohl bedrückende Zahl. Viele aktive Soldatinnen und Soldaten kennen einen der Gefallenen persönlich, haben mit ihm gedient, waren vielleicht sogar gemeinsam mit ihm im Auslandseinsatz. Die Zahl der Frauen und Männer, die im Einsatz eine »Wehrdienstbeschädigung« an Körper und Seele erlitten haben, ist deutlich vierstellig. Wie viele Soldaten im Afghanistaneinsatz verwundet wurden, kann man noch gar nicht abschließend sagen, denn die seelischen Verwundungen werden manchmal erst Jahre nach dem Einsatz sichtbar. Man nennt das PTBS. Das steht für posttraumatische Belastungsstörung.

*

Es begann 2008 mit einer Panikattacke im Auto. Bernhard Drescher hatte auf einmal Angst, sein Herz raste. War das ein Herzinfarkt? Er beruhigte sich wieder, ging dann aber doch zum Arzt. Doch es gab keinen medizinisch nachweisbaren Befund. Er sei gesund, teilt man ihm mit. Dabei ist er zu diesem Zeitpunkt sicherlich schon länger krank. Aber er hat das verdrängt, wie er heute weiß. Seit der Panikattacke leidet er unter Bluthochdruck, dies wurde dann doch bei einem weiteren Arztbesuch festgestellt.

Es gab vorher durchaus Warnsignale, doch Bernhard hat sie geflissentlich übersehen. Als einer seiner Leute zu ihm sagte: »Ich will wieder den Vorgesetzten, den ich mal hatte«, da verstand er den Hinweis nicht. Er dachte, er müsse noch mehr arbeiten, und erkannte nicht, dass seine Kameraden im Stab der Division Spezielle Operationen sich Sorgen um ihn machten. In ruhigen Momenten, wenn er ganz bei sich war, überlegte er vielleicht, was ihn zu so einem rastlosen Geist gemacht haben könnte. Dass er immer etwas zu tun haben musste. Aber warum das so war, das verstand er nicht.

Stattdessen stürzte er sich noch mehr in die Arbeit.

Als er irgendwann panisch zitternd in seinem Auto sitzt, bricht das Kartenhaus zusammen, das er lange Zeit mühsam stabilisiert hatte. Nichts geht mehr. All das unter der Decke zu halten, was ihn umtreibt, kostet ihn so viel Kraft, die er jetzt nicht mehr hat.

An den Auslandseinsatz als Auslöser für sein verstörtes Ich denkt er nicht.

Seine Familie spürt die Veränderung. Man sieht sie ihm an. Wenn er in Uniform vom Dienst nach Hause kommt und irgendwo in der Küche auf einen Krümel tritt, dann dreht er fast durch. Das Geräusch erinnert ihn unbewusst an den Sand unter seinen Stiefeln im Einsatz. Mit dem Kehrblech kehrt er auf allen vieren die ganze Wohnung. Wenn man ihn darauf anspricht, wird er laut. Also lässt man ihn gewähren. Er findet das normal. Es ist ein typisches Verhalten für viele, die an einer PTBS leiden. Doch von dieser Erkrankung hat er damals noch nichts gehört.

*

Auch in vielen Gesprächen wird nicht klar, was die Krankheit ausgelöst hat. Doch auf einmal fällt es ihm wie Schuppen von den Augen: Ihn triggert eine Auseinandersetzung mit dem Jugendamt, es geht um sein Enkelkind. Und auf einmal ist da vor seinem inneren Auge wieder das kleine Roma-Mädchen aus Mazedonien. Er sieht es praktisch vor sich stehen mit seinen stummen, großen, dunklen Augen und den strubbeligen Haaren. Es schaut ihn an, bevor es von Männern gepackt wird und in einem Kofferraum verschwindet. Dann wechselt Geld den Besitzer. Die Männer brausen davon. Er und seine Kameraden sind zur Untätigkeit verdammt. Sie dürfen nicht eingreifen. Das gehört nicht zu ihrem Auftrag. Sie stehen da in ihren Uniformen, sind bewaffnet, sind in diesen Einsatz gegangen, um Menschen zu schützen. Man hat ihnen eingeschärft, dass Menschenrechtsverletzungen wie im Bosnienkrieg sich im Kosovo so nicht wiederholen dürfen – und dann stehen sie hilflos dabei, als dieses Mädchen verschwindet. Es ruft nicht um Hilfe. Es erduldet das, was mit ihm geschieht. Und Bernhard fühlt sich schlecht. Als er Jahre später beim Psychiater sitzt, der ihn einfach nur fragt, wie es ihm geht, bricht er in Tränen aus. Er kann nicht mehr.

*

Soldat zu sein, ist für Bernhard Drescher nicht nur ein Beruf, es ist seine Berufung. Er selbst beschreibt sein Elternhaus als schwierig, als dunkel. Seine Familie hatte enorm hohe Erwartungen an ihn. Er verweigerte sich dem Leistungsdruck, musste mehrfach die Schule wechseln. Als seine Eltern im Urlaub sind, bricht er einfach die Schule ab und arbeitet für mehrere Monate im Hamburger Hafen im Schichtdienst. Am 1. Juli 1980 tritt er seinen Wehrdienst an und merkt schnell: Das ist genau mein Ding. Bei der Bundeswehr lernt er etwas kennen, das ihm vorher unbekannt war: Er hat Freude am Dienst, erfährt Wertschätzung, Vorgesetzte zeigen ihm Perspektiven auf. Es heißt: »Drescher, Sie können.« Und er packt die Gelegenheit beim Schopfe. Insgesamt drei Berufe erlernte er bei der Bundeswehr: vom Bürokaufmann über den Personalfachkaufmann bis zum staatlich anerkannten Betriebswirt.

Als Mannschaftssoldat ist Bernhard Drescher in die Bundeswehr eingetreten, dann wurde er Unteroffizier und später sogar Offizier. Er ist seinen Weg gegangen. Am Ende ist er Stabsoffizier. Er hat sich hochgedient. Diesen Weg gehen nicht viele in der Bundeswehr. Seine Arbeit erlebte er als erfüllend, die Kameradschaft ersetzte die Familie. Er hat charakterlich einwandfreie Vorgesetzte. Sie glauben an ihn und vertrauen ihm.

Später erlebt er leider auch das Gegenteil. Nachdem seine Krankheit bekannt wird und er in Therapie muss, wird ihm mitgeteilt, dass sein Dienstposten anderweitig besetzt werden muss, sollte er nicht bald wieder dienstfähig sein. Ein Vorgesetzter sagt zu ihm: »Ich brauche vollwertige Offiziere. Lassen Sie sich versetzen oder gehen Sie in den Ruhestand.«

Als er nach drei Monaten in der Therapie noch einmal in seine Einheit kommt, ist sein Spind geöffnet, seine Sachen liegen im Keller des Gebäudes, das Bild seiner Frau hat man vom Schreibtisch genommen, an dem offensichtlich inzwischen jemand anders sitzt.

Heute versteht er, dass der Dienst ja weitergeht. Aber damals hat ihn das tief getroffen. Wie ein Schlag in die Magengrube. Bernhard Drescher musste lernen, das alles loszulassen. Er wird in eine andere Dienststelle versetzt.

Ein anderer Vorgesetzter trifft ihn auf dem Flur und schaut auf den kleinen Koffer, den er mit sich herumträgt. Er sagt: »Na Drescher, wieder das Pillenköfferchen dabei?« Eine Antwort wartet er gar nicht ab und geht weiter. Das »Pillenköfferchen« hat Bernhard dabei, weil ihm das hilft, seine Gleichgewichtsstörungen zu kompensieren. Er braucht etwas zum Festhalten. Den Halt, den er sich von den Kameraden wünscht und von dem er weiß, dass es ihn gibt, der fehlt ihm jetzt.

Und genau das ist aus seiner Sicht das Problem – nicht nur für ihn: Es geht um Wertschätzung und Aufmerksamkeit. Das kann ein System nicht leisten, sie müssen von Menschen kommen. Bernhard Drescher erkennt durchaus, was es auch an Fürsorge gibt. Die Bundeswehr hat aus seiner Sicht eine enorme Lernkurve hingelegt, wenn es um den Umgang mit Menschen wie ihm geht. Wer eine entsprechende Diagnose hat, der kann ohne große Wartezeiten eine Therapie antreten. »Draußen« ist das anders.

*

Fünf Jahre lang war er dauerhaft in Therapie, davon zwölf Monate stationär. Dann kam das neue Personalstrukturgesetz, und er nutzte die Gelegenheit, um sich pensionieren zu lassen. Am Tag seiner Entlassung fühlte es sich an, als ob er auf Wolken schwebt. Ein Gefühl von Freiheit.

Zu dieser Zeit hatte er den Bund Deutscher Einsatzveteranen bereits kennengelernt. Er bat dort um Hilfe. Und bekam die notwendige Unterstützung. Jemand kam zu ihm ins Krankenhaus, man half ihm beim Ausfüllen der Anträge, um eine Wehrdienstbeschädigung zu beantragen – wie ein Lotse. Das Verfahren war kompliziert, aber nun musste er das nicht mehr allein durchstehen. Man unterstützte ihn auch moralisch, denn er hatte dieses komische Gefühl, dass es falsch sei, gegen den eigenen Dienstherrn Ansprüche geltend zu machen. Doch der Lotse war wie eine schützende Wand, wie ein Buddy an seiner Seite, wie ein Anwalt.

Bernhard berichtet stolz davon, wie immer wieder Kameraden Halt und Hilfe durch den Bund Deutscher Einsatzveteranen finden. Aktuell kümmern sie sich um einen jungen Soldaten, dessen Familie zerbrochen ist. Er hat durch die PTBS eine Kaufsucht entwickelt und nun auch noch einen Berg an Schulden. Der junge Mann konnte mithilfe des BDV einen Führerschein machen und hat wieder Arbeit gefunden. Stolz schickt er seinem Fallmanager ein Video, in dem er den Führerschein in die Kamera hält und sich freut. Heute ist er wieder Soldat in der Bundeswehr und fährt einen der großen Schwerlasttransporter.

*

Die ersten PTBS-Fälle in der Bundeswehr hat man einfach krankgeschrieben, weil man nicht so recht wusste, was man tun sollte. Aber seitdem hat sich vieles zum Positiven verändert. Die Bundeswehr verfügt über einen PTBS-Beauftragten. Das Lotsensystem ist ausgebaut worden, mit dem Einsatzweiterverwendungsgesetz gibt es eine Grundlage, um auch einsatzbeschädigte Soldaten weiter im Dienst zu belassen. Natürlich kann man das Gesetz noch verbessern, es gibt immer noch Lücken, das weiß Bernhard Drescher. Aber er sagt auch: »Vorher hatten wir nichts. Es ist ein Riesenschritt nach vorne.«

Wer beim Dienst in der Bundeswehr krank wird, fällt nicht in das allgemeine soziale Netz, sondern in eins aus Flecktarn. Es ist enger geknüpft als das andere. Man ist materiell besser abgesichert, und solange man im Dienst bleiben kann, behält man einen wesentlichen Teil seiner Identität. Das ist gut. Gleichwohl gibt es im täglichen Umgang Defizite, die man nicht durch Befehle und Vorschriften abstellen kann. Da geht es um Kameradschaft, um Empathie, Rücksichtnahme und Fürsorge. Wertschätzung ist fast so wichtig wie soziale Absicherung. Aufbauend auf einer guten Versorgung und Betreuung ist der nächste Schritt die soziale Einbindung, die Stärkung der eigenen Identität, die durch die traumatischen Erlebnisse und die Erkrankung infrage gestellt ist.

Wenn man als Simulant betrachtet wird, wirkt das doppelt toxisch. Es ist der Dienstherr, dem man die Treue geschworen hat, der einen infrage stellt. In der Vorstellungswelt eines Soldaten kann es wenig geben, was schlimmer ist. Hinzu kommt das Gefühl, man werde nicht mehr gebraucht. Umso wichtiger sind Menschen, die einem Halt geben.

Bernhard Drescher hat das alles durchlebt. Aber trotz vieler negativer Erfahrungen und vieler Dinge, die er mit dem Verband erst mühsam erkämpfen musste – immer auch mit Unterstützung aus der Politik und von anderen in der Bundeswehr –, ist er nicht frustriert. Er sagt, dass er sich der Bundeswehr heute verbundener fühlt als früher. Er ist überzeugt von der Armee, der Sinnhaftigkeit des Dienstes in den Streitkräften und von den Frauen und Männern in der Bundeswehr. Und er sagt, dass er jeden bewundert, der sich für den Dienst in der Bundeswehr entscheidet. Sein Sohn ist ebenfalls Berufssoldat geworden.

*

Die Einsatzveteranen leisten nicht nur Hilfe im Einzelfall. Der Verband ist auch eine Plattform für den Austausch untereinander. Viele Dinge, die in der Gesellschaft kaum erklärbar sind, können hier offen gesagt werden. Bernhard spricht hier auch über das, was er sonst unerwähnt lässt: In Mazedonien fuhr er mit seinem Fahrzeug über eine verschüttete Landmine, die »umsetzte«, wie das die Soldaten nennen. Sie explodierte. Zum Glück kam niemand zu Schaden.

Dann hatte er den Auftrag, gemeinsam mit Kameraden einen Sarg zu transportieren. Eine Frau wurde schwer verletzt vor dem deutschen Feldlager in Prizren im Kosovo gefunden. Trotz aller Anstrengungen konnten die Ärzte sie nicht retten. Sie starb. Den örtlichen Sitten und Gebräuchen nach musste der Sarg zu einem bestimmten Zeitpunkt am Ort der Trauerfeier ankommen. Alles war vorerkundet, sie kannten den Weg, es war eine ruhige Gegend. Trotzdem verspäteten sie sich. Nun sollte der Sarg ins Obergeschoss getragen und nicht im Garten abgestellt werden. Die Straße war voller Menschen, alle wollten an der Trauerfeier teilnehmen. Die Situation war unübersichtlich, das Treppenhaus eng. Sie waren zu viert, für mehr Träger war kein Platz. Der Sarg war nicht dicht, sie mussten ihn schräg nach oben kippen, Flüssigkeit ergoss sich über Bernhard, er schmeckte den Leichensaft, und es roch extrem ungenehm. Obwohl der Sarg unheimlich schwer war, hielt er weiter fest. Nicht auszudenken, was passieren würde, wenn er ihnen entgleiten würde. Sie schafften es bis nach oben. Bernhard Drescher war völlig fertig, seine Knochen schmerzten, seine Brust würde später von Blutergüssen blau sein.

Andere nicken, wenn er solche Erlebnisse teilt. Sie haben ähnlich verstörende Geschichten im Gepäck. Warum hat manch ein Veteran Angst vor PET-Flaschen im Wald? Warum geht ein anderer nicht über eine grüne Wiese? Der Verband ist ein sicherer Hafen, eine Art Heimat, wo man ohne viele Fragen verstanden wird. Das hilft vielen dabei, wieder den Mut zu finden, den es manchmal braucht, um weiterzumachen.

*

Inzwischen finden die Veteranen zunehmend in der Öffentlichkeit Gehör. Bernhard Drescher ist es wichtig, auch die Fortschritte zu beschreiben. Wer nur schimpft, der läuft Gefahr, als Meckerer dazustehen, wenn er berechtigte Kritik vorträgt. Es hat sich viel getan. Aber es bleibt noch viel zu tun.

Es geht ihm vor allem darum, den Veteranen in der Gesellschaft mehr Aufmerksamkeit zu verschaffen. Auch der Bundeswehrverband und die Reservisten haben sich des Themas angenommen, aber niemand tut es mit derselben Empathie wie der Bund Deutsche Einsatzveteranen. Bernhard Drescher und seine Mitstreiter haben dabei Lehrgeld bezahlt.

*

In der Zeit, als ich Staatssekretär war, bat er mit dem Verband um einen Gesprächstermin im Ministerium. Ich habe sofort zugesagt, obwohl es Bedenken im Ministerium gab. In der Vergangenheit waren Funktionäre des Verbandes und Veteranen nicht unbedingt diplomatisch und sind nicht immer professionell vorgegangen, um ihre Interessen zu artikulieren. Das Gefühl, von der Gesellschaft nicht verstanden oder ignoriert zu werden, hat manch ein Veteran auch dadurch kompensiert, dass er provokant öffentlich aufgetreten ist. Kleidung und Habitus sollten zeigen: Wir haben etwas erlebt, da können andere nicht mitreden. Das ist verständlich, aber hilft der Sache nicht, auch wenn die Anliegen der Veteranen mehr als berechtigt sind. Professionalität und bei aller persönlicher Betroffenheit auch Rationalität sind wichtig.

Ich hatte vorher schon viel über Bernhard Drescher gelesen. Als er vor mir saß, war ich beeindruckt. Ruhig und klar trug er die Anliegen der Veteranen vor. Später lud ich ihn ein, mich auf eine Einsatzreise nach Afghanistan zu begleiten. Es ging mir darum, eine Gesprächsebene zu schaffen, damit die Anliegen gehört werden. Die Journalisten und die Mitarbeiter des Ministeriums, die ebenfalls mit dabei waren, und natürlich auch die Soldatinnen und Soldaten vor Ort erlebten Bernhard Drescher so, wie er ist. Er hörte zu und er nutzte die passenden Momente, um die Belange der Veteranen einzubringen. Er machte seine Sache wirklich gut. So öffneten sich Türen, die bis dahin verschlossen waren.

*

Viel Aufmerksamkeit widmet der Verband der Veteranen auch dem Kampf gegen Vorurteile, die ihnen immer wieder begegnen. Darum ist dem Vorstand um Bernhard auch die Abgrenzung gegenüber rechtsextremem Gedankengut so wichtig. Ihnen ist bewusst, dass Rechtsextreme immer wieder versuchen, etwas für ihre Zwecke zu vereinnahmen. Für Bernhard ist klar, dass das auf keinen Fall passieren darf. Den Eid, den sie alle geleistet haben, haben sie auf die Farben der Demokratie, auf Schwarz-Rot-Gold, geleistet. Und der Eid gilt weiter, auch wenn man aus dem Dienst ausgeschieden ist. Der Verband spricht deswegen auch nicht mit der AfD. Und die Linke spricht nicht mit dem Verband. So bleiben als Gesprächspartner die politischen Parteien in der Mitte. Und auch da gibt es noch genug zu tun. Das Gute ist: Inzwischen hat der Verband an vielen Stellen Gehör gefunden. Und der Einsatz lohnt sich. Das Thema der Veteranen ist kein Tabu mehr, auch wenn wir uns in der Gesellschaft immer noch schwer damit tun, zu sagen, dass wir Männer und Frauen in den Krieg schicken und dass dort gekämpft, getötet und gestorben wird. Menschen, die anschließend an PTBS leiden, an Depressionen, Angststörungen und Anpassungsstörungen.

Es wäre weit gefehlt, anzunehmen, dass nur Soldaten unter psychischen Erkrankungen leiden: Rettungskräfte, Polizistinnen und Polizisten, Feuerwehrleute und auch Zugführer sind je nach Erfahrung und Erlebtem genauso betroffen. Der Verband hat deshalb den nächsten Schritt vor Augen. Bernhard Drescher ist im Gespräch mit der Betriebskrankenkasse der Bahn, die Polizei ist schon auf die Veteranen der Bundeswehr zugekommen. Man will zusammenarbeiten und voneinander lernen. An manchen Orten gibt es noch Probleme, die die Bundeswehr bereits gelöst hat. Drescher sieht auch hier das, was verbindet: Es geht um die Erkrankung von Menschen, die sich vorher der Probleme der Gesellschaft angenommen und ihre Gesundheit für unser Land riskiert haben. Sie haben nun selbst Fürsorge verdient.

*

Der Weg für Bernhard war lang. Manche Abzweigung hat er verpasst, an anderer Stelle ist er falsch abgebogen, bisweilen musste er auch umkehren. Doch jetzt scheint er angekommen zu sein. Im Bund Deutscher Einsatzveteranen findet er das, was er in der Bundeswehr am Ende vermisst hat: Kameradschaft, Verständnis und auch Geborgenheit. Das Band zwischen den 1650 Mitgliedern, von denen rund 130 aktiv ehrenamtlich mitarbeiten, um als Fallmanager oder auf andere Weise der Sache zu dienen, ist stark. Obwohl sie alle ganz unterschiedlich unterwegs sind, haben sie ihren Fokus auf das gerichtet, was sie verbindet. Auch damit sind die Veteranen ein Vorbild für die Gesellschaft – und sie machen Mut, zeigen, dass es gelingen kann, das Gemeinsame über das Trennende zu stellen.

*

Der PTBS-Beauftragte der Bundeswehr, Generalarzt Dr. Ralf Hoffmann – auch zuständig für die Belange vieler Veteranen –, hat vor Kurzem die gute Nachricht überbracht, dass es bald ein

Veteranenbüro geben wird. Eine Anlaufstelle, die weiterhilft und die notwendigen Kontakte herstellt. Die Veteranen müssen dann nicht mehr durch die halbe Bundeswehr telefonieren. Die dafür notwendigen Dienstposten sind jetzt bewilligt. Es geht auch hier voran.

Sicher ist Bernhards Engagement für den Verband auch eine Form der Aufarbeitung der eigenen Geschichte. Im Kopf geht der Krieg weiter. Man geht davon aus, dass rund 20 Prozent der Soldatinnen und Soldaten eine psychische Erkrankung erleiden. Aktuell sind nach Schätzungen rund 500 Soldatinnen und Soldaten akut betroffen. Es gibt viele Problemfelder, die noch näher untersucht und erforscht werden müssen. So gibt es noch keine Erkenntnisse zur Suizidrate in diesem Umfeld, und man weiß, dass eine Verwundung oft eine Suchtproblematik auslöst. Alkohol-, Spiel- oder Kaufsucht sind da die gängigen Süchte. Auch hier braucht es weitere Maßnahmen und Unterstützung. Trotz allem, was erreicht wurde, bleibt noch viel zu tun.

*

Trotz der Therapie haben die inneren Dämonen Bernhard lange Zeit nicht losgelassen. Bis ihm ein Ereignis half, sein seelisches Gleichgewicht wiederzufinden. Bei einem Italienurlaub lag er am Pool des Hotels und döste in der Sonne, als er plötzlich seine Frau neben ihm schreien hörte. Ein Baby war in den Pool gefallen. Mit einem Blick erfasste er die Situation, sprang ins Wasser und rettete das kleine Kind. Auf diese Weise konnte er etwas, was ihn viele Jahre beschäftigt hatte, die Situation mit dem Kind, dem er im Kosovo nicht helfen konnte, für sich abschließen. Man könnte es auch so sehen: Sein Mut ist auf besondere Weise belohnt worden.

11
KLEINER MANN GANZ GROSS

DANNY BEUERBACH

Er selbst sagt von sich, er habe eine »große Klappe«. Vielleicht stimmt das mit Blick auf den jungen Danny Beuerbach auch, aber wenn man ihm heute begegnet, dann erlebt man einen eher bescheidenen und ruhigen Mann. Mitteilungsbedürftig ist er aber schon. Vor allem, wenn es um sein aktuelles Projekt geht. Dann sprudeln die Worte nur so aus ihm heraus. Danny ist Friseur und will Kinder für das Lesen begeistern, um ihnen Selbstbewusstsein zu schenken. Denn die meisten Kinder, die bei ihm auf dem Teppich landen, müssen erst mal ihren ganzen Mut zusammennehmen! Moment mal: Friseur, Lesen, Teppich? Das ergibt doch alles keinen Sinn. Es klingt wie eine verrückte Geschichte, und es ist eine verrückte Geschichte. Man muss nur ein paar Schritte zurück machen, um sie zu verstehen. Sie beginnt in Gelnhausen, wo Danny aufwächst. Seine Mutter hat es nicht leicht, sie sorgt als Reinigungskraft für den Lebensunterhalt. Er kommt heute noch oft hierher, auch wenn er mit seiner kleinen Familie inzwischen in Leipzig und München zu Hause ist. Viele, die aus Gelnhausen kommen, zieht es immer wieder zurück ins Kinzigtal, zumindest ab und an.

Als Danny jung ist, gibt es nicht viele Menschen, auf die er hört. Auch auf seine Mutter, die er liebt, hört er nicht immer, aber eins ist ihm wichtig: Er will sie nicht enttäuschen.

Ansonsten nimmt Danny es mit Regeln nicht so genau. Die Brücke im Stadtzentrum, an der die Gang, zu der er gehört, nach der Schule abhängt, ist fest in ihrer Hand. Wer sie von Weitem entdeckt, der wechselt im Zweifel die Brückenseite. Wer das nicht tut, dem kann es passieren, dass er mit Danny und den Jungs eine unangenehme Bekanntschaft macht. Sie provozieren gerne. Sie haben es oft selbst nicht leicht – zu Hause oder in der Schule. Doch an der Brücke hat ihnen niemand was zu sagen. Sie legen es darauf an, ihre vermeintliche Stärke hier und da auch zu demonstrieren. Gleichaltrige haben nicht selten Angst vor ihnen, und auch den Erwachsenen sind die jungen Leute suspekt.

Danny liebt die Schule nicht sonderlich, aber den Fußball umso mehr. Viele sagen, er sei ein großes Talent. Wenn die Talentsucher der großen Klubs aus dem Rhein-Main-Gebiet vorbeischauen, dann macht er sich jedoch rar. Oft wird er zum Probetraining eingeladen, auch bei der Frankfurter Eintracht. Aber er geht nicht hin. Er weiß: Wenn er nicht genommen wird, wird er die Fußballschuhe komplett an den Nagel hängen. In dem Rabauken aus der Jugendgang steckt ein sensibler Junge. Heute sagt er, dass es vielleicht die mutigste Entscheidung in seinem Leben war, sich irgendwann von der Clique loszusagen und neu anzufangen.

Mutig ist der Schritt, weil er dort mit seiner großen Klappe viel Anerkennung erfährt. Die muss er sich danach erst wieder hart erarbeiten. Etwas rebellisch bleibt er allerdings auch weiterhin, sorgt für Unordnung. Die strubbeligen Haare, sein eigener Look versinnbildlichen das geradezu. Seine Mutter hat sich für ihn, wie das jede Mutter tut, eine ordentliche Ausbildung gewünscht. Am liebsten hätte sie es gesehen, wenn der Junge mit der überschüssigen Energie einen Blaumann anzieht. Doch dann kommt es ganz anders.

*

In den Wintermonaten begleitet Danny seine Mutter bei der Arbeit. Einer der vielen Orte, an denen sie putzt, ist ein Friseursalon. Gedankenverloren hat Danny auf einmal eine Haarschneidemaschine in der Hand. Da merkt er: Das ist es.

Er will den Friseurberuf lernen. Doch leichter gesagt als getan, denn Danny tut sich nach wie vor mit Regeln und Konventionen schwer. Und die gibt es in einem Friseursalon natürlich zuhauf. In fünf verschiedenen Betrieben versucht er es – doch jedes Mal gibt es einen Grund, die Lehre abzubrechen.

Er ist oft der einzige Mann und auch der einzige junge Mensch im Salon. Im Vergleich zu seinen Kolleginnen und Kollegen ist er zu wild, passt nicht richtig dazu. Und das fühlt er auch. Er will sich ausprobieren. Heute sagt er, dass er in jedem Salon arbeiten und klarkommen würde. Aber er ist inzwischen auch abgeklärt, hat viel erlebt und gemerkt, worauf es ihm wirklich ankommt. Danny ist ein Mann frei von Allüren. Er arbeitet in angesagten, exklusiven Salons genauso gerne wie beim Barbershop am Bahnhof. Sobald er eine Schere in der Hand hat, fühlt er sich sicher.

Doch es war ein weiter Weg. In den Friseurläden vor Ort in Birstein oder Somborn findet er seine idealisierten Vorstellungen von der Welt des Haareschneidens nicht wieder. Doch dann klopft die Bundeswehr an seine Tür. Er entscheidet sich, den Wehrdienst anzutreten. Auch weil das eine neue Herausforderung für ihn ist. Mit dem Einberufungsbescheid in der Tasche erscheint er in der Kaserne. Im Gepäck hat er seine Haarschneidemaschine, denn Soldaten haben kurze Haare. Das steht so in der Vorschrift. Es gibt sogar einen Erlass, in dem festgelegt ist, wie der Bart und die Haare getragen werden dürfen. In einer Armee sind die Dinge ordentlich geregelt.

Zum kargen Sold als Wehrpflichtiger verdient sich Danny etwas dazu, wenn er seine Maschine auspackt und den Kameraden die Haare schneidet oder ihnen den Kopf rasiert. Er nutzt die Gelegenheit, probiert auch mal etwas aus. So richtig lässt ihn die Idee, Friseur zu werden, nicht los. Aber als Truppenfriseur will er nicht enden. Nach der Bundeswehr denkt er zunächst, das sei es gewesen. Die Haarschneidemaschine landet in der Schublade. Doch eines Tages entdeckt er einen Salon in Frankfurt, der ihm gefällt. Er bewirbt sich spontan und wird genommen. Diesmal beendet er die Ausbildung erfolgreich.

Jetzt merkt er auch, warum ihn dieser Beruf so fasziniert. Es ist zum einen die Kreativität, die er hier ausleben kann – Haare schneiden ist ja viel mehr als nur »schnipp-schnapp«. Aber vor allem ist es die Unabhängigkeit, die ihn reizt. Nur einen Kamm und eine Schere, mehr braucht man nicht. Man kann überall arbeiten, ob im Team oder allein. Das gefällt Danny. Was vorher Neugier war, wird nun zur Leidenschaft. Er lernt, dass ein Haarschnitt einem System folgt, dass Fantasie und Kreativität gefragt sind. Solides Handwerk und Kunst – er verbindet die unterschiedlichen Welten miteinander. Und er sieht, dass die Menschen mit seiner Arbeit zufrieden sind.

*

Dank seiner Leidenschaft für den Fußball ist er mit einem der Stars der Frankfurter Eintracht befreundet. Der lässt sich irgendwann von Danny die Haare schneiden. Danny will üben, sich ausprobieren. Er hatte ihn gefragt, ob er nicht als Modell zur Verfügung stehen würde. Es gehört schon etwas Mut und Verrücktheit dazu, einen Fußballprofi zum Modell zu machen. Entweder mag der Fußballer ihn sehr, oder Danny macht seine Sache außergewöhnlich gut. Denn bald stehen auch die anderen Spieler bei ihm im Friseursalon. Danny probiert bei ihnen die wildesten Frisuren aus. Wer kann schon von sich behaupten, die Spieler einer Bundesligamannschaft frisiert zu haben?

Wenn Danny heute die Frisuren schneiden würde, die damals angesagt waren, dann müsste er mit einer Anzeige wegen Körperverletzung rechnen. Da wurden Zickzacklinien rasiert, hinten kurz, vorne lang, Strähnen in den wildesten Kombinationen gefärbt. Mit diesen Frisuren von Danny stehen die Fußballer dann auf dem Platz. Das gefällt ihm natürlich. Und nicht wenige Jungs, die ihren Idolen ähnlich sein wollten, überraschen ihren Friseur mit einem Foto und sagen: »So will ich auch aussehen.« Darum geht es zu dieser Zeit: Die Frisur muss cool sein.

Doch es steht Ärger ins Haus. Dannys Chefin ist unzufrieden. Den Fußballmillionären hat er die Haare kostenlos geschnitten. Danny hatte so viel Freude daran, dass er daran gar nicht gedacht hat, Geld zu verlangen. Es macht ihn auch stolz, dass er jetzt als inoffizieller Friseur der Eintracht-Spieler gilt.

*

Als er später in München arbeitet, sitzen viele Spieler des FC Bayern bei ihm auf dem Friseurstuhl. Er arbeitet in renommierten Salons. Man kann ihn durchaus als Promifriseur bezeichnen. Nicht wenige Kunden folgen ihm, wenn er den Salon wechselt. So ist das auch bei manchem Fußballprofi. Als mal wieder ein Salonwechsel ansteht – denn Danny ist ein unruhiger Geist –, fragen die Spieler, ob er nicht zum Haareschneiden bei ihnen zu Hause vorbeikommen könne. Das macht er zweimal, dann lässt er es bleiben. Er mietet sich stattdessen in einem Salon einen Stuhl und bestellt die Spieler dorthin. Auf Augenhöhe mit den Kunden zu sein, ist ihm wichtig.

Der Status als Promifriseur ist reizvoll, keine Frage. Aber ist es nicht eine Scheinwelt, in die er gar nicht so recht hineinpasst? Was jetzt noch kommen soll, ist für Danny offen. Fest steht nur, dass es etwas mit seiner Schere und seinem Kamm zu tun haben wird und dass er Menschen kennenlernen will. Die Geschichten eines Taxifahrers auf seinem Friseurstuhl sind ja nicht weniger spannend als die einer Schauspielerin.

*

Wieder braucht es einen Anstoß von außen, damit er den notwendigen Schritt tut. Er spielt an der Isar mit Freunden Fußball, verletzt sich dabei schwer. Bei einem unglücklichen Sturz bricht er sich die Schulter. Die Schmerzen sind so heftig, dass er ohnmächtig wird. Vier Monate lang kann er erst einmal gar nicht arbeiten. Zur Untätigkeit verurteilt, kündigt er den Job in einem Friseurladen, in dem er angestellt ist. Ja, richtig gelesen. Jeder andere wäre froh, dass er im Falle eine Krankheit den Lohn weitergezahlt bekommt – eine große Errungenschaft unseres Sozialstaats. Doch Danny will das nicht. Er denkt in dieser Zeit viel nach und hat das Gefühl: »Da wartet irgendwas auf mich.« Dann macht es klick.

Vom Haareschneiden kann und will er nicht lassen. Aber er will mehr. Gemeinsam mit Musikern und Gastronomen sowie anderen Hair- und Make-up-Artists organisiert er unter der Überschrift »Nadel Messer Schere« Events. Völlig unterschiedliche Menschen kommen da zusammen. Gute Laune ist vorprogrammiert – bei den Besucherinnen und Besuchern und bei den Machern gleichermaßen. Das mag Danny. Doch es blieb auch hier nicht bei dem lockeren und fröhlichen Konzept. Auf einmal ist da ein ernstes Thema: Immer mehr Menschen sind auf der Flucht. Es ist Krieg in Syrien und in anderen Teilen der Welt, und nicht wenige der Menschen dort träumen von einem Leben in Frieden, Sicherheit und Wohlstand. Da wirkt Deutschland wie das gelobte Land. Und das Kollektiv »Nadel Messer Schere«, in der Kurzform einfach #NMS, organisiert Charity-Events für die Geflüchteten.

*

Neben der Arbeit bereist er die Welt, kommt bis nach Shanghai. Er arbeitet in renommierten Salons und macht sich als Speedcutter und Festival-Friseur einen Namen. Da merkt er: Mit der Schere kann er außerhalb des Salons die Grenzen des

Friseurhandwerks sprengen, sich selbst neu erfinden. Durch einen Zufall entsteht die Idee zu seinem großen Projekt: Er liest gerne, aber er hat zu wenig Zeit dazu. Mehr aus einer Laune heraus drückt er einem Kunden ein Buch in die Hand und bittet ihn, ihm daraus vorzulesen. Es ist einer seiner Lieblingskunden, und der hat genauso viel Spaß an der Aktion wie Danny. Es fühlt sich ein bisschen an wie Hörbuch hören.

Das zweite Buch, das er im Salon auspackt, ist ein Kinderbuch. Als das erste Kind anfängt, daraus vorzulesen, merkt Danny, dass es da noch um viel mehr geht als um den Spaß. Das Mädchen beweist Mut, ist anschließend stolz auf die eigene Leistung, bekommt ein gutes Selbstwertgefühl. Verrückt, dass ein Kind aus zehn Minuten Vorlesen so viel Selbstvertrauen ziehen kann. Danny gewährt von nun an Rabatt auf Kinderhaarschnitte, wenn die Kinder ihm dafür vorlesen. Schnell wird aus der spontanen Idee eine Herzensangelegenheit. Wenn das Lesen stockt, dann hilft er auch mal und spricht den Kindern Mut zu, falls sie unsicher sind. Wenn sie dann mit einem frischen Look und einem breiten Lächeln von seinem Friseurstuhl hüpfen, ist das auch für ihn ein gutes Gefühl.

Nach den ersten Versuchen und aufgrund der vielen positiven Reaktionen ist er sich schnell sicher, dass da noch mehr geht. Er wartet nicht, bis Kinder zu ihm in den Salon kommen, er geht bei schönem Wetter raus ins Grüne oder in die Fußgängerzone – mit Schere und Kamm in der Tasche, einem Teppich unterm Arm und einer Tasche voller Bücher. Wenn sich ein Kind auf den Teppich traut und aus einem der herumliegenden Bücher vorliest, schneidet er ihm anschließend kostenlos die Haare. Manche Kinder sind kess und mutig, andere schüchtern. Manche werden von ihrer Mutter liebevoll überredet, andere vom Vater beschützend bis auf den Teppich begleitet. Und nach den ersten Zeilen passiert oft etwas mit den kleinen Menschen: Sie wachsen. Die leise Stimme wird etwas fester. Und nach zehn Minuten eilen die Kinder zufrieden in die Arme der

Eltern zurück. In der Regel belohnt sie auch noch der Applaus der umstehenden Zuhörerinnen und Zuhörer.

Jede Aktion ist anders, und immer wieder gibt es Gänsehautmomente. Einmal kommt ein Mädchen zu Danny auf den Teppich, der an diesem Tag in einer Bibliothek ausgerollt ist. Sie selbst will gar nicht lesen, sondern zeigt sofort auf ihren Bruder, der schüchtern im Hintergrund bleibt. Der Junge hat eine Lernschwäche, besucht eine Förderschule, kann nicht lesen und will doch so gerne mitmachen. Jetzt ist guter Rat teuer. Doch die Bibliothekarin hat eine Idee. Im Bestand der Bibliothek gibt es ein Buch, das jeweils auf einer Seite einen Buchstaben des Alphabets zeigt. Das kann der Junge vielleicht vorlesen? Gesagt, getan. Das Buch liegt auf dem Schoß des Jungen. Er beginnt mit dem A, spricht mit stockender Stimme. Und dann geht es weiter. Immer wenn der Junge nicht weiterweiß, helfen die Anwesenden im Saal. Schließlich kommt der Buchstabe Z. Geschafft! Applaus brandet auf.

Die Schwester kommt nach vorne und sagt zu ihrem Bruder: »Ich bin so stolz auf dich.« Die Mutter weint, die Bibliothekarin weint, und auch Danny kämpft mit den Tränen. Ein kleiner Junge, der nicht lesen kann, hat Mut gefasst. Wie wunderbar. Was für eine Lektion fürs Leben.

*

Wer nicht lesen kann, der ist in unserer Gesellschaft oft ausgeschlossen. Erwachsene, die eine Leseschwäche haben, werden schnell abgestempelt. Auch Danny hat eine Rechtschreibschwäche. Seine Lust am Lesen mindert das nicht. Das liegt daran, dass seine Neugier größer ist. Und diese Neugier und Lust am Lesen, die gilt es, gerade Kindern frühzeitig zu vermitteln. Das Konzept mit dem Teppich, der Schere und dem Buch funktioniert überall: im Park, im Friseursalon, in der

Fußgängerzone, an der Bushaltestelle, im Kaufhaus, in der Bibliothek oder im Einkaufszentrum. Unter dem Motto »Book a look and read my book« kann man Danny engagieren. Mit den Einnahmen finanziert er die anderen Auftritte, die er kostenlos macht.

Für sein Engagement ist er mit dem Deutschen Lesepreis 2021 ausgezeichnet worden. Seine Art der Leseförderung hat die Jury beeindruckt. In der Kategorie »Herausragendes individuelles Engagement« hat er alle mit seiner Aktion überzeugt. Das war nicht immer so. Am Anfang musste er oft hören: »Das klingt spannend, wird aber nicht funktionieren.« Die Skepsis war groß. Das ist ja oft so, wenn jemand etwas Neues wagt. Doch Danny lässt sich nicht entmutigen. Er glaubt an seine Idee, und die persönlichen Begegnungen geben ihm recht. Der Preis hat geholfen. Nun gibt es vermehrt Medienberichte, Einladungen folgen. Die Begeisterung der Kinder und die Begeisterung von Danny wirken ansteckend. Die Jury meint: »Ein einfaches Konzept, das Lesebarrieren abbaut und Leselust steigert.«

Jetzt gibt es seine Geschichte auch als Buch. Die Geschichte vom magischen Friseur, dessen Ähnlichkeit mit Danny unübersehbar ist, wird flott erzählt. Die Geschwister Lila und Erik reisen gemeinsam mit Danny durch Fantasiewelten und treffen dabei auf Ritter und Drachen. Die »haarigen« Probleme, die sich ihnen in den Weg stellen, lösen sie gemeinsam im Handumdrehen. Viele Bilder und die entsprechende Schriftgröße machen es zum idealen Vorlesebuch für Kinder.

*

Wie Danny seine Idee selbst beschreibt? Er weiß gar nicht so genau, ob »Leseförderung« der Sache gerecht wird. Er bezeichnet sich selbst als »sauguter Schlechtleser«. Die Angst davor, schlecht zu lesen, hat er verloren, er liest gerne vor. Jetzt, wo er Papa geworden ist, sowieso.

Der Preis und das Buch sind für Danny eine tolle Sache, das große Interesse an seiner Idee freut ihn. Aber er will die Idee gar nicht exklusiv für sich behalten. Es würde ihn freuen, wenn es ihm andere Friseurinnen und Friseure gleichtun. Derzeit kann er sowieso nicht alle Terminanfragen annehmen. Neulich gab es sogar eine Anfrage von einer Buchmesse in Moskau. Gleichzeitig hat er Sorge, dass es ihn wegführt von seinen Ursprüngen. Er sagt: »Ich will wieder dahin, wo es angefangen hat: in Flüchtlingsheime und Jugendzentren. Es gibt viele coole Kulturfestivals, aber da finde ich nur selten die Kids, die ich suche.«

Es geht ihm um mehr als um Leseförderung. Dannys Aktion hat viel mit Respekt und Mut zu tun. Dem Mut, sich auszuprobieren, etwas zu wagen und an sich zu glauben, selbst wenn man Zweifel hat. Das ist unendlich viel wert. Die Kinder vertrauen Danny, das liegt wohl auch daran, dass er sich auf ihre Ebene begibt und sich mit ihnen auf den Teppich setzt.

Der Friseursalon ist seit jeher ein Ort des Austausches. Man knüpft Kontakte, baut Vertrauen auf. Man kommt sich nahe. Das geht beim Haareschneiden auch nicht anders. Diese Verbindung von Vorlesen, Haareschneiden, einer aufmerksamen Zuhörerschaft und einem Friseur, der auch noch beim Entziffern schwieriger Wörter hilft, ist ideal und trifft den Nerv nicht nur der kleinen Leute. Selbst die aufgedrehtesten Mädchen und die schüchternsten Jungs werden auf dem Friseurstuhl mit einem Buch in der Hand ganz ruhig. Nach einer Weile finden sie alle ihren eigenen Leserhythmus. Niemand hetzt sie, sie können sich die Zeit nehmen, die sie brauchen. Der Haarschnitt dauert so lange wie das Vorlesen.

Der Vorlesefriseur hat schon das nächste Projekt in der Mache. Ein Jahr lang gibt es einen Pop-up-Store in München – halb Buchladen, halb Friseursalon. Auch die Idee, andere Kolleginnen und Kollegen zum Mit- und Nachmachen zu animieren, verfolgt Danny weiter. Außerdem wird er weiterhin seinen Teppich einpacken und rausgehen. Das macht ihm am meisten Spaß.

*

Neulich haben Danny und ich uns auf einen Kaffee im Café Merlin in Gelnhausen verabredet. Wir haben auch über seine Geschichte geredet, und ich habe ihn gefragt, ob er sich vorstellen kann, Teil dieses Buches zu sein. Eigentlich hatte Danny aber einen anderen Grund für einen Abstecher nach Gelnhausen. Er wollte eine Schuld begleichen, so empfand er es zumindest. Vor langer Zeit hat ihm ein heute älterer Herr Geld gegeben, damit er den Fußballverein wechseln konnte. Auch in den niedrigen Spielklassen bekommen die Trainer oder gute Spieler bisweilen eine Art Handgeld. Danny wechselte damals zu dem Verein, in dem der Mann engagiert war. Doch ihn hielt es nicht lange dort. Er zog weiter, wie das bei unruhigen Geistern so ist. Der Gedanke, dem Mann das Geld zurückgeben zu wollen, hat ihn aber immer begleitet. Mit dem Besuch hatte der ältere Herr nicht gerechnet, noch weniger mit dem Grund dafür. Für Danny war der Besuch sehr wichtig. Er hat so viel geschenkt bekommen vom Leben. Jetzt ist es an der Zeit, etwas zurückzugeben.

12
VOM MUT, ANDERS ZU LEBEN

NIKODEMUS SCHNABEL

Haben Sie schon einmal mit einem Mönch zusammen am Tisch gesessen und über Gott und die Welt geredet? Noch nie? Dann haben Sie wahrscheinlich etwas verpasst. Mir ist das eher unverhofft passiert, als ich auf einer Reise in Jerusalem weilte. Nach einem umfangreichen Tagesprogramm gab es ein Abendessen mit Deutschen, die in der Heiligen Stadt leben und arbeiten. Neben mir nahm ein Benediktinermönch Platz und stellte sich als Pater Nikodemus Schnabel vor. Es waren auch andere spannende Leute in dieser Runde, aber am Ende eines langen Abends hatte ich die meiste Zeit mit dem Mönch geredet. Seitdem folge ich ihm – nicht nur in den sozialen Netzwerken, sondern auch in seinen Büchern und bei Interviews. Ab und an sprechen wir miteinander. Er begegnet mir auch deswegen immer wieder, weil er Sendungsbewusstsein hat. Man könnte auch sagen, er nimmt die Sache mit der Verkündigung und dem Zeugnisablegen, wie es Christenmenschen von Jesus ja eigentlich aufgetragen ist, ernst. Und er macht seine Sache ziemlich gut. Es lohnt sich also, ihn ein bisschen näher kennenzulernen.

Womit soll man anfangen, wenn man über Nikodemus Schnabel schreibt? Versuchen wir es biografisch: Pater Nikodemus, Benediktinermönch aus der Jerusalemer Dormitio-Abtei, geboren 1978 in Stuttgart, aufgewachsen im osthessischen Fulda. Er stammt aus einer Künstlerfamilie. Als er heranwächst, entdeckt er die Religion für sich. Er ist zwar evangelisch getauft, entscheidet sich dann aber für die katholische Kirche. Als Konvertit will er sich selbst jedoch nicht sehen. Vorher habe die Kirche einfach keine Rolle in seinem Leben gespielt, sagt er.

Für seine Mutter wäre kiffen wahrscheinlich akzeptabler gewesen als die Hinwendung zur katholischen Kirche. Den größten Streit zu Hause provoziert er aber, als er sich einen Anzug kauft und in die Junge Union eintritt. Schon in jungen Jahren merkt man: Er ist jedenfalls jemand, der seinen eigenen Kopf hat. Heute sind er und seine Mutter wieder miteinander versöhnt, nachdem es eine Zeit lang Differenzen gab.

Nikodemus Schnabel studiert Theologie in Fulda, Jerusalem, München, Münster und Wien. Im Jahr 2003 tritt er in die Abtei auf dem Berg Zion im Herzen Jerusalems ein, die völkerrechtlich im Niemandsland zwischen Israel und Palästina liegt. Quasi zwischen den Stühlen. Da sitzt Nikodemus bildlich gesprochen manchmal auch. Mal macht er das bewusst, mal wird er so wahrgenommen.

Im Jahr 2013 wird er zum Priester geweiht. Er promoviert in Liturgiewissenschaft und Ostkirchenkunde. Das klingt kompliziert und ist es auch. Nikodemus Schnabel ist Direktor des Jerusalemer Instituts der Görres-Gesellschaft und lehrt am Theologischen Studienjahr Jerusalem. Trotzdem sagt er, dass er katholisch sei, weil er nicht an einen Gott glauben möchte, für den man Abitur braucht. Das reizt zum Widerspruch. Ist das vielleicht seine Art, Menschen dazu zu bewegen, sich auch selbst zu hinterfragen?

Nikodemus Schnabel fungiert lange als Pressesprecher des Klosters. Von 2016 bis 2018 leitet er als Oberer die beiden Klöster der Abtei in Jerusalem und in Tabgha am See Genezareth. Danach ist er als Berater für Religion und Außenpolitik im Auswärtigen Amt in Berlin im Einsatz. Und auch jetzt, nach seiner Rückkehr nach Jerusalem, ist er weiter sendungsbewusst. Immer stärker nutzt er soziale Netzwerke, produziert einen eigenen Podcast und hat ein Buch mit dem Titel *#FragEinenMönch* veröffentlicht. Darin beantwortet er die Fragen, die ihm am häufigsten gestellt werden. Mit Markus Lanz hat er schon Sendungen produziert, er schreibt für Online-Medien wie *katholisch.de* und Zeitungen wie *Welt am Sonntag*.

Jetzt ist er Patriarchalvikar für die Migrantenseelsorge des Lateinischen Patriarchats in Jerusalem. Er kümmert sich um eine große, aber meist wenig sichtbare Gruppe von gläubigen Christen, die als Asylsuchende und Arbeitsmigranten im Heiligen Land leben. Es sind oft Frauen von den Philippinen, aus Indien oder Sri Lanka, die dort legal und manchmal auch illegal arbeiten. Die Männer sind eher Geflüchtete, meist vom afrikanischen Kontinent. Rund 20 000 Menschen gehören in die Gruppe der Asylsuchenden, fast 100 000 sind Arbeitsmigrantinnen und -migranten.

In der Regel wird übersehen, dass auch Christen zu den Opfern des Nahostkonflikts gehören. Erst jüngst sind wieder drei Christen durch die Raketen der Hamas gestorben.

In einem Beitrag des Domradios wird Nikodemus Schnabel als »Robin Hood des Nahen Ostens« bezeichnet. Na ja, zum Glück raubt er niemanden aus. Aber die Idee, den Armen zu geben und sich deshalb vielleicht auch einmal mit den Mächtigen anzulegen, passt ganz gut zu ihm. Als wir uns das erste Mal unterhalten, weitet er meinen Blick. Er berichtet vom Leben in Jerusalem, von den Konflikten, den Kompromissen, dem austarierten Miteinander der verschiedenen Religionen in der Heiligen Stadt. Von den Anfeindungen und Vorurteilen, denen sich Christen auch hier ausgesetzt sehen. Angst ist in seinem Denken keine Kategorie. Wenn er könnte, würde er auch eine Pfarrei in Gaza übernehmen, aber die ist schon besetzt.

Jetzt kümmert er sich um die geflüchteten, die gestrandeten und die vergessenen Schwestern und Brüder. Gut, dass er Englisch spricht und Französisch. Arabisch beherrscht er auch,

Hebräisch steht nun auf dem Lehrplan. Eigentlich müsste er noch verschiedene indische oder philippinische Sprachen lernen, aber mit Englisch erreicht er die meisten seiner Schützlinge. Die aktuelle Aufgabe nimmt ihn ein. Er ist froh, wieder in Jerusalem zu sein.

In den Begegnungen, die Pater Nikodemus mit organisiert, geht es oft nur um das Aufeinanderhören, um Respekt vor dem anderen, manchmal aber auch um konkrete Lebenshilfe. Anspruchsvoll ist diese Aufgabe in jedem Fall.

Zu Beginn der Pandemie ist Nikodemus in einem Kloster in Belgien. Dort lernt er für seine neue Aufgabe Französisch. Das ist, was nur die wenigsten wissen, die »Amtssprache« der katholischen Kirche in der Levante. Vor seiner ersten Messe auf Französisch ist er richtig aufgeregt. Dass er auch manchmal unsicher ist, mag man kaum glauben, wenn man ihn ein paarmal beobachtet und erlebt hat. Die Medien haben in schon als »Influencer Gottes« bezeichnet.

Man könnte da jetzt das Bild eines heiligen Mannes zeichnen. Aber das wäre nicht ganz ehrlich. Und Nikodemus Schnabel würde das auch nicht gefallen. Er sagt von sich selbst, dass er ins Kloster gegangen ist, weil er dieses eine Leben, das Gott ihm geschenkt hat, intensiv leben will. Dies ist für ihn nicht das Leben, das in der modernen Gesellschaft angesagt ist: Reisen um den Globus, materieller Wohlstand, Erfolg, eine Familie gründen. Für die allermeisten von uns ist das Streben nach dieser Form von Intensität und einem »erfüllten Leben« mit einem meist sehr geregelten Tagesablauf und festen Strukturen verbunden, die zwar Halt geben, aber auch einengen können.

All dem ist Pater Nikodemus mit dem Eintritt ins Kloster entflohen. Er ist jemand, dem man glaubt, dass er keine Probleme damit hat, in Unterkünften zu übernachten, in denen die Ratten herumlaufen. Jemand, der verzichten und zurückstecken kann – und einer, der sich auf völlig fremde Gebräuche, Riten und liturgische Abläufe einlässt.

Er hat Armut gelobt und lebt zölibatär. Das ist für ihn aber kein Problem, sagt er. Nikodemus Schnabel ist dennoch kein Mensch der Askese. Doch mit dem Gehorsam, den er eigentlich als Mönch leisten sollte, hat er manchmal so seine Probleme. Er sagt, das sei seine größte Baustelle, denn das widerspreche seinem großen Freiheitsdrang. Pater Nikodemus ist einer, der den Grenzübertritt schon durch das Ordenskleid, das er trägt, versinnbildlicht und uns vor Augen führt. Das Leben in einem Orden hat durchaus etwas Revolutionäres. Dennoch darf man es sich nicht schönreden. Für einen Egotrip ist das Kloster der falsche Ort. Immer wieder muss Nikodemus akzeptieren, dass ihm andere in sein Leben hineinreden und Entscheidungen für ihn treffen. Das hat ja auch etwas Hilfreiches, muss er sich dann immer wieder sagen. Dann denkt er auch an Martin Luther, der erkannt hat: Jeder Mensch ist in sich selbst verkrümmt. Damit meinte der Reformator, dass auch Christen stets in der Versuchung stehen, sich durch zu viel Selbstbezogenheit der Gnade Gottes zu verschließen. Davor können die strikten Abläufe und der Gehorsam in einem Orden bewahren.

Das Ordensleben im Heiligen Land entspricht nicht den Klischees. Es ist keine Abkehr von der Welt. Es strahlt aus und zieht Menschen an. Im Orden geht es anders zu, als viele glauben. Deswegen findet es Nikodemus auch komisch, wenn Leute ihm für seine Entscheidung, als Mönch zu leben, Respekt zollen. Wenn er erzählt, wie dort Entscheidungen getroffen werden, wie wichtig das eigene Gewissen ist, dass im Kloster auch darauf geachtet wird, die Stärken der Brüder zu fördern, dann kommt einem fast in den Sinn, dass es genau umgekehrt sein könnte.

Wer heute ins Kloster eintreten will, der muss eine Menge Fragen beantworten. Ein polizeiliches Führungszeugnis muss vorgelegt werden, eine Schufa-Auskunft, eine Art »geistliches Gutachten« eines Wegbegleiters und noch vieles mehr. Der heilige Benedikt meinte einst: »Wenn jemand an die Klosterpforte klopft und Mönch werden will«, dann solle man ihm die Frage stellen, ob er wahrhaft Gott sucht.

Wohlgemerkt heißt es »sucht« und nicht »hat gefunden«. Diejenigen, die das von sich behaupten, sieht Nikodemus auch kritisch. Für ihn sind das die »Hooligans der Religion«, denn oft treten diese Menschen mit einem Absolutheitsanspruch auf, der einschüchtert und Grenzen setzt, anstatt sie zu sprengen.

Nikodemus übersetzt die Frage nach der Gottessuche für sich auch als eine Sehnsucht, dem Wunsch nach mehr Leben, nach dem Sprengen bürgerlicher Kategorien. Es ist am Ende die Frage nach dem Sinn des Lebens, die eine solche Suche auslöst.

*

Nikodemus ist in seiner Sichtweise durchaus konfrontativ. Er ist sich sicher, dass für Gott viele Dinge, die für uns wichtig sind, keine Rolle spielen. Gott fragt uns sicher nicht nach unserem Aufenthaltsstatus, unserem Bankkonto, dem Reisepass oder einem Visum. Gleichwohl weiß er, was diese Dinge für die Menschen bedeuten. Wie eine Begegnung mit Gott aussehen wird, da will Nikodemus sich jedoch nicht festlegen. Wenn man ihn reden hört, ist da oft eine Doppeldeutigkeit zu spüren, denn bei aller Individualität bleibt am Ende der Verweis auf die Tatsache, dass der Mensch ein Ebenbild Gottes ist. In der Taufe werden die Menschen zu Brüdern und Schwestern. In der einen Taufe – darauf legt Nikodemus wert. Nicht in einer deutschen Taufe oder einer russischen. Es gibt nur eine Taufe.

Diese Sicht befreit vielleicht auch aus den eigenen Grenzen. Aber Nikodemus kennt bei allem Wunsch, Grenzen zu sprengen, die eigene Limitiertheit – die wahre rote Linie seines

Lebens. Der Körper setzt uns Grenzen, durch Erschöpfung, auch durch Krankheit. Auf ihn zu hören, verlangt wieder Demut und Gehorsam. An dieser Stelle, so sagt Nikodemus Schnabel, sei er »unerlöst«, denn es fällt ihm schwer, seine Schwachheit anzunehmen. Den Gedanken, dass viel mehr gelingen könnte, wenn er diese Schwäche akzeptiert, den hat er. An der Umsetzung arbeitet er.

*

Der Satz »Der Mensch denkt und Gott lenkt« trifft auf ihn wohl auch zu. Als er nicht Abt im Kloster wurde, führte ihn sein Weg ins Auswärtige Amt, wo er eine Zeit lang als Berater in Religionsfragen fungierte. Während der Pandemie landete er nicht nur in Brüssel, auch Rom war eine Station auf seinem Weg. Dabei hatte er sich eigentlich weiter der Wissenschaft widmen wollen. Vielleicht kommt er noch dazu, wenn er älter ist. Den Kontakt zur Wissenschaft hält er jedenfalls durch die eine oder andere Publikation und als Dozent für Ostkirchenkunde aufrecht. Was seine nächste Aufgabe sein wird, weiß er nicht.

Seine jeweilige aktuelle Aufgabe kann Pater Nikodemus auch so schnell annehmen, weil er sich inzwischen seines Fundaments mehr als sicher ist. Er ist getaufter Christ, Mönch und Priester. Das wird er nicht mehr infrage stellen. Darüber hinaus gilt aber: Pater Nikodemus denkt, Gott lenkt.

*

Ein jüdischer Freund hat einmal zu ihm gesagt, Klöster seien ein soziologischer Gottesbeweis. Dass die katholische Kirche, die einen streng hierarchischen Aufbau habe, parallel das leicht anarchische Momentum der Klöster aushalte, beeindrucke ihn immer wieder. Seit Jahrhunderten wählen die Ordensgemeinschaften ihren Abt und ihre Äbtissin demokratisch aus ihrer Mitte. Und man arbeitet mit dem, was sich an Talenten anbietet. Wenn ein Goldschmied ins Kloster eintritt, dann gründet man eine Goldschmiedewerkstatt. Kommt eine Gärtnerin zu den Benediktinerinnen, wird vielleicht ein neuer Kräutergarten angelegt oder der Weinbau wiederbelebt.

Wenn man darauf vertraut, dass Gott in das eigene Leben hineinfunkt, dann muss man sich darauf einlassen, dass immer wieder etwas Unerwartetes passiert und man sich an den ungewöhnlichsten Stellen wiederfindet. Nikodemus meint: Selbst dort, wo es keine Botschaft, kein Konsulat mehr gibt, wo kein Goethe-Institut mehr ansprechbar ist, da gibt es irgendwo im Busch noch eine medizinische Versorgungsstation, die von einer deutschen Ordensschwester geleitet wird. Genau das sei so typisch. Und das geht nur mit Mut, dem Vertrauen auf Gott.

Braucht die Kirche in Deutschland vielleicht weniger Ratschläge von außen und keine Unternehmensberater, die ihre Struktur anpassen und sie »gesundschrumpfen«? Sollten die Kirchen mehr auf die religiösen Bewegungen und die Ordensgemeinschaften hören? Fragt man Pater Nikodemus, spürt man, dass er um eine ausgewogene Antwort ringt und es sich alles andere als leicht macht. So sagt er: Die Kirche in Deutschland ist historisch gewachsen und geprägt über Jahrhunderte. Eine so große Organisation braucht Strukturen, eine Verfasstheit, muss sich verhalten zu der Gesellschaft, in der sie steht.

Aber die Kirche sei zu einer Art Moralkonzern geworden. Dadurch werde niemand vom Glauben begeistert. »Wir müssen Sehnsuchtsexperten werden«, da ist Nikodemus sich sicher. Und ja, an diesem Punkt könne man etwas von den Orden lernen. Eine seiner Lieblingsstellen in der Heiligen Schrift findet sich im Evangelium des Johannes. Dort heißt es im 10. Kapitel, Vers 10: »Ich bin gekommen, damit sie das Leben haben und es in Fülle haben.« Kein Wunder, dass diese Stelle ihm so gut gefällt. Sie ist Ausdruck seiner Sehnsucht nach einem intensiven Leben. Wer, wie in unserer Gesellschaft üblich, in seinem Denken von einem übersteigerten Sicherheitsbedürfnis geprägt ist, der verpasst die aufregenden Momente, die den Horizont weit machen.

Fehlt es uns an Gottvertrauen, an Mut? Wir halten nun mal gerne an vertrauten Dingen und Wegen fest. Gott hingegen fordert unser Vertrauen, um uns dann ins Weite zu führen. Gott will uns nichts zumuten, sondern dass wir mutig aufbrechen, um frei von Zwängen zu werden. Frei, das Neue zu sehen und anzunehmen und unser Leben dadurch reicher zu machen. Davon hört man in der deutschen Debatte über die Kirche wenig. Da geht es um andere Fragen: Die Kirche als Arbeitgeberin steht in der Kritik, sie muss ihrer Verpflichtung gegenüber Gebäuden und Baulasten nachkommen. Es gilt, Kindergärten zu finanzieren und für die medizinischen Einrichtungen geeignete Pflegekräfte einzustellen. Über all diese Themen scheint Gott manchmal ins Hintertreffen zu geraten. Und die Kirche hat bei aller Notwendigkeit, gesetzlichen Vorgaben zu entsprechen und gesellschaftlichen Wandel aufzugreifen, aufgehört, etwas Besonderes sein zu wollen. Sie wird wie ein Unternehmen geführt. Auch wenn es Strukturen braucht – derzeit gibt es zu wenig Raum für den Heiligen Geist, den wir doch erbitten, damit er kommt und uns befreit.

Sehr oft wird der Satz »Du kannst nicht tiefer fallen als in die Hände Gottes« genutzt, um Menschen zu trösten. Pater Nikodemus hat mit diesem Satz lange gehadert. Er fand ihn kitschig. Nach langem Nachdenken hat er gemerkt, dieser Satz tröstet nicht nur, er macht auch Mut. Was soll schon passieren? Wenn man springt, dann wird auf jeden Fall Gott da sein, der einen auffängt. Aber wer hat schon den Mut, sich fallen zu lassen oder zu springen? Die meisten von uns bleiben stehen oder wandeln lieber auf vertrauten Pfaden, anstatt etwas zu wagen.

Oft gleichen die Wege in die Zukunft einer Hängebrücke. Wenn wir den ersten Schritt machen, schwankt es unheimlich. Und es ist nicht absehbar, wie es auf halbem Wege sein wird, wenn Wind aufkommt. Sicherheit sieht anders aus. Es hilft nichts, im Vorfeld alle »Wenn«- und »Aber«-Themen von allen Seiten zu beleuchten. Wir müssen oftmals einfach erst einmal losgehen, sonst wird es nichts. Sind die organisatorischen Fragen, mit denen sich die Kirche in Deutschland beschäftigt, die falschen? Muss es beim Aufräumen der Vergangenheit nicht auch direkt um das Morgen gehen?

Pater Nikodemus ist genervt davon, dass an vielen Stellen so stark gezögert wird, dass der Blick der Verantwortlichen derart eng ist. Das merkt man, wenn man mit ihm spricht. Er versucht, es zu verbergen, und sagt dann Sätze wie: »Ich will aus der Ferne keine klugen Ratschläge geben.« Aber gerade seine täglichen Erfahrungen im Umgang mit den geflüchteten Christen im Heiligen Land schärfen seinen Blick. Kirche in Deutschland ist aus seiner Sicht eine sehr bildungsbürgerliche Veranstaltung. In der kirchlichen Jugendarbeit trifft man meist auf Kinder, die das Gymnasium besuchen, und die kirchlichen Gremien sind keineswegs ein Abbild der Gesellschaft, sondern eher ein Spiegel vergangener Zeiten. Das Zentralkomitee der deutschen Katholiken und die Evangelische Kirche in Deutschland seien die deutschesten Gremien, die es gibt, findet er. Vielerorts wird nicht über den eigenen Tellerrand geschaut. Man bleibt lieber unter sich und diskutiert die immergleichen Themen. Daran leidet Pater Nikodemus, auch was die katholische Kirche in Deutschland angeht. Ich kann nicht wirklich widersprechen.

Doch es gibt zum Glück auch positive Entwicklungen und gute Beispiele gelebten Christseins. In der Diakonie und der Caritas schaut die Kirche vor allem auf die Bedürftigen und Armen in der Gesellschaft und in der Welt. Und an diesen Stellen ist sie ganz bei den Menschen.

Wenn man die katholische Kirche in Berlin anschaut, dann stellt man fest, dass 40 Prozent der Gläubigen, die in der Hauptstadt leben und arbeiten, aus aller Welt kommen. Beispielsweise philippinische und indische Pflegekräfte. Doch diese Katholikinnen und Katholiken finden in der Amtskirche mit ihren Anliegen kaum statt, geschweige denn, dass sie dort eine Stimme hätten. Bestenfalls wird über sie geredet. Dabei sind es nicht nur Menschen, die auch sonst in der Gesellschaft kaum gehört werden und deshalb in der Kirche in besonderer Weise im Fokus stehen sollten, es sind Brüder und Schwestern. Was wissen wir über ihre Sehnsüchte? Zeigen uns diese Menschen nicht, worum es eigentlich geht? Vielleicht ist das sogar einer der Gründe, warum wir gar nicht so genau hinschauen wollen.

Pater Nikodemus findet, dass es nicht viel Mut braucht, um etwas zu ändern. In Deutschland etwas anzupacken, für die wichtigen Themen einzutreten oder gegen die falschen Entwicklungen aufzustehen, das ist hier viel leichter als andernorts auf dieser Welt.

Und auch wenn er sich immer wieder vornimmt, aus der Ferne keine guten Ratschläge zu geben, ärgert sich Pater Nikodemus, wenn die Kirchenvorderen die Kirche zu klein denken. Das Christentum wächst stärker als die Weltbevölkerung. Das mag in Deutschland anders sein, aber es gibt nur eine Taufe, in der alle eins sind. Vielleicht könnten die Christen in Deutschland daraus etwas Mut schöpfen, um wieder stärker und fröhlicher die Frohe Botschaft verkünden zu können? In einer Gesellschaft, in der sich derzeit mehr Menschen von der Kirche abwenden, als den Weg zu ihr zu suchen, sind neue Ausdrucksformen des Glaubens und der Gemeinschaft notwendig – im wahrsten Sinne des Wortes. Und die Perspektive, dass es anders wird als bisher, sollte uns nicht schrecken, findet Nikodemus. Denn meist entdeckt man beim Ausprobieren die schönsten Dinge und begegnet wunderbaren Menschen.

Manchmal denke ich, dass ein christliches Lied ganz gut zu ihm passt. Ein Lied, das Mut macht. Es heißt »Vertraut den neuen Wegen«.

1. Vertraut den neuen Wegen, auf die der Herr uns weist, weil Leben heißt: sich regen, weil Leben wandern heißt. Seit leuchtend Gottes Bogen am hohen Himmel stand, sind Menschen ausgezogen in das gelobte Land.

2. Vertraut den neuen Wegen und wandert in die Zeit! Gott will, dass ihr ein Segen für seine Erde seid. Der uns in frühen Zeiten das Leben eingehaucht, der wird uns dahin leiten, wo er uns will und braucht.

3. Vertraut den neuen Wegen, auf die uns Gott gesandt! Er selbst kommt uns entgegen. Die Zukunft ist sein Land. Wer aufbricht, der kann hoffen in Zeit und Ewigkeit. Die Tore stehen offen. Das Land ist hell und weit.

Geschrieben hat den Text des Liedes der Jenaer Theologieprofessor Klaus Peter Hertzsch Anfang August 1989. Der Geist der Freiheit lag damals in der Luft. Wenige Tage nach dem Mauerfall im November 1989 wurde es zum Abschluss der Jenaer Friedensdekade gesungen und fand weite Verbreitung. Vielleicht ist es der meistgesungene Choral des 20. Jahrhunderts. Das Kirchenlied findet sich im Evangelischen Gesangbuch, im katholischen Gotteslob und auch im Gesangbuch der Evangelisch-methodistischen Kirche.

NUR MUT!

PETER TAUBER

»Sie sind ja ganz schön mutig!« Das habe ich oft gehört, als ich mich entschieden habe, meine politische Karriere in Berlin zu beenden. Als ich nach meiner schweren Erkrankung vor gut vier Jahren offen über die Zeit im Krankenhaus, auf der Intensivstation, gesprochen habe, auch über die inneren Kämpfe, meine Schwäche und das Gefühl, dem Tode nahe zu sein, da haben viele zu mir gesagt, dass sie selbst »nicht den Mut haben, über solche Erfahrungen offen zu reden«. Darüber, ob ich bei diesen Entscheidungen Mut bewiesen habe, habe ich aber nie nachgedacht.

Seltsam: Oft empfinden wir unser Handeln und Reden in Momenten, in denen uns andere Mut zuschreiben, gar nicht als mutig.

Ich finde, Mut ist eine gute Sache. Aber mutig zu sein, ist kein Selbstzweck. Es muss schon um etwas gehen. Uns faszinieren die Geschichten vom Sieg des Schwachen gegen die Übermacht, vom Kleinen gegen das Große. Die Menschheitserzählungen sind voll davon. Denken Sie an die biblische Geschichte von David gegen Goliath. Woher kommt der Mut, das scheinbar Unmögliche zu wagen? Der Glaube an uns selbst, eine Idee, eine Aufgabe, ein Ziel, ein Sinn verleiht uns die Kraft, etwas anzugehen, auch wenn es gute Zweifel und Bedenken gibt, die uns zurückhalten wollen.

Mut ist eine ziemlich bunte Angelegenheit. Es gibt den Mut für mich und den Mut für andere. Und Mut ist eine »erneuerbare Energie«. Vielleicht verlässt uns manchmal der Mut, aber das ist kein Dauerzustand. Mut und Zuversicht sind wie Geschwister. Die Theologin Melanie Wolfers hat die Zuversicht einmal als »die Kraft, die an das Morgen glaubt« beschrieben. Und Luther hätte bekanntlich heute noch ein Apfelbäumchen gepflanzt, wenn morgen die Welt untergegangen wäre.

Eindrucksvoll sprechen die biblischen Psalmen von einem Mut, der seinen Grund im Glauben an einen Gott hat, der es grundsätzlich gut mit uns meint. Dabei steckten die Menschen damals, als die Texte 600 bis 200 Jahre vor Christus entstanden, in jeder Menge Schwierigkeiten: Kriege, Unterdrückung, Hungersnöte, Angst und Krankheit waren die beherrschenden Themen der Zeit. Aber selbst in Momenten der Ohnmacht, in Tagen der Wut, voller Sehnsucht nach Gerechtigkeit, blieb die Hoffnung, fassten sich die Menschen ein Herz und suchten mutig nach Auswegen. Und sie setzten ihre Hoffnung auf Gott, den sie als Beistand anriefen.

Aktuell erleben wir, dass viele Dinge, die uns Mut machen, Zuversicht schenken oder Halt geben, schlechtgeredet werden. An Gott glauben? Für viele abwegig. Denn wie kann Gott, wenn es ihn denn gibt, so viel Schlechtes in der Welt zulassen? Und es ist an vielen Stellen ein unguter Geist eingezogen: Rücksicht nehmen auf andere, Respekt zeigen, fleißig seine Pflicht tun? Warum denn? Auf mich nimmt doch auch niemand Rücksicht!

Aber so kommen wir nicht weiter!

Ich möchte Ihnen Mut machen, den Schlechtrednern, den Egoisten und Narzissten entgegenzutreten und für ein besseres Miteinander einzutreten.

Und bei allen (durchaus notwendigen) Diskussionen über deutsche Schuld mit Blick auf die Geschichte können wir durchaus auch stolz auf vieles sein.Wenn wir uns mit der Geschichte der letzten 200 Jahre auseinandersetzen, können wir auch manches Gute, Mutmachende entdecken: die Entwicklung hin zu Fortschritt, Demokratie und Freiheit.

Der Journalist Giovanni di Lorenzo hat in der *ZEIT* geschrieben: »Dass man vorbildlich nur sündenfrei sein darf, ist ohnehin eine parareligiöse Vorstellung der allerletzten Neuzeit.«

Wir sind oftmals so unerbittlich in unserem Urteil über andere, dass wir in unserem Drang, alles zu erneuern, auch das Gute verlieren. Wir ignorieren die Grenzen, Leistungen und Irrtümer, weil wir uns heute selbst für unfehlbar halten. Vielleicht sind uns auch deshalb alle Kardinaltugenden abhandengekommen? Es ist jedenfalls nicht weit her mit Mäßigung, Weisheit, Gerechtigkeit und Mut – von Glaube, Liebe und Hoffnung ganz zu schweigen. Und wir sind noch gnadenloser mit unseren Mitmenschen und vor allem mit denen, die in Verantwortung stehen. Wir wissen es besser als »die Politiker« in Berlin und Brüssel, wir schütteln den Kopf über Experten im Fernsehen oder sind sehr schnell und radikal mit unserem Urteil.

Es muss einem angst und bange vor der Zukunft werden, wenn man sich vorstellt, dass die, die nach uns kommen, so vorschnell und hart über uns urteilen werden wie wir über andere heute. Klug ist das nicht. Mit Mut hat das nichts zu tun.

»Richtet nicht, damit ihr nicht gerichtet werdet«, heißt es im Matthäus-Evangelium.

Wir erzählen zu selten die Geschichten von Menschen, die sich gegen die Widrigkeiten der Welt trotzig für das Gute eingesetzt haben, unerschütterlich geglaubt und geliebt haben. Stattdessen muss ich mir Schauergeschichten anhören, die nicht auf Argumenten gründen, sondern wie unhaltbare Stammtischparolen durch die sozialen Medien wabern. Beispielsweise: Der demokratische Rechtsstaat sei eine Diktatur. Oder: Wir würden alle »von denen da oben« manipuliert, nur dazu dienten bestimmte staatliche Maßnahmen. Leider widersprechen nur wenige hier mutig und lautstark. Die Geschichte wird als Chronik von Verbrechen und Elend gesehen – und nicht als eine Entwicklung mit Fortschritt, dem Zusammenwachsen einer Welt mit Werten und Normen, die die Würde des Einzelnen mehr und mehr in den Mittelpunkt rücken, die Gewalt mehr und mehr ächten. Es scheint, als hätten wir die Orientierung verloren.

Wir haben uns aller Dinge entledigt, die dem Leben einen Sinn geben, und wundern uns, wenn immer mehr Menschen auf Sinnsuche sind. Nichts scheint von Wert oder Dauer zu sein. Kein Wunder, dass Menschen Angst haben.

Die Angst hat vielfach den Mut ersetzt. Kurt von Hammerstein-Equord, General der Reichswehr und ein Gegner Hitlers, hat den Satz geprägt: »Angst ist keine Weltanschauung.« Und da hat er recht! Über diesen Satz habe ich lange nachgedacht. Und er hat mir oft geholfen. Ich kenne Angst. Aber ich will mich ihr nicht hingeben, sondern versuchen, ins Handeln zu kommen. Ich möchte nicht, dass Angst zu viel Raum in meinem Leben einnimmt. Ich war oft genug mutlos.

In meinem ersten Buch *Du musst kein Held sein* geht es darum, dass wir uns daran erinnern, dass wir nicht alle Last alleine tragen müssen. Und dass wir gemeinsam viel mehr erreichen können. Wenn wir uns gegenseitig Mut machen, dann kann so vieles gelingen, was wir uns sonst nicht zutrauen. Es braucht Menschen, die uns Mut machen. Ich hatte oft Glück und bin solchen Menschen begegnet.

Manchmal merkt man erst später, dass jemand schützend seine Hand über einen gehalten hat.

Und manchmal braucht es keine Worte, um Mut zu machen. So eine Situation habe ich mit Angela Merkel erlebt. Ich war damals CDU-Generalsekretär. Es gehört zur Aufgabe des Generalsekretärs, den politischen Gegner zu attackieren und in der Debatte zu stellen. Eine weitere Aufgabe ist es, die Partei programmatisch voranzubringen. Ich bin seit längerer Zeit der Überzeugung, dass wir in Deutschland ein modernes Einwanderungsrecht brauchen. Andere Länder wie Kanada und Australien machen es vor. Dort wirbt man nicht nur um Arbeitskräfte, sondern um Landsleute. Wer nach Australien einwandert, der ist stolz darauf, auch australischer Bürger zu werden. Wir brauchen für den Zusammenhalt in unserem Land genau diesen wohlverstandenen Stolz, dazuzugehören.

Darum hatte ich mich damals in einem großen Interview für ein solches Einwanderungsgesetz ausgesprochen. Die CDU hatte bis dato immer eine ablehnende Haltung zu dieser Idee, und die Tatsache, dass Deutschland seit den 1960er-Jahren bereits ein Einwanderungsland ist, wurde ignoriert. Sofort fiel ein Teil der Partei über mich her. Aber im nächsten Moment richtete sich der Blick auf die Parteivorsitzende und Bundeskanzlerin. Was würde Angela Merkel tun? Hatte sie den Generalsekretär vorgeschickt? Würde sie seinen Vorschlag schnell wieder einkassieren?

Ich hatte mit Angela Merkel vorher nicht über das Thema gesprochen. Doch sie kritisierte mich nicht und ließ eine Debatte über das Thema zu. Andere schlossen daraus, dass sie hinter dem Vorschlag stand. Ich denke, sie war zumindest offen für die Idee. Mir machte das Verhalten der Kanzlerin Mut, an dem Thema dranzubleiben. Ich fuhr nach Kanada, um mit Fachleuten zu diskutieren, ich suchte Verbündete innerhalb und außerhalb der CDU. Zur Bundestagswahl 2017 stand dann die Forderung nach einem Fachkräfteeinwanderungsgesetz im gemeinsamen Wahlprogramm von CDU und CSU. Ohne das mutmachende Schweigen von Angela Merkel hätte ich in der Debatte nicht durchgehalten.

Nach meiner Erkrankung und den beiden Operationen 2017 hat mir auch Stefan Wiesner vom bene! Verlag Mut gemacht. Er war der Überzeugung, meine Geschichte sei es wert, aufgeschrieben und geteilt zu werden. Heute bin ich froh, mich darauf eingelassen zu haben, denn ich habe auf das Buch *Du musst kein Held sein* wunderbare Reaktionen erhalten. Menschen haben daraufhin mit mir ihre Geschichte geteilt, sich bedankt, mir manchmal auch neuen Mut zugesprochen. Das hat mir gutgetan.

*

Wir denken oft, dass die Menschen, die vorne stehen, per se mutig sind. Wer lautstark etwas zum Ausdruck bringt, etwas verkündet oder für etwas eintritt, der muss mutig sein, denken wir. Manchmal ist die Lautstärke aber eher ein Pfeifen im Walde. Als Generalsekretär meiner Partei habe ich hin und wieder ganz schön ausgeteilt. Manchmal habe ich gedacht, dass das Amt das verlangt, und manchmal war ich gleichzeitig so verzagt, dass ich mit Lautsprecherei versucht habe, zu überdecken, dass mir gerade der Mut fehlt.

Anders war das als Staatssekretär. Die drei Jahre als Staatssekretär bei der Bundesministerin der Verteidigung waren eine tolle Zeit. Ich war so beeindruckt von unseren Soldatinnen und Soldaten, von vielen Menschen in der Bundeswehr, dass es mir auch gutgetan hat, mich mit ganzer Kraft dieser Aufgabe zu widmen. Ich habe viel Mut erlebt. Und Mut verdoppelt sich, wenn man ihn teilt. Aber meine Kraft war endlich. Vielleicht hätte ich nach der Erkrankung eine noch längere Pause gebraucht, doch die Möglichkeit, Staatssekretär zu werden, wollte ich mir nicht entgehen lassen – auch aufgrund meiner Verbundenheit zur Bundeswehr. Dort habe ich dann auch die Kameradschaft erlebt, die mir in meiner Partei manchmal gefehlt hat.

Ich wollte diese Aufgabe so gut erfüllen, wie ich konnte, und dann meinen Abschied aus der Politik nehmen. So war der

Plan. Aber als Historiker kenne ich natürlich den Satz des preußischen Generals Helmuth von Moltke: »Kein Plan übersteht den ersten Feindkontakt. Danach beginnt ein System von Aushilfen.« So war es auch bei mir. Getragen von großer Begeisterung und vielen positiven Reaktionen aus der Truppe, habe ich drei Jahre lang alles gegeben. Doch ich hatte lange Zeit mit einer Laufverletzung zu tun, dann kam auch noch ein Magengeschwür dazu, schließlich ein Tinnitus und ein Leistenbruch. All diese Warnsignale meines Körpers wollte ich kein zweites Mal ignorieren. Und dann habe ich mir gedacht: Du musst kein Held sein! Niemand ist unersetzlich. Ich war dankbar für so viele Erfahrungen, Begegnungen, neue Freunde und Kameraden. Und ich war mir sicher, dass es andere spannende Dinge gibt, die ich in diesem Leben noch tun kann.

So war ich mit mir im Reinen, als ich twitterte, dass ich nun doch etwas früher als ursprünglich geplant aufhöre. Zwei Operationen Anfang des Jahres 2021 waren der finale Auslöser. Manch guter Rat lautete, ich solle doch mein Mandat und das Amt bis zum Schluss behalten. Doch mir war klar, dass ich nach den Operationen fast ein halbes Jahr Zwangspause machen musste. Damit stand die Entscheidung fest.

Ein Journalist schrieb: »Wenn im politischen Berlin von einem gesagt wird, dass er ein feiner Kerl sei, dann will das was heißen. Peter Tauber ist so einer.« Das hat mir ehrlich gesagt gutgetan. Ein anderer Journalist schrieb: »Ein guter Minister wäre er geworden. Doch dazu gehört noch mehr von dem, was ihn zunehmend abstieß an diesem Berlin: Das Kraftmeiern im Amt, die dauernervöse Medienkultur, die nur noch strahlende Helden und komplette Versager kennt, auch die eigene Partei, die, so hat er das einmal der *ZEIT* beschrieben, sich auch immer mehr von Umfragen und Schlagzeilen treiben lasse, statt in Stürmen zusammenzustehen.

Er geht nicht im Zorn. […] Jetzt zitiert der gelernte Historiker das Johannes-Evangelium: ›Was du tun willst, das tue bald.‹ Angela Merkel bedauerte seinen Abgang und wünschte ihm alles Gute für die Zukunft.«

Ein Kollege der SPD meinte, ich sei ein »sehr menschlicher Vollprofi«. Auch das ist ein ganz schöner Ritterschlag.

*

In meiner Zeit als Staatssekretär im Bundesverteidigungsministerium ist mir eine besondere Form des Mutes begegnet: Tapferkeit. Das ist eine wesentliche soldatische Tugend. Mut brauchen Soldatinnen und Soldaten vor allem am sogenannten scharfen Ende ihres Berufs, also wenn sie kämpfen müssen. Ich habe viele Männer kennengelernt, die gekämpft haben. Diejenigen, die wirklich etwas erlebt haben, machen darum nicht viel Aufhebens. Die Bundeswehr ehrt manche von ihnen inzwischen mit einem Orden für Tapferkeit. Wir können froh und dankbar sein, dass es Menschen in unserem Land gibt, die diesen Mut für uns alle aufbringen. Und wir können froh und dankbar sein, dass wir das nicht tun müssen.

Als ich die Chance bekam, im Eurofighter mitzufliegen, habe ich sofort Ja gesagt. Hätte ich länger nachgedacht, ich bin mir sicher, der Mut hätte mir gefehlt. So obsiegten Spontanität und Neugierde. Mit dem Fallschirm aus einem Flugzeug zu springen, das gebe ich offen zu, dafür hat mein Mut bislang nicht gereicht. Aus einem intakten Flugzeug zu springen, scheint mir auch nicht sonderlich logisch. Vielleicht habe ich deswegen auch so einen Respekt vor unseren Fallschirmjägern.

*

Wenn ich meine Ruhe haben will oder nachdenken möchte, dann geht das am besten, wenn ich Sport mache. Ich fahre Fahrrad und ich laufe gerne – durchaus auch mit Freunden. Zu zweit reden wir dann über Gott und die Welt. Allein gehören meine Gedanken mir. Es gibt ein paar Orte, zu denen ich gerne laufe. Einer dieser Orte sind die sagenumwobenen Vier Fichten im Büdinger Wald. Auf einem Hügel steht dort auch ein kleines Denkmal in Form einer in Bronze gegossenen Wildsau. Ich mag den Ort. Er inspiriert mich. Man ist oben angekommen, aber man bleibt nicht stehen. Es muss weitergehen. Und mit Vier Fichten soll es auch für mich weitergehen. Mit meinem sehr guten Freund Mike Kleiss habe ich den nächsten Schritt gewagt und eine Agentur gegründet, um Personen und Unternehmen zu beraten. Mike und ich teilen Werte und Haltungen und haben einen ähnlichen Blick auf die Welt – trotz völlig unterschiedlicher Erfahrungen. Unsere Erfahrungen wollen wir weitergeben.

Eine gute Sache braucht Mut. Und ich bin der Überzeugung, dass die Welt in Wahrheit nicht den Lauten und den Wütenden, sondern den Mutigen gehört.

Peter Tauber

© Privat

CHRISTOPH LÜBCKE

© Privat

STEFFI TAUBER

© Stephan Meckel

JÖRG NIESNER

© Privat

JULES AUGUST SCHRÖDER

© Tobias Koch

MECHTHILD HEIL

© Privat

BERNHARD DRESCHER

FRANK DIETER

MICHELLE N.

AYLIN SELÇUK

DENNIS HASSELMANN

DANNY BEUERBACH

NIKODEMUS SCHNABEL

Peter Tauber, Jahrgang 1974. Historiker, Reserveoffizier, Christ – mit diesen drei Worten beschreibt er sich selbst gerne. Der gebürtige Hesse und studierte Historiker hat einen steilen politischen Aufstieg hinter sich, der erst unterbrochen wird, als ihn eine schwere Krankheit aus der Bahn wirft. Von 2009 bis 2021 war er Mitglied des Deutschen Bundestages. Im April 2021 beendete er seine politische Laufbahn und ist heute als Unternehmensberater und Autor tätig.

www.petertauber.de
www.vierfichten.com

Der Verlag weist ausdrücklich darauf hin, dass im Text enthaltene externe Links vom Verlag nur bis zum Zeitpunkt der Buchveröffentlichung eingesehen werden konnten. Auf spätere Veränderungen hat der Verlag keinerlei Einfluss. Eine Haftung des Verlags ist daher ausgeschlossen.

Besuchen Sie uns im Internet:
www.bene-verlag.de

Aus Verantwortung für die Umwelt hat sich die Verlagsgruppe Droemer Knaur zu einer nachhaltigen Buchproduktion verpflichtet. Der bewusste Umgang mit unseren Ressourcen, der Schutz unseres Klimas und der Natur gehören zu unseren obersten Unternehmenszielen. Gemeinsam mit unseren Partnern und Lieferanten setzen wir uns für eine klimaneutrale Buchproduktion ein, die den Erwerb von Klimazertifikaten zur Kompensation des CO_2-Ausstoßes einschließt.
Weitere Informationen finden Sie unter: www.klimaneutralerverlag.de

MIX
Papier aus verantwortungsvollen Quellen
FSC® C014496

Originalausgabe März 2023

Ein Imprint der Verlagsgruppe
Droemer Knaur GmbH & Co. KG, München.

Lektorat: Stefan Wiesner
Gestaltung: Maike Michel
Cover- und Autorenfoto: Tobias Koch, www.tobiaskoch.net
Druck und Bindung: GGP Media GmbH, Pößneck
ISBN 978-3-96340-236-4

5 4 3 2 1